LA CONSTITUCIÓN DE LA PROVINCIA DE CARACAS DEL 31 DE ENERO DE 1812

B758

Brewer Carías, Allan R.

La Constitución de la Provincia de Caracas del 31 de Enero de 1812: Homenaje al Bicentenario / Allan R. Brewer Carías –Caracas: Academia de Ciencias Políticas y Sociales, 2011.

p. 234

Serie Estudios, 100

ISBN: 978-980-12-5359-4
Depósito Legal: lf25220113403850

1.   DERECHO CONSTITUCIONAL 2. CONSTITUCIÓN DE 1812

Hecho el Depósito de Ley
Depósito Legal: lf25220113403850
ISBN: 978-980-12-5359-4

Primera impresión: Academia de Ciencias Políticas y Sociales
Palacio de las Academias, Avenida Universidad, Bolsa a San Francisco
Apartado 1121-A - Caracas, 1010, Venezuela
Teléfono: (0058 212) 482 88 45 / 482 86 34
Fax: 0058-212-483 26 74
Email: acienpoli@cantv.net
http://www.acienpol.org.ve

Reimpresión: Impreso por: Lightning Source, an INGRAM Content company para Editorial Jurídica Venezolana International Inc.
Panamá, República de Panamá.
Email: editorialjuridicainternational@gmail.com

Diseño de portada: Carlos Cruz Diez
Diagramación, composición y montaje por: Francis Gil, en letra Book Antiqua 11, Interlineado Exacto 14, Mancha 18,5 x 11,5

Allan R. Brewer-Carías

Profesor de la Universidad Central de Venezuela
Individuo de Número de la
Academia de Ciencias Políticas y Sociales

LA CONSTITUCIÓN DE LA PROVINCIA DE CARACAS
DEL 31 DE ENERO DE 1812

Homenaje al Bicentenario

Prólogo

Profesor Alfredo Arismendi

SERIE ESTUDIOS

Nº 100

Academia de Ciencias Políticas y Sociales
Caracas 2011

NOTA EXPLICATIVA

Este libro sobre la *Constitución de la Provincia de Caracas de 31 de enero de 1812* que la Academia de Ciencias Políticas y Sociales ha decidido publicar en su *Colección Estudios* es, fundamentalmente, un homenaje que la propia Academia, mi persona y el maestro Carlos Cruz Diez, extraordinario amigo también natural de Caracas y quien nos ha regalado a todos con la bellísima portada que adorna esta edición, rendimos a nuestro país, con ocasión del Bicentenario de dicha Constitución provincial. Homenaje al cual asocio a Beatriz, mi esposa, con todo mi agradecimiento, por ser ella testigo de excepción en el proceso de concepción de esta y de tantas otras obras.

Venezuela, como país independiente, nació en Caracas a raíz de la Revolución del 19 de abril de 1810 que se produjo en el Cabildo de la capital, y del proceso constituyente que se desarrolló a partir de esa fecha, culminando con la sanción de la Constitución Federal de los Estados de Venezuela de diciembre de 1811, y de esta Constitución de la Provincia de Caracas de enero de 1812; obra, ambas, del mismo Congreso General de Venezuela y de los mismos ilustrados diputados que le integraron y que funcionó entre 1811 y 1812.

En el texto de esas Constituciones se pone en evidencia la extraordinaria calidad de los juristas hacedores del Estado venezolano que actuaron durante todo ese período –y entre ellos, fundamentalmente, Juan Germán Roscio, Francisco Javier Ustáriz y Francisco Iznardi– y a cuya preparación y pluma se debieron estos textos. Su lectura, hoy, no producen sino admiración, sobre todo cuando se comparan las construcciones constitucionales y políticas de las que fuimos capaces de conformar como Nación, a principios del siglo XIX, con la barbarie ajurídica a la cual ha sido sometida el país en estos primeros años del siglo XXI, después de que el Estado fue asaltado a mansalva, por un grupo de ignorantes de la historia y del derecho como nunca antes ocurrió en nuestra historia constitucional, y que han pretendido gobernar, destruyendo.

Para las generaciones a las cuales pronto e ineludiblemente le corresponderá acometer la reconstrucción institucional del país, porque la barbarie sin duda será sometida, textos como el de esta Constitución, estoy seguro les servirá de fuente de inspiración cuando haya que volver a desarrollar un proceso constituyente conducido por civiles.

Pero en relación con esta edición, además de mi renovado agradecimiento a Carlos Cruz Diez por su regalo, su afecto y amistad, quiero especialmente agradecer al actual Presidente de la Academia, mi apreciado amigo de tantos años Enrique Lagrange, y en particular, a la Directora Ejecutiva de la Corporación, mi querida amiga y colaboradora también durante tantos años, Irene Valera, por toda la labor que vienen realizando desde la Academia en defensa de la institucionalidad democrática del país, fomentando ediciones e investigaciones de este tipo. Mi agradecimiento, además, a mi compañero de estudios y, desde 1960, en el Instituto de derecho Público de la Universidad Central de Venezuela, quien ahora lo dirige profesor Alfredo Arismendi, por su generoso y afectuoso Prólogo. Nadie mejor que él, por su conocimiento de la historia y bibliografía del derecho constitucional en el país, para apreciar el valor jurídico de un texto constitucional como el que aquí se publica, que como obra de civiles, fue luego inmisericordemente destruido por los militares realistas que ocuparon la Provincia en 1812, y posteriormente, lamentablemente despreciado, por los militares patriotas que libraron las guerras de la Independencia, de lo que resultó el desgraciado arraigo del militarismo en Venezuela, que tanto contrasta con textos como el que aquí se publica, y del cual no hemos logrado deshacernos. Mi agradecimiento, finalmente, a mi colaboradora de tantos años, Francis Gil, por su ayuda, tan eficiente como siempre, en la preparación de la edición.

New York, octubre de 2011

PRÓLOGO

En la lectura del índice general de *La Constitución de la Provincia de Caracas del 31 de enero de 1812*, Allan Randolph Brewer-Carías nos ofrece un universo de temas capaz de despertar el interés, o al menos la curiosidad de todo aquel que transite por la esfera del Derecho Público Venezolano y de su historia: todos los tópicos fundamentales de ese valioso documento histórico-jurídico son aludidos en el vasto esquema que no se limita, entre otras cosas, a hacer enunciados objetivos, sino que desde el título mismo de la obra ya nos presenta a la persona del autor en carne y hueso: que piensa, que siente, que está presente en cada idea para valorarla con su propio criterio y con su propia experiencia. Allan Randolph Brewer-Carías no puede ser objetivo cuando se plantean los problemas de la historia constitucional venezolana porque está demasiado inmiscuido en todo ello; porque es un poco o mucho el padre de los estudios contemporáneos sobre la historia constitucional en Venezuela; porque está profundamente afectado por su destino de jurista venezolano, que es un poco el de teorizar ante una asamblea de neófitos que al final, con frecuencia, terminarán haciendo lo que más les convenga, que a veces resulta lo menos apropiado a los intereses que exige una Venezuela mejor.

No se puede analizar una obra madura, o una obra de madurez o una obra que reúne ambas características, como lo es la de Allan Randolph Brewer-Carías sin tener presente al autor, sobre todo en el caso de *La Constitución de la Provincia de Caracas del 31 de enero de 1812* en el cual, como antes se señalara, el autor quiere estar presente; se impone, se manifiesta y sobrepone a su propio texto.

Allan Randolph Brewer-Carías siempre se interesó por los temas novedosos. Por tal razón su obra académica no se ha concentrado en un manual o tratado, sino que ha abarcado lo más variados temas del derecho público, lanzando permanentemente ideas para la discusión. Por ello, en un prólogo a un libro suyo sobre **Aspectos Institucionales del Transporte y Tránsito en el Área Metropolitana de Caracas** (1971) Antonio Moles Caubet destacaba a Brewer-Carías como "el joven y ya prestigioso administrativista cuyo talento está por encima de todo elogio", con quien encontraba el punto común de "que a ambos nos tienta por igual lo más dificultoso" y agregaba: "Nuestros diálogos durante los largos años de convivencia universitaria han versado preferentemente sobre aquéllos puntos problemáticos –verdaderas *quaestiones disputatae*- cuya solución exige el desarrollo acelerado de Venezuela, en el cual participa el Profesor Brewer-Carías desde otros planos oficiales con tanto celo y eficacia". Destacaba Moles en ese Prólogo, además, con motivo del tema del libro, la tarea acuciosa de Brewer de poner "a circular ideas-directrices, sin las cuales cualquier realización material resultaría inconsistente"; tarea que, puede decirse, caracteriza toda su obra.

Paralelamente a su labor de investigación, Brewer enseñó Derecho Administrativo I y II en el pregrado de la Facultad durante veinte años, hasta 1983, y luego en la Especialización de Derecho Administrativo en el Post grado de la Facultad. Por su prestigio académico ha sido invitado a enseñar en otras universidades del exterior habiendo sido Profesor regular en cursos de postgrado en la **Universidad de Cambridge**. UK. (1985-1986), en la **Universidad de París II (1989-1990). En la Universidad de París X (2000) y en la Universidad del Rosario,** Bogotá (1998-2000). Además, ha sido Visiting Scholar en la **Universidad de Cambridge**. UK (1972-1974) y en la **Universidad de Columbia,** Nueva York (2002-2003 y 2006-2007).

A partir de 1966 y estimulado por el Profesor Roberto Goldschmidt, comenzó a participar en los Congresos Internacionales organizados por la **Academia Internacional de Derecho Comparado de la**

Haya. Ello lo llevó desde joven a dedicarse al derecho público comparado con tanta constancia y acuciosidad, que el Profesor Roland Drago, al escribir el prefacio de su obra de juventud, *Les entreprises publiques en droit comparé*, París, (1968) tema que el mismo Profesor Drago había venido manejando con maestría desde su tesis doctoral sobre *Les crisis de la notion d'éstablissement public*, París (1950), señaló sobre la obra de Brewer que: "Uno no duda en decir que en la actualidad se trata de la mejor síntesis sobre el tema de las empresas públicas en el mundo" indicando que a través de su lectura se podía "descubrir las eminentes cualidades de un autor que representa a la joven doctrina del derecho administrativo en Venezuela y en América Latina". Más de treinta años después, el propio Profesor Drago, quien fuera Secretario Permanente de la Academia Internacional de Derecho Comparado y miembro del Instituto de Francia, al prologar la muy importante obra de Brewer denominada *Études de Droit Public Comparé*, que editó la casa Bruylant de Bruselas en 2000, diría que "el Profesor Brewer-Carías es considerado desde hace bastante tiempo como uno de los comparatistas más distinguidos de su época", destacando sobre la obra que prologó, que "En 1182 páginas, es un verdadero tratado que pone de manifiesto la universidad de la cultura y el poder de análisis de un gran jurista". Desde 1982 hasta 2010 Brewer fue **Vicepresidente de la Academia Internacional de Derecho Comparado de la Haya.**

En Venezuela, además, ingresó muy joven en 1978, como Individuo de Número a la **Academia de Ciencias Políticas y Sociales.** De ello diría Rafael Caldera, miembro de dicha Institución, al prologar su libro *Política, Estado y Administración*, Caracas 1979, que: "Es uno de los académicos más jóvenes que ha habido en Venezuela y es quizás el más joven de todos los individuos de número de las Academias Nacionales en la actualidad. Honra a su generación y constituye motivo de gran esperanza en el futuro el que su juventud vaya pareja con su madurez; el que como portavoz de una generación surgida a la vida nacional en el año de 1958, muestre tanta capacidad para el estudio serio de los problemas nacionales y de las soluciones que habrá que afrontar para ganar definitivamente el destino de Venezuela". Brewer presidiría la Academia entre 1998 y 2000.

Brewer ha sido, además, un conferencista incansable. Durante sus cuarenta años de vida académica, ha dado casi un millar de conferencias, charlas y exposiciones en las más prestigiosas universidades e instituciones de Venezuela, de América Latina, de Europa y Estados Unidos.

Pero sus trabajos no sólo han sido el resultado de la actividad académica, sino del ejercicio de funciones públicas. Puede decirse, que no ha ejercido función pública alguna de la cual no haya surgido algún libro. Cuando fue Consultor Jurídico del Ministerio de Justicia, recopiló y editó la *Doctrina Administrativa del Ministerio de Justicia* (1959-1964) 2 Vols., Caracas 1965; cuando se desempeñó como Consultor Jurídico del Consejo Supremo Electoral, inició la recopilación y edición de la Doctrina Administrativa del Consejo Supremo Electoral (1966-1968). Caracas 1969; de sus funciones como asesor jurídico del Gobernador del Distrito Federal, surgió el libro *El régimen de gobierno municipal en el Distrito Federal,* Caracas 1968; de sus tres años como Presidente de la Comisión de Administración Pública, resultó el trascendente *Informe sobre la Reforma Administrativa en Venezuela,* 2 Vols. Caracas 1972, que dirigió y en gran parte redactó personalmente, así como su obra *Estudios sobre la Reforma Administrativa,* Caracas 1980; de sus pocos años de ejercicio como Senador por el Distrito Federal, dejó tres tomos de *Estudios de Derecho Público (Labor en el Senado 1983-1987)*; al concluir su labor como Ministro de Estado para la Descentralización, entregó como Memoria al Congreso Nacional en enero de 1994, el muy importante *Informe sobre la Descentralización en Venezuela 1993*; y de su labor como Constituyente en la Asamblea Nacional Constituyente en 1999 produjo tres tomos intitulados *Debate Constituyente (Aportes a la Asamblea Nacional Constituyente),* Caracas, 1999, con el texto de sus escritos, informes y propuestas a la Asamblea.

Su actividad pública y sus criterios políticos, además, se han manifestado a través de sus opiniones en casi un millar de declaraciones y entrevistas en periódicos y revistas, habiendo sido sus criterios un punto de referencia obligado en el país.

Expuesto el autor, ha llegado la hora de hablar de una de sus más recientes obras y del significado que la misma posee para la bibliografía jurídica venezolana.

La Constitución de la Provincia de Caracas del 31 de enero de 1812, estudio realizado por el Dr. Allan R. Brewer-Carías, constituye una apreciable y extraordinaria fuente de información, que alcanza el objetivo de satisfacer las necesidades e intereses de los lectores.

Se puede asegurar que después del libro ***Las Constituciones Provinciales***, Academia de la Historia, Caracas, 1959, poco se ha escrito acerca de las Constituciones que nacieron en las diferentes Provincias, como primigenia expresión de la soberanía durante el proceso de formación de nuestra nacionalidad. El autor comienza por hacer un estudio que precede el contenido a desarrollar, el tema a tratar, en el mismo califica la Constitución de la Provincia de Caracas, como un modelo perfecto de la organización jurídico-provincial, fundamentada en los principios del moderno constitucionalismo de la época.

Es de señalar el nacimiento simultáneo de la Constitución Provincial de Caracas del 31 de Enero de 1812 y la Constitución Federal del 21 de Diciembre de 1811 que organizó el Estado venezolano. Después del estudio preliminar del texto constitucional de Caracas, la obra está estructurada en cinco partes, donde se sintetiza tanto el aspecto jurídico como el histórico de una forma muy detallada y de fácil comprensión.

En la *Primera Parte*, el autor analiza la importancia de la Provincia de Caracas, en relación al proceso independentista; en la *Segunda Parte*, se refiere a las Constituciones provinciales de Venezuela durante el período correspondiente a la incipiente Primera República 1811-1812, la cual se pierde con la Capitulación de Miranda el 17 de julio de 1812; en la *Tercera Parte*, muestra un panorama pormenorizado acerca del proceso de estructuración de la Provincia de Venezuela cómo fue su poblamiento en cada una de las regiones, no obstante es de observar que la fecha de fundación de algunos pueblos, como Boconó que refiere el año de 1551, quizás el año de la primera encomienda allí localizada, no coincide con el dispuesto para la conmemoración del cuatricentenario (1563) que se celebró el 30 de mayo de 1963.

En la *Cuarta Parte* se analiza el proceso constituyente de Caracas, la declaración de los derechos del pueblo, entre otros puntos; el contenido de la *Quinta Parte* es de primordial importancia, ya que comprende la división territorial de la Provincia de Caracas y su estructura en Departamentos, Cantones y Distritos, el Régimen Municipal en dicha Provincia, las Competencias Municipales, la Organización de las Municipalidades, el Régimen de las Parroquias y algo trascendental como es el Régimen de Elección de representantes del pueblo, mediante el sufragio. Finalmente se anexa el apéndice contentivo del texto de la Constitución para el gobierno y administración interior de la Provincia de Caracas.

En conclusión esta es una obra de inmenso valor académico, especialmente para las nuevas generaciones, porque explica tanto la Historia como el Derecho Constitucional, de una manera sencilla, accesible a todos.

El objetivo fundamental de este trabajo de investigación, es capacitar a los lectores para que lleguen a comprender nuestro inmenso caudal histórico y constitucional, que dicha enseñanza sea básica en la comprensión del presente y a la vez sirva de preparación inconmensurable para proceder, en el futuro, tomando como punto de partida el pretérito histórico-jurídico de nuestra agitada vida política.

No quiero terminar estas líneas sin solidarizarme con Allan R. Brewer-Carías, el condiscípulo, compañero del Instituto de Derecho Público de la Universidad Central de Venezuela y confidente en las largas tertulias que hemos tenido sobre la Universidad Venezolana y los problemas del país, que desafortunadamente ha caído en manos de una claque de pocas luces y que aventa al exilio las mentes mas creadoras, por ser intolerante y no soportar la disidencia, la inteligencia y el talento productivo en el campo jurídico internacional. Quisiéramos conocer al menos una obra de trascendencia continental que haya surgido de alguno de los tinterillos que, mercenarios en su mayoría, solo alaban la mediocridad y el mal gusto. En fin tan solo hay que esperar. No hay mal que dure cien años ni cuerpo que lo resista.

Alfredo Arismendi A.
Caracas, Septiembre 2011

ESTUDIO PRELIMINAR:

LA CONSTITUCIÓN DE LA PROVINCIA DE CARACAS DE 31 DE ENERO DE 1812 COMO MODELO DE CONSTITUCIÓN PROVINCIAL

La Constitución de la Provincia de Caracas de 31 de enero de 1812[1] puede considerarse, sin duda, como el modelo más acabado de lo que era una Constitución provincial a comienzos del siglo XIX, influida de todos los principios del constitucionalismo moderno que se habían venido expandiendo en el mundo occidental luego de las revoluciones Norte Americana y Francesa de finales del siglo XVIII.

La misma fue sancionada por el Congreso General de la Confederación de Venezuela que se había instalado en 1811, en la "Sección Legislativa de la Provincia de Caracas del Congreso General de Venezuela," es decir, por los diputados electos en la Provincia que integraban dicho Congreso General; con el propósito de regular constitucionalmente el funcionamiento de dicha Provincia en el marco de la Federación que venía de establecerse formalmente el mes anterior, al sancionarse, el 21 de diciembre de 1811, por el mismo Congreso General, la Constitución Federal de los Estados de Venezuela.[2]

---

1   Véase el texto en el libro *Las Constituciones Provinciales* (Estudio Preliminar de Ángel Francisco Brice), Academia Nacional de la Historia, Caracas 1959, pp. 61-146. El texto que se publica al final de este libro ha sido tomado de dicha publicación de la Academia.

2   Véase el texto en Allan R. Brewer-Carías, *Las Constituciones de Venezuela*, Academia de Ciencias Políticas y Sociales, Tomo I, Caracas 2008, pp. 553 ss.

Esta Constitución integraba en un nuevo Estado nacional, con forma federal, a siete Estados provinciales (Caracas, Barcelona, Cumaná, Margarita, Barinas, Trujillo, Mérida) que habían resultado de la transformación de las antiguas Provincias que habían formado la antigua Capitanía General de Venezuela creada en 1777.

La elaboración de ambos proyectos de Constituciones, de la Federal y de la Provincial de Caracas, se realizó, en paralelo, en las sesiones del Congreso General, lo que se capta del encargo hecho en la sesión del 16 de marzo de 1811 a los diputados Francisco Uztáriz, Juan Germán Roscio y Gabriel de Ponte, Diputados los tres por la Provincia de Caracas por los partidos capitulares de San Sebastián de los Reyes, Calabozo y la ciudad de Caracas, recién instalado el propio Congreso, como comisionados para redactar la Constitución Federal de Venezuela[3]; y del anuncio efectuado en la sesión del Congreso General del 28 de marzo de 1811, donde se informó que se había encomendado a los mismos mencionados diputados Ustáriz y Roscio, la elaboración de "la Constitución provincial de Caracas, con el objeto de que sirviese de modelo a las demás provincias del Estado y se administrasen los negocios uniformemente."[4]

Por ello, en la sesión del Congreso General del 19 de julio de 1811 se dejó constancia de que era un mismo grupo de diputados los "encargados de trabajar la Constitución Federal y la Constitución particular de la provincia de Caracas";[5] y además, en la sesión del Congreso General del 20 de julio de 1811, el mismo Ustáriz decía que el Congreso le había encomendado junto con Roscio y de Ponte, "para que formase la Constitución federal de los Estados Unidos de Venezuela."[6]

---

3   En la despedida de la sección legislativa de la provincia de caracas al concluir sus sesiones y presentar la Constitución provincial 19 de febrero de 1812 Véase *Textos Oficiales de la primera República de Venezuela*, Biblioteca de la Academia de Ciencias Políticas y Sociales, Caracas 1982, Tomo II, p. 216.

4   *Id.*, Tomo II, p. 216

5   *Id.*, Tomo II, p. 109

6   Véase Ramón Díaz Sánchez, "Estudio Preliminar", *Libro de Actas del Segundo Congreso de Venezuela 1811-1812*, Academia Nacional de la Historia, Caracas 1959, Tomo I, p. 230.

20

Fue a tales efectos, que Ustáriz comenzó a presentar pliegos de la Constitución en la sesión del Congreso General del 21 de agosto de 1811,[7] dejándose constancia en la sesión del Congreso del 26 de julio de 1811, por ejemplo, de la presentación de un importante "Proyecto para la Confederación y Gobiernos provinciales de Venezuela,"[8] donde se formulaba un ensayo de distribución de las competencias que debían corresponder al nivel del Estado federal, y al nivel de los Gobiernos provinciales. [9]

Se trató, por tanto, de un proceso constituyente tanto nacional como provincial que se desarrolló en paralelo en el seno del mismo cuerpo de diputados, por una parte, para la conformación de un Estado federal en todo el ámbito territorial de lo que había sido la antigua Capitanía General de Venezuela, con la participación de todos los diputados del Congreso de todas las provincias; y por la otra, para la conformación del marco constitucional de gobierno para una de las provincias de dicha Federación, la de Caracas, incluso, como se dijo, para que el texto sirviera de modelo para la elaboración de las otras Constituciones provinciales.

Esa imbricación de Legislaturas en el mismo Cuerpo de representantes, la del Congreso General y la de la Sección Legislativa de la Provincia de Caracas, explica que en la sesión del Congreso General del 31 de enero 1812 se diera cuenta formalmente de que la Constitución provincial de Caracas iba a firmarse ese mismo día;[10] hecho del cual además, se dio anuncio en la sesión del mismo Congreso General del día siguiente, del 1 de febrero de 1812.[11]

---

7   *Id.*, Tomo I, p. 317.

8   Véase el texto en *El pensamiento constitucional hispanoamericano hasta 1830*, Biblioteca de la Academia nacional de la Historia, Caracas 1961, Tomo V, pp. 41-44.

9   Véase *Textos Oficiales de la Primera República de Venezuela, cit.,* Tomo II, pp. 111-113

10   Véase *Libro de Actas del Segundo Congreso de Venezuela 1811-1812, cit.,* Tomo II, p. 307.

11   Véase *Libro de Actas del Segundo Congreso de Venezuela 1811-1812, cit.,* Tomo II, p. 309. Como se dijo, con posterioridad, el 19 de febrero de 1812 luego de haberse promulgado la Constitución de la Provincia de Caracas, la Sección Legislativa para la Provincia del Congreso General dirigió una "despedida a los habitantes de Caracas al terminar sus sesiones y presentar la Constitución," (firmada por los diputados Felipe Fermín Paúl, Martín Tovar, Lino de Clemente, Francisco Xavier Ustáriz, José Ángel Alamo, Nicolás de

La concepción y conducción del proceso constituyente venezolano, que en ese momento era a la vez el inicio del proceso constituyente de toda la América hispana fue, por tanto, obra de los destacados e ilustrados diputados y funcionarios, juristas y políticos que lo integraban,[12] y no de militares, casi todos formados en la Universidad de Caracas a finales del siglo XVIII, y muchos de ellos, antes de la Revolución de abril de 1810, con experiencia en funciones de gobierno en las instancias coloniales de la Capitanía General de Venezuela.

Entre ellos, en todo caso, hay un grupo de juristas e ideólogos de la Revolución, todos de Caracas, quienes acompañaron invariablemente el proceso constituyente desde su propio inicio el 19 de abril de 1810 hasta el 30 de julio de 1812, cuando se firmó la Capitulación entre el General Francisco de Miranda por la República y el Capitán Domingo de Monteverde de las fuerzas militares españolas de ocupación, a quienes hay que recordar, pues ellos fueron los hacedores de aquella magnífica República, nada "boba" por cierto, como el militarismo que la sucedió posteriormente la quiso desdibujar.[13]

Entre ellos hay que destacar particularmente aquellos abogados y políticos que estuvieron presentes *en todos* los acontecimientos y que además, se comprometieron suscribiendo *todos* los actos políticos subsiguientes, y a quienes, sin duda, hay que atribuir la conduc-

---

Castro, Juan Toro, Tomás Millano." Véase en *Textos Oficiales de la Primera República de Venezuela, cit.,* Tomo II, p. 216.

12 Véase la lista y nombres de todos los diputados en Manuel Pérez Vila "Estudio Preliminar," *El Congreso Nacional de 1811 y el Acta de la Independencia,* Edición del Senado, caracas 1990, pp. 7-8; Juan Garrido, *El Congreso Constituyente de Venezuela,* Universidad Monteávila, caracas 2010, pp. 76-79.

13 Véase, por ejemplo, por lo que se refiere a la Nueva Granada, el empleo del término en el libro *La Patria Boba,* que contiene los trabajos de J.A. Vargas Jurado (*Tiempos Coloniales*), José María Caballero (*Días de la Independencia*), y J.A. de Torres y Peña (Santa Fé Cautiva), Bogotá 1902. El trabajo de Caballero fue publicado con los títulos *Diario de la Independencia,* Biblioteca de Historia Nacional, Bogotá 1946, y *Diario de la Patria Boba,* Ediciones Incunables, Bogotá 1986. Véase también, José María Espinosa, *Recuerdos de un Abanderado, Memorias de la Patria Boba 1810-1819,* Bogotá 1876.

ción y continuidad de todo aquél extraordinario proceso constituyente.

Al analizarse todos esos documentos, en efecto, se constata que solamente los diputados Lino de Clemente, Isidoro Antonio López Méndez, Martín Tovar y Ponce, Francisco Javier Ustáriz, y Juan Germán Roscio, fueron quienes a la vez: (i) formaron parte de la Junta Conservadora de los Derechos de Fernando VII el 19 de abril de 1810, como funcionarios que eran del Cabildo o como diputados por el pueblo que se incorporaron al mismo; (ii) fueron integrados como Vocales a la Junta Suprema de gobierno que se organizó por el Bando del 23 de abril de 1810; (iii) fueron electos como diputados al Congreso General, conforme al Reglamento de Elecciones dictado por la Junta Suprema el 11 de junio de 1810; (iv) participaron en el acto de instalación del Congreso General de diputados el día 3 de marzo de 1811; (v) suscribieron la Ley sobre los Derechos del Pueblo sancionada por el Congreso General en la Sección Legislativa para la Provincia de Caracas el 1 de julio de 1811; (vi) suscribieron el acta de la Independencia del 5 de julio de 1811; (vii) suscribieron la Constitución Federal de los Estados de Venezuela de 21 de diciembre de 1811; y (viii) suscribieron la Constitución de la Provincia de Caracas del 31 de enero de 1812.

Todos los diputados, sin duda, jugaron papeles y roles importantes en ese proceso constituyente, pero sólo los antes mencionados estuvieron presentes en forma activa en todo el iter constituyente.

Otros grupos de diputados que también debe mencionarse son aquellos que si bien no participaron en los hechos de la Revolución de 19 de abril de 1810, fundamentalmente porque no eran vecinos de Caracas, sin embargo sí estuvieron presentes en todos los hechos y actos políticos posteriores antes mencionados, como fueron los siguientes diputados, todos por otros partidos de la Provincia de Caracas: Felipe Fermín Paúl, por San Sebastián de los Reyes; Fernando de Peñalver, Luis José de Cazorla y Juan Rodríguez del Toro, por Valencia; Juan José de Maya, por San Felipe; Gabriel Pérez de Págola, por Ospino; José Ángel Álamo, por Barquisimeto; y José Vicente de Unda, por Guanare. Otros distinguidos abogados, además, tuvieron participación activa en el gobierno, particularmente en el Poder Ejecutivo plural, donde estuvieron Juan de Escalona, Cristóbal Mendoza y Baltazar Padrón, o como Secretarios de Estado como fue el caso de Miguel José Sanz.

En cuanto a Roscio y Ustáriz, como se dijo, debe decirse que además, fueron los redactores efectivos tanto de la Constitución Federal como de la Constitución Provincial de Caracas; y junto con ellos debe mencionarse a Francisco Iznardi, que si bien no era diputado, fue el importantísimo Secretario del Congreso General durante todo su funcionamiento, y a quien el Congreso General encomendó, junto con Roscio, la redacción del Acta de la Independencia del 5 de julio de 1811.[14] Roscio además, fue el redactor del Reglamento de Elecciones para los Diputados dictado por la Junta Suprema de 11 de junio de 1810, siendo de su pluma la importante Alocución que lo precede, donde se sientan las bases del sistema republicano representativo;[15] y el importante "Manifiesto al Mundo" que dirigió el Congreso General explicando las razones de la Independencia de fecha de 30 de julio de 1811.[16] Además, con anterioridad a la instalación del Congreso General, durante el funcionamiento de la Junta Suprema, Roscio había sido Secretario de Relaciones Exteriores, y como secretario de Estado fue quien firmó la orden de 14 de agosto de 1810 de la Junta Suprema, de constitución de la Junta Patriótica como "Sociedad Patriótica de Agricultura y Economía."[17] Luego en momentos del funcionamiento del Congreso General, Roscio además, fue nombrado como Ministro de Gracia, Justicia y Hacienda.[18]

---

14 Véase *Libro de Actas del Segundo Congreso de Venezuela 1811-1812, cit.*, Tomo I, p. 201; Luis Ugalde s.j., *El pensamiento teológico-político de Juan Germán Roscio*, bid & co. editor, caracas 2007, p. 30.

15 Véase Ramón Díaz Sánchez, "Estudio Preliminar", *Libro de Actas del Segundo Congreso de Venezuela 1811-1812*, Academia Nacional de la Historia, Caracas 1959, Tomo I, p. 91.

16 *Id.* Tomo I., p. 82.; *El pensamiento teológico-político de Juan Germán Roscio, cit.*, p. 30.

17 Véase *Textos Oficiales de la primera República de Venezuela, cit.*, Tomo I, 215-216.

18 De ello se da cuenta en la sesión del Congreso del 17 de julio de 1811. Véase Ramón Díaz Sánchez, "Estudio Preliminar," *Libro de Actas del Segundo Congreso de Venezuela 1811-1812, cit.*, Tomo I, p. 220.

Con razón, por tanto, a Juan Germán Roscio se lo debe considerar como "la figura más distinguida del movimiento de independencia desde 1810,"[19] o, como "el más conspicuo de los ideólogos del movimiento" de independencia.[20]

La Constitución Federal de los Estados de Venezuela de 21 de diciembre de 1811, en el marco de la cual se dictó la Constitución provincial de Caracas, obra ambos de aquellos destacados juristas, en todo caso, tiene la importancia histórica que venía de ser la tercera Constitución del mundo moderno de ámbito nacional que se había sancionado conforme a los principios del constitucionalismo que recién se habían derivado de las Revoluciones Americana y Francesa de finales del Siglo XVIII, luego de haberse adoptado, primero, la Constitución de Estados Unidos de América de 1787, y luego, la Constitución de la Monarquía Francesa de 1791.[21]

La Constitución de la Provincia de Caracas de 31 de enero de 1812, por su parte, tiene también la importancia de que venía a formar parte del segundo grupo de Constituciones provinciales que se sancionaban en la historia del constitucionalismo moderno, después de las que se habían adoptado en 1776 en las trece antiguas Colonias inglesas en Norteamérica y que luego formaron los Estados Unidos de América, y que fueron las Constituciones o Formas de Gobierno de New Hampshire, Virginia, South Carolina, New Jersey Rhode Island, Connecticut, Maryland, Virginia, Delaware, New York y Massachusetts.[22] Venezuela fue, así, el segundo país en la historia

---

19   *Id.*, Tomo I, p. 61.

20   Véase Manuel Pérez Vila, "Estudio Preliminar," *El Congreso Nacional de 1811 y el Acta de la Independencia, cit.*, p. 6.

21   Véase en general, Allan R. Brewer-Carías, *Reflexiones sobre la Revolución Americana (1776) y la Revolución Francesa (1789) y sus aportes al constitucionalismo moderno*, Editorial Jurídica Venezolana, Caracas 1992. Una segunda edición ampliada de este estudio se publicó como *Reflexiones sobre la Revolución Norteamericana (1776), la Revolución Francesa (1789) y la Revolución Hispanoamericana (1810-1830) y sus aportes al constitucionalismo moderno*, 2ª Edición Ampliada, Universidad Externado de Colombia, Bogotá 2008.

22   El texto de casi todas estas Constituciones se conocía en Caracas a partir de 1810 por la traducción que hizo Manuel García de Sena, en la obra *La Independencia de la Costa Firme, justificada por Thomas Paine treinta años ha*, editada en Filadelfia en 1810. Véase la edición, con prólogo de Pedro Grases, del Comité de Orígenes de la Emancipación, núm. 5. Insti-

del constitucionalismo moderno en haber adoptado la forma federal de gobierno a los efectos de unir como un nuevo Estado, lo que antes habían sido antiguas Provincias coloniales.

Fue así, por tanto, al igual que había ocurrido en Norte América, que la Constitución Federal de los Estados de Venezuela de diciembre de 1811 fue precedida por la sanción de otras Constituciones provinciales o formas de Gobierno y que habían sido dictadas en 1811 en las provincias de Barinas, Mérida y Trujillo. La Constitución Federal, además, fue seguida de otra Constitución provincial, dictada incluso antes que la de Caracas, que fue la Constitución fundamental de la Provincia de Barcelona Colombiana de 12 de enero de 1812.[23]

Igualmente debe mencionarse, que coincidiendo con la sanción de las Constituciones provinciales en Venezuela, en las antiguas provincias de la Nueva Granada y en el marco, también, del inicio de la organización de un Estado federal, se dictaron diversas Constituciones provinciales en 1811, la de Cundinamarca, aún cuando de carácter Monárquica, y la de Tunja; y en 1812, las de Antioquia y Cartagena de Indias.[24] En la Nueva Granada, sin embargo, no se llegó a dictar una Constitución nacional moderna como la Constitución Federal venezolana de 1811, suscribiéndose sólo en cambio el 27 de noviembre de 1811, por los representantes de cinco de las provincias de Nueva Granada (Antioquia, Cartagena, Neiva, Pamplona,

---

tuto Panamericano de Geografía e Historia, Caracas, 1949. El texto de la Constitución de los Estados Unidos de América también se conocía por la traducción contenida en dicho libro, y por la que hizo en Joseph Manuel Villavicencio, *Constitución de los Estados Unidos de América*, editado en Filadelfia en la imprenta Smith & M'Kennie, 1810.

23   Véase el texto de todas las Constituciones provinciales en el libro *Las Constituciones Provinciales* (Estudio Preliminar de Ángel Francisco Brice), Academia Nacional de la Historia, Caracas 1959. En particular, sobre las Constituciones de Mérida, véase Tulio Febres Cordero (Compilador), *Actas de Independencia. Mérida, Trujillo, Táchira en 1810*, El Lápiz Ed., Mérida 2008.

24   Antes se había organizado un gobierno en la Provincia del Socorro (1810); y posteriormente se dictaron otras Constituciones Provinciales en 1814 (Popayán) y en 1815 (Pamplona, Mariquita y Neiva). Véase en general Carlos Restrepo Piedrahita, *Primeras Constituciones de Colombia y Venezuela 1811–1830*, Universidad Externado de Colombia, Bogotá 1996, pp. 37 y ss.

26

Tunja), reunidos en Convención en Santa Fe, un Acta de Confederación de las Provincias Unidas de Nueva Granada, mediante la cual se constituyó un Estado con esa denominación de "Provincias Unidas de Nueva Granada."[25]

Nuestra intención en este Estudio preliminar al texto de la Constitución de la Provincia de Caracas de 31 de enero de 1812, es analizar el significado, contexto y contenido de esta Constitución provincial, ubicándola en su momento histórico, como "modelo" de Constitución Provincial, para lo cual estudiaremos en una *primera parte*, Caracas y el Proceso de la Independencia en 1810-1812; en una *segunda parte*, las Constituciones Provinciales de Venezuela en 1811-1812; en una *tercera parte*, La conformación territorial de la Provincia de Caracas; en *cuarta lugar*, El proceso constituyente en la Provincia de Caracas en 1810-1812; y en una *quinta parte*, la organización territorial de la Provincia de Caracas.

---

[25] *Idem.*

PRIMERA PARTE

CARACAS Y EL PROCESO DE INDEPENDENCIA EN 1810-1813

En Caracas, el 19 de abril de 1810, se inició el proceso de independencia, al deponerse las autoridades coloniales, y haber asumido el gobierno provincial una Junta Suprema que, si bien se denominó como "Conservadora de los Derechos de Fernando VII," pronto mostró su verdadera faz de gobierno autónomo e independiente frente a la Metrópoli, que invadida por Napoleón, y con un Monarca secuestrado por el mismo, se la consideraba incapaz de gobernarse a sí misma y de gobernar la América.

Se había producido, sin duda, un golpe de Estado, y con ello, el inicio de la revolución de independencia.[26] Por ello, a los pocos días, en un Manifiesto, la Junta Suprema de Caracas, ya hablaba del gobierno de la Península confinado en Cádiz como "incapaz de salvarse a sí mismo," y de "la Revolución de Caracas", donde se había formado un "nuevo gobierno," cesándose "el antiguo;" así como de la "independencia política de Caracas", declarándose que iba:

---

26   Véase Juan Garrido Rovira, *La Revolución de 1810, Bicentenario del 19 de abril de 1810*, Universidad Monteávila, Caracas 2009; y Enrique Viloria Vera y Allan R. Brewer-Carías, *La Revolución de Caracas 1810*, Colección Salamanca Historia, Educación y Geografía (Biblioteca Guillermo Morón) N° 44 Centro de Estudios Ibéricos y Americanos de Salamanca, Federico de Oníz-Miguel Torga, Caracas 2011.

"a darse al nuevo Gobierno la forma provisional que debe tener, mientras una constitución, aprobada por la representación nacional legítimamente constituida, sanciona, consolida y presenta con dignidad política a la faz del universo la provincia de Venezuela organizada y gobernada." [27]

De esos hechos, ya el 4 de julio de 1810, daba cuenta el Intendente del Ejército y Real Hacienda del gobierno español en Cádiz, informando al Supremo Ministerio de Hacienda del Consejo de Regencia, entre otras apreciaciones que:

"lo más escandaloso fue que en las canciones alegóricas que compusieron e imprimieron de su independencia, convidaban a toda la América Española para hacer causa común, y que tomasen a los Caraqueños por modelo para dirigir revoluciones."[28]

Y en efecto, el Himno Nacional de Venezuela "Gloria al Bravo Pueblo," comienza así su primera estrofa:

"Gloria al bravo pueblo que el yugo lanzó
la ley respetando la virtud y honor "

Y termina la tercera estrofa, así:

"Unida con lazos que el cielo formó,
la América toda existe en Nación.
Y si el despotismo levanta la voz,
seguid el ejemplo que Caracas dio".

Estas frases, sin duda, estaban destinadas a rendir homenaje a la ciudad capital de la Capitanía General de Venezuela, Caracas, donde se fraguó el movimiento revolucionario de independencia que se inició el 19 de abril de 1810, y desde donde comenzó a expandirse en toda la América Española.

---

27   Véase *Textos Oficiales de la Primera República de Venezuela*, cit., Tomo I, 127-129.

28   Véase en http://www.noticierodigital.com/forum/viewtopic.php?t=752108

I. LA REVOLUCIÓN DE CARACAS DEL 19 DE ABRIL DE 1810 Y LA ASUNCIÓN DEL MANDO SUPREMO DE LA PROVINCIA DE CARACAS POR UNA JUNTA SUPREMA

En efecto, cinco meses antes de que se instalaran las Cortes de Cádiz, lo que ocurrió el 24 de septiembre de 1810, en Caracas, el 19 de abril de 1810, el Ayuntamiento de la capital de la Provincia de Venezuela, como se dijo, había dado un golpe de Estado, iniciando la independencia de Venezuela, mediante un proceso constituyente que concluyó con la sanción de la Constitución Federal para los Estados de Venezuela del 21 de diciembre de 1811, dictada también, tres meses antes de la sanción de la Constitución de Cádiz el 18 de marzo de 1812.

Así, el constitucionalismo moderno puede decirse que se inició en América Latina, en las Provincias más relegadas del Imperio Español, aquellas que sólo en 1777, habían sido agrupadas en la Capitanía General de Venezuela. Esas fueron las provincias de Venezuela o Caracas, Nueva Andalucía, Margarita, Maracaibo (que comprendía Mérida y La Grita), y Guayana. Hasta ese entonces habían sido Provincias coloniales aisladas, algunas de ellas como Mérida, La Grita, Maracaybo y Guayana sometidas a la Audiencia de Santafé en el Nuevo Reyno de Granada, y otras (Margarita, Venezuela o Caracas, Nueva Andalucía) a la Audiencia de Santo Domingo, en la Isla *La Hispagniola*.

La revolución contra la monarquía española en la América Hispana, por tanto, no se inició en las capitales virreinales ni en las Provincias ilustradas del Nuevo Mundo, sino en una de las más pobres del Continente Americano, la Provincia de Caracas o Venezuela; lo que ocurrió en el Ayuntamiento de Caracas, en su sesión del 19 de abril de 1810, al día siguiente de conocerse la situación política de la Península donde, por la abdicación de los Monarcas españoles a su Corona a favor de Napoleón y la invasión por el ejército francés a la península, el gobierno de la Monarquía, es decir, la Junta de Regencia recién constituida, había quedado reducido a la Isla de León, en Cádiz. Como consecuencia de ello, el Cabildo depuso a la autoridad constituida y que estaba representada por el Gobernador y Capitán General Vicente de Emparan, y se erigió, a sí mismo, en Junta Suprema de Venezuela Conservadora de los Derechos de Fernando VII.[29] Como consecuencia, dicha Junta asumió el "mando supremo" o "suprema autoridad" de la Provincia,[30] "por consentimiento del mismo pueblo,"[31] en lo que fue el primer acto constitucional de la constitución de un nuevo gobierno, para la conformación jurídica de un nuevo Estado.[32] A dicho nuevo gobierno quedaron subordinados "todos los empleados del ramo militar, político y demás"[33] de la provincia, para lo cual se procedió a destituir las antiguas autoridades del país (como se dijo, al Presidente de la Audiencia, Gobernador de la Provincia y Capitán General, a su Teniente de Gobernador, al Auditor de Guerra; al Intendente de Ejército y Real Hacienda, y a los miembros de Real Audiencia de Caracas)[34]; y a proveer a la seguridad pública y conservación de los derechos del Monarca cautivo. Todo ello lo hizo el Ayuntamiento "reasumiendo en sí el poder soberano."[35]

La motivación de esta Revolución se expuso en el texto del Acta de la dicha sesión del Ayuntamiento del 19 de abril, en la cual se consideró que por la disolución de la Junta Suprema Gubernativa de

---

29   Véase el libro *El 19 de abril de 1810,* Instituto Panamericano de Geografía e Historia, Caracas 1957.

30   Véase el texto del Acta del Ayuntamiento de Caracas de 19 de Abril de 1810 en Allan R. Brewer-Carías, *Las Constituciones de Venezuela,* Academia de Ciencias Políticas y Sociales, Caracas 2008, Tomo I, pp. 531-533.

31   Así se establece en la "Circular" enviada por el Ayuntamiento el 19 de abril de 1810 a las autoridades y corporaciones de Venezuela. Véase J. F. Blanco y R. Azpúrua, *Documentos para la historia de la vida pública del Libertador,* Ediciones de la Presidencia de la República, Caracas, 1983, Tomo II, pp. 401-402. Véase también en *Textos oficiales de la Primera República de Venezuela,* Tomo I, p. 105.

32   Véase en general T. Polanco, "Interpretación jurídica de la Independencia" en *El Movimiento Emancipador de Hispanoamérica, Actas y Ponencias,* Caracas, 1961, Tomo IV, pp. 323 y ss.

33   *Id..*

34   Véase Juan Garrido Rovira, *La Revolución de 1810, cit.* p. 25

35   Así se indica en el oficio de la Junta Suprema al Inspector General Fernando Toro el 20 de abril de 1810. Véase en J.F. Blanco y R. Azpúrua, *Documentos para la historia de la vida pública del Libertador, cit.,* Tomo II, p. 403 y Tomo I, p. 106, respectivamente.

España, que suplía la ausencia del Monarca, y a pesar de que la misma había delegado sus poderes en un Consejo de Regencia, el mismo se desconoció considerándose que el pueblo había quedado en "total orfandad," razón por la cual se estimó que:

"El derecho natural y todos los demás dictan la necesidad de procurar los medios de conservación y defensa y de erigir en el seno mismo de estos países un sistema de gobierno que supla las enunciadas faltas, ejerciendo los derechos de la soberanía, que por el mismo hecho ha recaído en el pueblo".

Para adoptar esa decisión, por supuesto, como se dijo, el Ayuntamiento tuvo que desconocer la autoridad del Consejo de Regencia,[36] considerando que:

"No puede ejercer ningún mando ni jurisdicción sobre estos países, porque ni ha sido constituido por el voto de estos fieles habitantes, cuando han sido ya declarados, no colonos, sino partes integrantes de la corona de España, y, como tales han sido llamados al ejercicio de la soberanía interna y a la reforma de la Constitución Nacional".

En todo caso, el Ayuntamiento estimó que aun cuando pudiera prescindirse de lo anterior, dicho Consejo de Regencia, por las circunstancias de la guerra y de la conquista y usurpación de las armas francesas en la Península, era impotente y sus miembros no podían valerse a sí mismos. De allí que en el Cabildo Extraordinario, al ser

---

36 Lo que afirma de nuevo, en comunicación enviada al propio Consejo de Regencia de España explicando los hechos, razones y fundamentos del establecimiento del nuevo gobierno. Véase J. F. Blanco y R. Azpúrua, *Documentos para la historia de la vida pública del Libertador cit.*, Tomo II, p. 408; y *Textos Oficiales de la Primera República, cit.*, Tomo I, pp. 130 y ss. En particular, en comunicación del 3 de mayo de 1810, la Junta Suprema de Caracas se dirigió a la Junta Suprema de Cádiz y a la Regencia, cuestionando la asunción por esas corporaciones "que sustituyéndose indefinidamente unas a otras, sólo se asemejan en atribuirse todas una delegación de la soberanía que, no habiendo sido hecha ni por el Monarca reconocido, ni por la gran comunidad de españoles de ambos hemisferios, no puede menos de ser absolutamente nula, ilegítima, y contraria a los principios sancionados por nuestra legislación" (*Id.*, p. 130); agregando que "De poco se necesitará para demostrar que la Junta Central carecía de una verdadera representación nacional; porque su autoridad no emanaba originariamente de otra cosa que de la aclamación tumultuaria de algunas capitales de provincias, y porque jamás han tenido en ellas los habitantes del nuevo hemisferio la parte representativa que legítimamente les corresponde. En otras palabras, desconocemos al nuevo Consejo de Regencia" (*Id.*, p. 134).

forzado el Presidente, Gobernador y Capitán General a renunciar, el mando quedó depositado en el Ayuntamiento con motivo del "establecimiento del nuevo gobierno" disponiéndose que los nuevos empleados debían prestar juramento ante el cuerpo, prometiendo:

> "Guardar, cumplir y ejecutar, y hacer que se guarden, cumplan y ejecuten todas y cualesquiera ordenes que se den por esta Suprema Autoridad soberana de estas Provincias, a nombre de nuestro rey y señor don Fernando VII"[37].

Se estableció, así, en Caracas, "una Junta Gubernativa de estas Provincias, compuesta del Ayuntamiento de esta Capital y de los vocales nombrados por el voto del pueblo,"[38] y en un Manifiesto donde se hablaba de "la revolución de Caracas" y se refería a "la independencia política de Caracas", la Junta Gubernativa prometió:

> "Dar al nuevo gobierno la forma provisional que debe tener, mientras una Constitución aprobada por la representación nacional legítimamente constituida, sanciona, consolida y presenta con dignidad política a la faz del universo la provincia de Venezuela organizada, y gobernada de un modo que haga felices a sus habitantes, que pueda servir de ejemplo útil y decoroso a la América"[39].

Además, el 19 de mayo de 1810 en la comunicación dirigida a las autoridades constituidas de todos los pueblos de Venezuela, la Junta se refiere al "gobierno provisorio, establecido en ella mientras se reúne la legítima representación nacional," y reitera la referencia a la "gloriosa revolución de Caracas"[40]

La Junta Suprema de Venezuela, al asumir el gobierno, adoptó formalmente el principio de la separación de poderes, asumiendo en

---

37   Véase el texto en J.F. Blanco y R. Azpúrua, *Documentos para la historia de la vida pública del Libertador, cit.*, Tomo I, p. 393.

38   Así se denomina en el manifiesto del 1° de mayo de 1810. Véase en *Textos Oficiales de la Primera República de Venezuela., cit.*, Tomo I. p. 121.

39   Véase el texto en J. F. Blanco y R. Azpúrua, *Documentos para la historia de la vida pública del Libertador, cit.*, Tomo II, p. 406, y en *Textos Oficiales de la Primera República, cit.*, Tomo I, p. 129.

40   Véase *Textos Oficiales de la Primera República de Venezuela, cit.*, Tomo I, p. 150.

34

forma provisional las funciones legislativas y ejecutivas, y definiendo en el Bando del 25 de abril de 1810, los siguientes órganos del Poder Judicial: "El Tribunal Superior de apelaciones, alzadas y recursos de agravios se establecerá en las casas que antes tenía la audiencia"; y el Tribunal de Policía "encargado del fluido vacuno y la administración de justicia en todas las causas civiles y criminales estará a cargo de los corregidores."[41]

II. EL EJEMPLO DE CARACAS Y SU REPERCUSIÓN EN LAS PROVINCIAS DE LA CAPITANÍA GENERAL DE VENEZUELA

Como consecuencia de esta Revolución de Caracas, la Junta Suprema de Venezuela envió emisarios a todas las principales ciudades de las otras Provincias que conformaban la Capitanía General de Venezuela, para invitarlas a adherirse al movimiento de Caracas, es decir, para seguir "el ejemplo que Caracas dio." A tal efecto, en comunicación dirigida a los Cabildos de las capitales de América de 27 abril 1810, la Junta decía:

> "Caracas debe encontrar imitadores en todos los habitantes de la América, en quienes el largo hábito de la esclavitud no haya relajado todos los muelles morales" "Una es nuestra causa, una debe ser nuestra divisa; fidelidad a nuestro desgraciado Monarca; guerra a tu tirano opresor; fraternidad y constancia[42]

Enviados los emisarios a las Provincias de la Capitanía General, la respuesta fue inmediata: el mismo día 27 de abril de 1810, en Cumaná, el Ayuntamiento asumió la representación de Fernando VII, y "su legítima sucesión," constituyéndose en una Junta Suprema, como la de Caracas, y deponiendo al Gobernador.

En Barcelona (que era junto con Cumaná, parte de la provincia de Nueva Andalucía), el enviado Francisco Policarpo Ortíz quien fue luego diputado al Congreso general, logró se constituyera una

---

41   Véase en *Textos Oficiales de la Primera República de Venezuela*, *cit.*, Tomo I, pp. 114-116

42   Véase *Textos Oficiales de la Primera República de Venezuela*, *cit.*, Tomo I, p. 119.

primera Junta el mismo día 27 de abril de 1811, pero erigieron a Barcelona como provincia autónoma. Después de conflictos políticos que llevaron a la adhesión de Barcelona a la regencia y luego al rechazo de su autoridad en los territorios americanos, el 12 de octubre de 1811, en la Sala Consistorial de la Nueva Barcelona se reunieron "las personas visibles y honradas del pueblo de Barcelona" y resolvieron declarar la independencia con España de la Provincia y unirse con Caracas y Cumaná, creándose al día siguiente, una Junta Provincial para que representara los derechos del pueblo.[43]

En Margarita el 4 de mayo de 1810, se constituye una Junta, llevando la noticia de Caracas Manuel Placido Maneiro, luego también diputado al Congreso General.

En Barinas, el 5 de mayo de 1810, en un Cabildo Abierto, el Ayuntamiento de Barinas decidió proceder a formar "una Junta Superior que recibiese la autoridad de este pueblo que la constituye mediante ser una provincia separada," como Junta Provincial de Gobierno y Conservación, con Cristóbal de Mendoza como secretario, y quien luego sería Presidente del nuevo Estado federal.

En Angostura, en la provincia de Guayana, el 11 de mayo de 1810 se nombró una Junta, pero fue rápidamente depuesta por los realistas y misioneros capuchinos, reconociendo a la Regencia. Los enviados de la Junta Suprema a Coro, fueron apresados y enviados a Maracaibo, permaneciendo las dos ciudades, junto con Guayana, fieles a la Regencia.[44]

En Mérida, los emisarios lograron promover la separación de los territorios de los Andes de la provincia de Maracaibo de la cual formaban parte, y el 16 de septiembre de 1811 el Ayuntamiento de

---

43   Véase las Actas de la Independencia de las diversas ciudades de la Capitanía General de Venezuela en *Las Constituciones Provinciales, cit.* pp. 339 y ss.

44   Véase las comunicaciones de la Junta Suprema respecto de la actitud del Cabildo de Coro y del Gobernador de Maracaibo, en *Textos Oficiales de la Primera República de Venezuela, cit.*, Tomo I, pp. 157 a 191. Véase además los textos que publican J. F. Blanco y R. Azpúrua, *Documentos para la historia de la vida pública del Libertador, cit.*, Tomo II, p. 248 a 442, y 474 a 483.

Mérida decidió "en representación del pueblo", adherirse a la causa común que defendían las Juntas Supremas y Superiores que ya se habían constituido en Santa Fé, Caracas, Barinas, Pamplona y Socorro, y resolvió, con representación del pueblo, se erigiese una Junta "que asumiese la autoridad soberana." Al movimiento de Mérida se sumaron las ciudades de La Grita el 11 de octubre de 1810 y San Cristóbal el 18 de octubre de 1810.

El Ayuntamiento de Trujillo, por su parte, el 9 de octubre de 1810 convino en instalar "una Junta Superior conservadora de nuestra Santa Religión, de los derechos de nuestro amadísimo, legítimo, soberano Don Fernando VII y su Dinastía y de los derechos de la Patria."[45]

III. LA ELECCIÓN DE REPRESENTANTES DE LAS PROVINCIAS DE VENEZUELA PARA LA CONSTITUCIÓN DE UN GOBIERNO CENTRAL

El 11 de junio de 1810, apenas transcurridos dos meses desde la constitución en Caracas la Junta Suprema Conservadora de los derechos de Fernando VII, la misma, en virtud del carácter poco representativo que tenía en relación con las otras Provincias de la Capitanía General de Venezuela ya que se trataba de la Junta Suprema de la Provincia de Caracas, procedió a dictar un "Reglamento para elección y reunión de diputados que han de componer el Cuerpo Conservador de los Derechos del Sr. D. Fernando VII en las Provincias de Venezuela,"[46] el cual al constituirse se transformó en el Congreso General de diputados de las Provincias de Venezuela, pero desde el cual, además, se siguió gobernando a la Provincia de Caracas. En esta, en efecto, no se constituyó un nuevo gobierno, pues el gobierno provisional designado por el Congreso siguió gobernando la provincia, ni se configuró una Legislatura provincial aparte, pues

---

45   Véase Juan Garrido Rovira, *La Revolución de 1810, cit.*, p. 132-133

46   Véase en *Textos Oficiales de la Primera República de Venezuela*, Tomo II, pp. 61 a 84; y en Allan R. Brewer-Carías, *Las Constituciones de Venezuela, cit.*, Tomo I, pp. 535-543.

la misma fue la Sección Legislativa de la Provincia de Caracas del Congreso General, integrada por los diputados de la Provincia.

Mediante el Reglamento que establecía un sistema electoral indirecto, se procedió a convocar al pueblo de todas las Provincias "para consultar su voto" y para que se escogiese "inmediatamente las personas que por su probidad, luces y patriotismo os parecieran dignas de vuestra confianza" para constituir un cuerpo representativo que "evitase los defectos inculpables del actual" y además, evitase "la nulidad de carácter público de la Junta Central de España" que adolecía de la misma falta de representatividad.

La convocatoria tenía entonces por objeto la necesidad de establecer "un poder Central bien constituido," considerándose que había llegado "el momento de organizarlo," formando "una confederación sólida," con "una representación común." A tal efecto, la Junta llamó al "ejercicio más importante de los derechos del pueblo" que era "aquel en que los transmite a un corto número de individuos, haciéndolos árbitros de la suerte de todos," convocando a "todas las clases de hombres libres ... al primero de los goces de ciudadano, que es el concurrir con su voto a la delegación de los derechos personales y reales que existieron originariamente en la masa común y que la ha restituido el actual interregno de la monarquía."[47]

Esta convocatoria a elecciones en las Provincias de Venezuela, en ese momento, por supuesto, se realizó contra de las autoridades que existían en España, de manera que el reconocimiento que se había hecho el 12 de enero de 1809 por el Ayuntamiento de Caracas de la autoridad de la Junta Central en España como el gobierno supremo del Imperio, cambió radicalmente después de la Revolución de abril de 1810, de manera que en la convocatoria a la elección de diputados al Congreso General de Diputados, en texto redactado por Roscio, ya se declaraba que era "demasiado evidente que la Junta Central de España no representaba otra parte de la nación que el vecindario de las capitales en que se formaban las Juntas provincia-

---

47   *Id.*

les, que enviaron sus diputados a componerla," y además, que "la Junta Central no pudo transmitir al Consejo de Regencia un carácter de que ella misma carecía," resultando, lo que se denunciaba, como "la concentración del poder en menor número de individuos escogidos, no por el voto general de los españoles de uno y otro mundo, sino por los mismos que habían sido vocales de la Central."[48]

Conforme al Reglamento de elecciones, en todo caso, se realizaron las siete de las nueve Provincias de la Capitanía General de Venezuela,[49] que para ese momento existía y que eran: Caracas, Barcelona, Cumaná, Margarita, Barinas, Trujillo y Mérida (no se realizaron elecciones ni en la provincia de Maracaibo ni en la de Guayana). El número de diputados que se eligieron en las provincias fue de 44, distribuidos así, según la población: 24 por la provincia de Caracas, lo que en número representaba más de la mitad de todos los diputados (y que conformaron la Sección Legislativa de la Provincia de Caracas en el Congreso General), evidenciando la importancia territorial y política que Caracas tenía; 9 por la provincia de Barinas; 4 por la provincia de Cumaná; 3 por la provincia de Barcelona; 2 por la provincia de Mérida; uno (1) por la provincia de Trujillo; y (1) por la provincia de Margarita.[50] Como se dijo, las provincias de Guayana y Maracaibo, no participaron en dicho proceso electoral y permanecieron controladas por las autoridades coloniales, y más bien, en 1812, en la provincia de Maracaibo se llegó a elegir un diputado propietario, pero para las Cortes de Cádiz.

Los diputados se eligieron en cada Provincia, en segundo grado, procediendo la votación de los electores en primer grado, en cada parroquia elegir los "electores distritales;" y luego, estos reunidos en la capital de cada distrito, en la ciudad cabeza capitular donde

---

48   *Id.*

49   Participaron las provincias de Caracas, Barinas, Cumaná, Barcelona, Mérida, Trujillo y Margarita. Véase José Gil Fortoul, *Historia Constitucional de Venezuela*, Tomo primero, Berlín 1908, p. 223. Véase J. F. Blanco y R. Azpúrua, J.F. Blanco y R. Azpúrua, *Documentos para la historia de la vida pública del Libertador, cit.*, Tomo II, pp. 413 y 489.

50   Véase C. Parra Pérez, *Historia de la Primera República de Venezuela, cit.*, Tomo I, p. 477.

existía como autoridad territorial un Ayuntamiento, los electores procedían a elegir a los diputados.

En líneas generales, la división de las Provincias, por tanto, era en Distritos o Partidos Capitulares, es decir, en Municipalidades donde existía un Ayuntamiento, y estos eran los siguientes en cada una de ellas:

En la Provincia de Caracas, existían los siguientes Partidos Capitulares o Ayuntamientos: donde se eligieron los 24 diputados de la Provincia: de Caracas (6), de San Sebastián de los Reyes (3), de Valencia (3), de Calabozo (2), de San Carlos (1), de San Felipe (1), de Ospino (1), de Nirgua (1), de Tocuyo (1), de Barquisimeto (3), de Guanare (1) y de Araure (1).

En la Provincia de Barinas, existían los siguientes Partidos Capitulares o Ayuntamientos, donde se eligieron los 9 diputados de la Provincia: de Barinas (1), de Pedraza (1), de San Fernando de Apure (1), de Villa de Nutrias (1), de Villa de Ospino (1), de Achaguas (1), de Guanarito (1), de Guasdualito (1), de Mijagual (1)

En la Provincia de Cumaná, existían los siguientes Partidos Capitulares o Ayuntamientos, donde se eligieron los 4 diputados de la Provincia: de Cumaná (2), de Cumanacoa (1), de Paria (1).

En la Provincia de Barcelona, existían los siguientes Partidos Capitulares o Ayuntamientos, donde se eligieron los 3 diputados de la Provincia: de San Diego de Cabrutica (1), de Aragua de Barcelona (1), de El Pao (1).

En la Provincia de Mérida, existían los siguientes Partidos Capitulares o Ayuntamientos, donde se eligieron los 2 diputados de la Provincia: de Mérida (1), de La Grita (1).

En la Provincia de Trujillo existía un Partido Capitular o Ayuntamiento, donde se eligió el (1) diputado de la Provincia.

En la Provincia de Margarita existía un Partido Capitular o Ayuntamiento, donde se eligió el (1) diputado de la Provincia.

En todo caso, aquellos 44 diputados electos en las provincias independientes fueron los que conformaron la Junta o Congreso General que se instaló el 2 de marzo de 1811, momento a partir del cual la Junta Suprema de Caracas cesó en sus funciones, como se había anunciado en el reglamento de elecciones de 11 de junio de 1810.

El Congreso también adoptó el principio de la separación de poderes para organizar el nuevo gobierno, reservándose el Poder Legislativo nacional, designando el 5 de marzo de 1811, a tres ciudadanos para ejercer el Poder Ejecutivo Nacional, turnándose en la presidencia por períodos semanales, y constituyendo, además, una Alta Corte de Justicia. Como se dijo, esas autoridades designadas por el Congreso General, lo fueron no sólo de las Provincias Unidas, sino básicamente de la Provincia de Caracas, donde funcionaba, territorio en el cual el Poder Ejecutivo designado era el de la Provincia, además del nuevo Estado en proceso de constitución; y la Sección Legislativa del Congreso General era la autoridad legislativa de la provincia. Tal y como se explicó en la despedida que hizo la Sección legislativa de la Provincia de Caracas al cesar en sus funciones: como se vio que con la elección del Congreso General que "la Provincia iba a quedar por mucho tiempo sin autoridad legislativa, el Congreso el 5 de junio de 1811 deliberó formar una Sección Legislativa provisoria para Caracas, compuesta con separación de sus diputados particulares," de manera que así, "el Congreso comenzó en agosto de 1811 a examinar la Constitución Federal y la Legislatura de Caracas hizo lo mismo con la particular de su Provincia."[51]

En todo caso, a partir del 25 de junio de 1811, cuando comenzaron las sesiones del Congreso, había quedado claro que el objetivo del mismo era precisamente la redacción de una Constitución democrática, republicana y representativa, la cual en definitiva fue la que se sancionó el 21 de diciembre de 1811, estableciendo una federación de nuevos Estados que eran las provincias. Por ello, en el cur-

---

51 En la despedida de la sección legislativa de la provincia de Caracas al concluir sus sesiones y presentar la Constitución provincial 19 de febrero de 1812 Véase *Textos Oficiales de la primera República de Venezuela de Venezuela, cit.*, Tomo II, p. 220.

so de sus sesiones entre marzo de 1811 y mayo de 1812, este Congreso General se denominó a sí mismo, en diversas formas, entre ellas: "Diputación General de los Estados Unidos de Venezuela,"[52] "Congreso General de los Estados Unidos de Venezuela,"[53] Congreso de los Estados Unidos de Venezuela,"[54] "Supremo Congreso de Venezuela," y "Congreso Constituyente de Venezuela,"[55] "Congreso General Constituyente de Venezuela," [56] "Supremo Congreso de Representantes de las Provincias y Pueblo de Venezuela,"[57] "representantes de las Provincias Unidas de Venezuela," [58] "Congreso General de las Provincias Unidas de Venezuela[59] y "Congreso Federal de Venezuela."[60].

El producto fundamental constituyente del Congreso general fue, sin duda, la Constitución Federal de los Estados de Venezuela de 21 de diciembre de 1811, la cual, sin embargo, fue precedida por dos documentos constitucionales de la primera importancia: uno sancionado por el Congreso General en su Sección Legislativa para la Provincia de Caracas que como hemos dicho formaban los diputados de la misma al Congreso General, y que fue la formal declaración de los "Derechos del Pueblo" del 1º de julio de 1811; y otro,

---

52 En la sesión del Congreso del 9 diciembre 1811. Véase *Libro de Actas del Segundo Congreso de Venezuela 1811-1812, cit.* Tomo II, p. 257.

53 En la sesión del Congreso de 27 diciembre 1811, *Id.*, Tomo II, p. 294.

54 Al aprobarse el Decreto penal sobre deserciones el 16 de abril de 1812. Véase *Textos Oficiales de la Primera República de Venezuela de Venezuela, cit.,* Tomo II, p. 51

55 Al aprobarse la declaración de Derechos del Pueblo por la Sección Legislativa de la Provincia de Caracas el 1 de julio de 1811, *Id.,* Tomo II, p. 91

56 Al sancionarse la Ley sobre Libertad de Imprenta, *Id.,* Tomo II, p. 121

57 En Bando del 16 de julio de 1811, *Id.,* Tomo II, p. 27

58 En el documento de presentación de la Declaración de Independencia que una Comisión del Congreso hizo al Poder Ejecutivo, *Id.,* Tomo II, p. 114

59 En el Decreto para el Juramento de la Independencia del 12 de julio de 1811, *Id.,* Tomo II, p. 103

60 En la alocución al presentar a los pueblos la Constitución Federal de 1811, *Id.,* Tomo II, p. 140.

también sancionado por el Congreso General, y que fue la formal declaración de la Independencia el 5 de julio de 1811.[61]

IV. LA CONSTITUCIÓN FEDERAL DE LOS ESTADOS DE VENEZUELA DE 21 DE DICIEMBRE DE 1811

La Constitución Federal para los Estados de Venezuela de 21 de diciembre de 1811[62] "fue la primera Constitución *nacional* en el continente americano,"[63] y aún cuando no tuvo vigencia real superior a un año debido al inicio de las guerras de independencia, condicionó la evolución de las instituciones políticas y constitucionales venezolanas hasta nuestros días; habiendo recogido en su texto todos los principios del constitucionalismo moderno derivado de las revoluciones norteamericana y francesa. En sus 228 artículos se reguló, entonces, el Poder Legislativo (arts. 3 a 71), el Poder Ejecutivo (arts. 72 a 109), el Poder Judicial (arts. 110 a 118), las Provincias (arts. 119 a 134) y los Derechos del Hombre a ser respetados en toda la extensión del Estado (arts. 141 a 199). En el Capítulo I, además, se reguló la Religión, proclamándose a la Religión Católica, Apostólica y Romana como la religión del Estado y la única y exclusiva de los habitantes de Venezuela (art. 1).

En esta Constitución se destaca, ante todo, la consagración de su supremacía, fuera del alcance del legislador ordinario, lo que se plasmó expresamente en su artículo 227 al indicar que:

---

61   Véase los textos en Allan R. Brewer-Carías, *Las Constituciones de Venezuela cit.*, Tomo I, pp. 545 ss.

62   Véase el texto en Allan R. Brewer–Carías *Las Constituciones de Venezuela, cit.*, Tomo I, pp. 553-581. Además, en *La Constitución Federal de Venezuela de 1811 y documentos afines*, Biblioteca de la Academia Nacional de la Historia, Caracas 1959, pp--. Véase además, Juan Garrido Rovira, "La legitimación de Venezuela (El Congreso Constituyente de 1811)", en Elena Plaza y Ricardo Combellas (Coordinadores), *Procesos Constituyentes y Reformas Constitucionales en la Historia de Venezuela: 1811–1999*, Universidad Central de Venezuela, Caracas 2005, tomo I, pp. 13–74; e Irene Loreto González, *Algunos Aspectos de la Historia Constitucional Venezolana*, Academia de Ciencias Políticas y Sociales, caracas 2010, pp. 79 ss.

63   Véase Carlos Restrepo Piedrahita, *Primeras Constituciones de Venezuela y Colombia, cit.*, p. 21.

"Las leyes que se expidan contra el tenor de ella no tendrán ningún valor sino cuando hubieren llenado las condiciones requeridas para una
justa y legítima revisión y sanción."

En el mismo sentido, luego de la enumeración de los derechos
del hombre, el artículo 199 de la Constitución de 1811 precisó que
dichos derechos:

"Están exentos y fuera del alcance del poder general ordinario del gobierno y que, conteniendo o apoyándose sobre los indestructibles y sa-
grados principios de la naturaleza, toda ley contraria a ellos que se ex-
pida por la legislatura federal o por las provincias será absolutamente
nula y de ningún valor."

La Constitución por otra parte, conforme al concepto moderno,
fue producto de la soberanía del pueblo, expresada a través de la
representación nacional, indicando en su propio texto la definición
de la propia soberanía popular, así:

"Artículo 143. Una sociedad de hombres reunidos bajo unas mismas
leyes, costumbres y gobiernos forma una soberanía".

"Artículo 144. La soberanía de un país, o supremo poder de reglar o dirigir equitativamente los intereses de la comunidad, reside, pues esencial y originalmente en la masa general de sus habitantes y se ejercita
por medio de apoderados o representantes de éstos, nombrados y establecidos conforme a la Constitución".

Por ello, agregó la Constitución de 1811 que:

"Artículo 146. Ningún individuo, ninguna familia, ninguna porción o
reunión de ciudadanos, ninguna corporación particular, ningún pueblo, ciudad o partido, puede atribuirse la soberanía de la sociedad que
es imprescindible, inajenable e indivisible, en su esencia y origen, ni
persona alguna podrá ejercer cualquier función pública del gobierno si
no la ha obtenido por la Constitución" (art. 146).

En definitiva, siendo el sistema de gobierno netamente republicano y representativo, la Constitución de 1811 estableció que:

"Artículo 149. La Ley es la expresión libre de la voluntad general de la mayoría de los ciudadanos, indicada por el órgano de sus representantes legalmente constituidos."

Para la conformación de dicho gobierno, la Constitución se redactó sobre la base del principio de la separación de poderes disponiendo en el Preámbulo que:

"El ejercicio de la autoridad confiada a la Confederación no podrá jamás hallarse reunido en sus diversas funciones. El Poder Supremo debe estar dividido en Legislativo, Ejecutivo y Judicial, y confiado a distintos cuerpos independientes entre sí y en sus respectivas facultades".

Además, el artículo 189 insistía en que:

"Los tres Departamentos esenciales del Gobierno, á saber: el Legislativo, el Ejecutivo y el Judicial, es preciso que se conserven tan separados e independientes el uno del otro cuanto lo exija la naturaleza de un gobierno libre lo que es conveniente con la cadena de conexión que liga toda fábrica de la Constitución en un modo indisoluble de Amistad y Unión".

Así, en cuanto al Poder Legislativo, en el Capítulo II se lo reguló, atribuyéndoselo al Congreso General de Venezuela, dividido en dos Cámaras, la de Representantes y el Senado (Art. 3); con normas destinadas a regular el proceso de formación de las leyes (Arts. 4 a 13); la forma de elección de los miembros de la Cámara de Representantes y del Senado (Art. 14 a 51) con una regulación detallada del proceso de elección de manera indirecta en congregaciones parroquiales (Art. 26) y en congregaciones electorales (Art. 28); sus funciones y facultades (Art. 52 a 66); el régimen de las sesiones de las Cámaras (Art. 67 a 70); y sus atribuciones especiales (Art. 71).

En particular, en cuanto al órgano legislativo, se le asignó la función de elaborar las leyes, conforme al principio ya recogido en la Declaración de Derechos del Pueblo de 1811, al establecer en su Sección Tercera que:

"Artículo 3. La ley se forma por la expresión libre y solemne de la voluntad general, y ésta se expresa por los apoderados que el pueblo elige para que representen sus derechos."

En esta misma orientación, en el artículo 149 de la Constitución de 1811 se estableció:

"Artículo 149. La ley es la expresión libre de la voluntad general o de la mayoría de los ciudadanos, indicadas por el órgano de sus representantes legalmente constituidos. Ella se funda sobre la justicia y la utilidad común y ha de proteger la libertad pública e individual contra toda opresión o violencia".

En el Capítulo III se reguló al Poder Ejecutivo en forma plural, el cual se dispuso que residiría en la ciudad federal, estando "depositado en tres individuos elegidos popularmente" (Art. 72) por las Congregaciones Electorales (Art. 76) por listas abiertas (Art. 77). En el Capítulo no sólo se reguló la forma de elección del triunvirato (Arts. 76 a 85), sino que se definieron las atribuciones del Poder Ejecutivo (Arts. 86 a 99) y sus deberes (Arts. 100 a 107). De acuerdo a la forma federal de la Confederación, se reguló la relación entre los Poderes Ejecutivos Provinciales y el Gobierno Federal, indicándose que aquéllos eran, en cada Provincia, "los agentes naturales e inmediatos del Poder Ejecutivo Federal para todo aquello que por el Congreso General no estuviere cometido a empleados particulares en los ramos de Marina, Ejército y Hacienda Nacional" (Art. 108).

Por último, en cuanto al Poder Judicial, el Capítulo IV se destinó a regularlo, depositándolo en una Corte Suprema de Justicia (Arts. 110 a 114) con competencia originaria entre otros, en los asuntos en los cuales las Provincias fueren parte interesada y competencia en apelación en asuntos civiles o criminales contenciosos (Art. 116).

Por otra parte, en la Constitución federal se incorporó un *Capítulo VIII* dedicado a los "Derechos del Hombre que se reconocerán y respetarán en toda la extensión del Estado," distribuidos en cuatro secciones: Soberanía del pueblo (Arts. 141 a 159), Derechos del hombre en sociedad (Arts. 151 a 191), Deberes del hombre en sociedad (Arts. 192 a 196) y Deberes del cuerpo social (Arts. 197 a 199). Dichos derechos, se complementaron, por otra parte, con diversas previsiones incorporadas en el Capítulo IX sobre Disposiciones Generales.

En la *Primera Sección* sobre "Soberanía del pueblo," se precisan los conceptos básicos que en la época originaban una república, comenzando por el sentido del "pacto social" (artículos 141 y 142). La Sección continúa con el concepto de soberanía (art. 143) y de su ejercicio mediante representación (art. 144-146), el derecho al desempeño de empleos públicos en forma igualitaria (art. 147), con la proscripción de privilegios o títulos hereditarios (art. 148), la noción de la ley como expresión de la voluntad general (art. 149) y la nulidad de los actos dictados en usurpación de autoridad (art. 150).

En la *Segunda Sección* sobre "Derechos del hombre en sociedad," al definirse la finalidad del gobierno republicano (art. 151), se enumeran como tales derechos a la libertad, la igualdad, la propiedad y la seguridad (art. 152), y a continuación se detalla el contenido de cada uno: se define la libertad y sus límites solo mediante ley (art. 153-156), la igualdad (art. 154), la propiedad (art. 155) y la seguridad (art. 156). Además, en esta sección se regulan los derechos al debido proceso: el derecho a ser procesado solo por causas establecidas en la ley (art. 158), el derecho a la presunción de inocencia (art. 159), el derecho a ser oído (art. 160), el derecho a juicio por jurados (art. 161). Además, se regula el derecho a no ser objeto de registro (art. 162), a la inviolabilidad del hogar (art. 163) y los límites de las visitas autorizadas (art. 165), el derecho a la seguridad personal y a ser protegido por la autoridad en su vida, libertad y propiedades (art. 165), el derecho a que los impuestos sólo se establezcan mediante ley dictada por los representantes (art. 166), el derecho al trabajo y a la industria (art. 167), el derecho de reclamo y petición (art. 168), el derecho a la igualdad respecto de los extranjeros (art. 168), la proscripción de la irretroactividad de la ley (art. 169), la limitación a las penas y castigos (art. 170) y la prohibición respecto de los tratos excesivo y la tortura (arts. 171-172), el derecho a la libertad bajo fianza (art. 174), la prohibición de penas infamantes (art. 175), la limitación del uso de la jurisdicción militar respecto de los civiles (art. 176), la limitación a las requisiciones militares (art. 177), el régimen de las milicias (art. 178), el derecho a portar armas (art. 179), la eliminación de fueros (180) y la libertad de expresión de pensamiento (art. 181). La Sección concluye con la enumeración del derecho de petición de las Legislaturas provinciales (art. 182) y el derecho de reunión y petición de los ciudadanos (art. 183-184), el poder exclusivo de las Legislaturas de suspender las leyes o detener su ejecución (art. 185), el poder de legislar atribuido al Poder Legislativo (art. 186), el derecho del pueblo a participar en la legislatura (art. 187), el principio de la alternabilidad republicana (art. 188), el principio de la separación de poderes entre el Legislativo, el Ejecutivo y el Judicial (art. 189), el derecho al libre tránsito entre las provincias (art. 190), el fin de los gobiernos y el derecho ciudadano de abolirlos y cambiarlos (art. 191).

En la *Sección Tercera* sobre "Deberes del hombre en sociedad," donde se establece la interrelación entre derechos y deberes (art. 192), la interrelación y limitación entre los derechos (art. 193), los deberes de respetar las leyes, mantener la igualdad, contribuir a los gastos públicos y servir a la patria (art. 194), con precisión de lo que significa ser buen ciudadano (art. 195), y de lo que significa violar las leyes (art. 196).

En la *Sección Cuarta* sobre "Deberes del Cuerpo Social," donde se precisa las relaciones y los deberes de solidaridad social (art. 197-198), y se establece en el artículo 199, la declaración general sobre la supremacía y constitucional y vigencia de estos derechos, y la nulidad de las leyes contrarias a los mismos.

Por último, en cuanto a la organización constitucional del Estado, en la Constitución de 1811, como resulta de su propia denominación, se adoptó la forma federal que se había concebido con motivo de la Revolución Norteamericana, como fórmula para unir las diversas provincias. Se estableció, así, una Federación de Provincias, regulándoselas someramente, pues las Legislaturas Provinciales debían dictar las propias Constituciones Provinciales. Para ello, en el "Preliminar" de la Constitución se regularon las "Bases del Pacto Federativo que ha de constituir la autoridad general de la Confederación", donde se precisó la distribución de poderes y facultades entre la Confederación y los Estados confederados (las Provincias). Se estableció, en esta forma, por primera vez en el constitucionalismo moderno, después de su creación en la Constitución de los Estados

Unidos de Norteamérica, una forma federal para un nuevo Estado, conforme al siguiente esquema:

"En todo lo que por el Pacto Federal no estuviere expresamente delegado a la Autoridad general de la Confederación, conservará cada una de las Provincias que la componen su Soberanía, Libertad e Independencia; en uso de ellas tendrán el derecho exclusivo de arreglar su Gobierno y Administración territorial bajo las leyes que crean convenientes, con tal que no sean de las comprendidas en esta Constitución ni se opongan o perjudiquen a los Pactos Federativos que por ella se establecen".

En cuanto a las competencias de la Confederación "en quien reside exclusivamente la representación Nacional", se dispuso que estaba encargada de:

"Las relaciones extranjeras, de la defensa común y general de los Estados Confederados, de conservar la paz pública contra las conmociones internas o los ataques exteriores, de arreglar el comercio exterior y el de los Estados entre sí, de levantar y mantener ejércitos, cuando sean necesarios para mantener la libertad, integridad e independencia de la Nación, de construir y equipar bajeles de guerra, de celebrar y concluir tratados y alianzas con las demás naciones, de declararles la guerra y hacer la paz, de imponer las contribuciones indispensables para estos fines u otros convenientes a la seguridad, tranquilidad y felicidad común, con plena y absoluta autoridad para establecer las leyes generales de la Unión y juzgar y hacer ejecutar cuanto por ellas quede resuelto y determinado".

En todo lo no atribuido a la Confederación, la competencia entonces correspondía a las Provincias se concibieron como "Estados Soberanos," correspondiéndoles a ellos, en sus respectivas Constituciones, disponer sus poderes y en particular la organización territorial interna de las mismas.

SEGUNDA PARTE:

*LAS CONSTITUCIONES PROVINCIALES DE VENEZUELA
EN 1811-1812*

Paralelamente al proceso de elaboración y sanción de la Constitución de 1811, en las diversas Provincias que habían participado en la elección de representantes al Congreso general, también se había venido desarrollando un proceso constituyente provincial, de manera que antes y después de sancionarse la Constitución federal de 1811, se dictaron Constituciones Provinciales. Tema que como antes se dijo, se había incluso discutido en el Congreso General, al expresar la Sección Legislativa de la Provincia de Caracas en la Despedida al concluir sus sesiones y presentar la Constitución Provincial el 19 de febrero de 1812, que "se presentó primero la Constitución Federal y luego se organizó equitativamente la distribución del territorio, las Municipalidades y la representación del pueblo en la legislatura provincial." [64]

El proceso de sanción de las Constituciones provinciales, en todo caso, comenzó en Venezuela el 26 de marzo de 1811 al dictarse el Plan de Gobierno Provisional de la Provincia de Barinas; lo que se siguió el 31 de julio de 1811, al sancionarse la Constitución Provisional de la Provincia de Mérida; y el 2 de septiembre de 1811, al dictarse el Plan de Constitución Provisional Gubernativo de la Provincia de Trujillo.

---

64   Véase *Textos Oficiales de la Primera República de Venezuela, cit.*, Tomo II, p. 220.

Sobre este proceso constituyente en las provincias, además, la Constitución de 21 de diciembre de 1811, al regular el Pacto Federativo, dejó claramente expresado que las mismas conservaban su Soberanía, Libertad e Independencia, y que:

"en uso de ellas tendrán el derecho exclusivo de arreglar su gobierno y administración territorial bajo las leyes que crean convenientes, con tal que no sean de las comprendidas en esta Constitución ni se opongan o perjudiquen a los Pactos Federativos que por ella se establecen".

Con base en ello, una vez sancionada la Constitución federal de diciembre de 1811, el 12 de enero de 1812 se sancionó la Constitución Fundamental de la República de Barcelona Colombiana; y el 31 de enero del mismo año 1812, la Constitución para el gobierno y administración interior de la Provincia de Caracas del 31 de enero de 1812. De acuerdo con la voluntad del Congreso general, ésta última, pensaban, debía servir de "Constitución modelo" para la elaboración de las Constituciones provinciales.[65] Finalmente, en la sesión del 6 de abril de 1812, y ante las amenazas que ya tenía la República, el Congreso general acordó que se le expusiera a las Legislaturas provinciales, que acelerasen la formación de sus respectivas Constituciones.[66]

I. EL PLAN DE GOBIERNO PROVISIONAL DE LA PROVINCIA DE BARINAS DE 26 DE MARZO DE 1811

Algo mas de tres semanas después de la instalación del Congreso o Junta General de Venezuela, la Asamblea Provincial de Barinas adoptó, el 26 de marzo de 1811, un "Plan de Gobierno"[67] de 17 artículos, conforme al cual se constituyó una Junta Provincial o Gobierno Superior compuesto de 5 miembros a cargo de toda la autoridad en la Provincia, hasta que el Congreso de todas las Provincias venezolanas dictase la Constitución Nacional (art. 17).

---

65 Véase los textos en *Las Constituciones Provinciales* ("Estudio Preliminar" por Ángel Bernardo Brices), *cit.*, pp. 334 ss.

66 Véase *Libro de Actas del Segundo Congreso de Venezuela 1811-1812, cit.*, Tomo II, p. 401.

67 Véase *Las Constituciones Provinciales, cit.*, pp. 334 y ss.

En este Plan de Gobierno, sin embargo, no se estableció una adecuada separación de poderes en cuanto al poder judicial, que se continuó atribuyendo al Cabildo al cual se confió, además, la atención de los asuntos municipales (art. 4). En el Plan, se regularon las competencias del Cabildo en materia judicial, como tribunal de alzada respecto de las decisiones de los Juzgados subalternos (art. 6). Las decisiones del Cuerpo Municipal podían ser llevadas a la Junta Provincial por vía de súplica (art. 8).

II. LA CONSTITUCIÓN PROVISIONAL DE LA PROVINCIA DE MÉRIDA DE 31 DE JULIO DE 1811

En Mérida, el Colegio Electoral formado con los representantes de los pueblos de los ocho partidos capitulares de la Provincia (Mérida, La Grita y San Cristóbal y de las Villas de San Antonio, Bailadores, Lovatera, Egido y Timotes), adoptó una "Constitución Provisional que debe regir esta Provincia, hasta que, con vista de la General de la Confederación, pueda hacerse una perpetua que asegure la felicidad de la provincia."[68]

El texto de esta Constitución, con 148 artículos, se dividió en doce capítulos, en los cuales se reguló lo siguiente:

En el *Primer Capítulo*, se dispuso la forma de "gobierno federativo por el que se han decidido todas las provincias de Venezuela" (art. 1), atribuyéndose la legítima representación provincial al Colegio Electoral, representante de los pueblos de la Provincia (art. 2). Para la organización del gobierno éste se dividió en tres poderes: Legislativo, Ejecutivo y Judicial, correspondiendo el primero al Colegio Electoral; el segundo a un cuerpo de 5 individuos encargados de las funciones ejecutivas; y el tercero a los Tribunales de Justicia de la Provincia (art. 3). La Constitución declaró, además, que "Reservándose esta Provincia la plenitud del Poder Provincial para todo lo que toca a su gobierno, régimen y administración interior, deja en favor del Congreso General de Venezuela aquellas prerrogativas y

---

68   *Id.*, pp. 253-294.

derechos que versan sobre la totalidad de las provincias confederadas, conforme al plan que adopte el mismo Congreso en su Constitución General" (art. 6).

En el *Segundo Capítulo* se reguló la Religión Católica, Apostólica y Romana como Religión de la Provincia (art. 1), prohibiéndose otro culto público o privado (art. 2). Se precisó, en todo caso, que "la potestad temporal no conocerá en las materias del culto y puramente eclesiásticas, ni la potestad espiritual en las puramente civiles sino que cada una se contendrá dentro de sus límites" (art. 4).

En el *Tercer Capítulo* se reguló el Colegio Electoral, como "legítima representación Provincial" con poderes constituyentes y legislativos provinciales (arts. 1, 2 y 35); su composición por ocho electores (art. 3) y la forma de la elección de los mismos, por sistema indirecto (arts. 3 a 31), señalándose que se debía exigir a los que fueran a votar, que "depongan toda pasión e interés, amistad, etc., y escojan sujetos de probidad, de la posible instrucción y buena opinión pública" (art. 10). Entre las funciones del Colegio Electoral estaba el "residenciar a todos los funcionarios públicos luego que terminen en el ejercicio de su autoridad" (art. 36).

En el *Cuarto Capítulo* se reguló al Poder Ejecutivo, compuesto por cinco individuos (art. 1), en lo posible escogidos de vecinos de todas las poblaciones de la provincia y no sólo de la capital (art. 2); con término de un año (art. 3); sin reelección (art. 4); hasta un año (art. 5). En este capítulo se regularon las competencias del Poder Ejecutivo (arts. 14 a 16) y se prohibió que "tomara parte ni se introduciera en las funciones de la Administración de Justicia" (art. 20). Se precisó, además, que la Fuerza Armada estaría "a disposición del Poder Ejecutivo" (art. 23), correspondiéndole además "la General Intendencia de los ramos Militar, Político y de Hacienda" (art. 24).

El *Capítulo Quinto* de la Constitución Provisional de la Provincia de Mérida, dedicado al Poder Judicial, comenzó señalando que "No es otra cosa el Poder Judicial que la autoridad de examinar las disputas que se ofrecen entre los ciudadanos, aclarar sus derechos, oír sus quejas y aplicar las leyes a los casos ocurrentes" (art. 1); atribuyéndose el mismo a todos los jueces superiores e inferiores de la Provincia, y particularmente al Supremo Tribunal de apelaciones de la misma (art. 2), compuesto por tres individuos, abogados recibidos (art. 3). En el capítulo se regularon, además, algunos principios de procedimiento y las competencias de los diversos tribunales (arts. 4 a 14).

En el *Capítulo Sexto* se reguló el "Jefe de las Armas" atribuyéndose a un gobernador militar y comandante general de las armas sujeto inmediatamente al Poder Ejecutivo, pero nombrado por el Colegio Electoral (art. 1) y a quien correspondía "la defensa de la Provincia" (art. 4). Se regularon, además, los empleos de Gobernador Político e Intendente, reunidos en el gobernador militar para evitar sueldos (art. 6), con funciones jurisdiccionales (arts. 7 a 10), teniendo el Gobernador Político el carácter de Presidente de los Cabildos (art. 11) y de Juez de Paz (art. 12).

El *Capítulo Séptimo* se destinó a regular "los Cabildos y Jueces inferiores"; se atribuyó a los Cabildos, la "policía" (art. 2); y se definieron las competencias municipales, englobadas en el concepto de policía (art. 3). Se reguló la Administración de Justicia a cargo de los Alcaldes de las ciudades y villas (art. 4), con apelación ante el Tribunal Superior de Apelaciones (art. 5).

En el *Capítulo Octavo* se reguló la figura del "Juez Consular", nombrado por los comerciantes y hacendados (art. 1), con la competencia de conocer los asuntos de comercio y sus anexos con arreglo a las Ordenanzas del consulado de Caracas (art. 3) y apelación ante el Tribunal Superior de Apelación (art. 4).

En el *Capítulo Noveno* se reguló la "Milicia," estableciéndose la obligación de toda persona de defender a la Patria cuando ésta sea atacada, aunque no se le pague sueldo (art. 2).

El *Capítulo Décimo* reguló el "Erario Público", como "el fondo formado por las contribuciones de los ciudadanos destinado para la defensa y seguridad de la Patria, para la sustentación de los ministros y del culto divino y de los empleados de la administración de Justicia, y en la colectación y custodia de las mismas contribuciones y para las obras de utilidad común (art. 1). Se estableció también el principio de legalidad tributaria al señalarse que "toda contribución debe ser por utilidad común y sólo el Colegio Electoral las puede poner" (art. 3), y la obligación de contribuir al indicarse que "ningún ciudadano puede negarse a satisfacer las contribuciones impuestas por el Gobierno" (art. 4).

El *Capítulo Undécimo* está destinado a regular "los derechos y obligaciones del Hombre en Sociedad", los cuales también se regulan en el *Capítulo Duodécimo y Último* que contiene "disposiciones generales". Esta declaración de derechos, dictada después que el 1° de julio del mismo año 1811 la Sección Legislativa del Congreso General para la Provincia de Caracas había emitido la *Declaración de Derechos del Pueblo*, sigue las mismas líneas de ésta, conforme al libro *"Derechos del Hombre y del Ciudadano con varias máximas republicanas y un discurso preliminar dirigido a los americanos"* atribuido a Picornel, y que circuló en la Provincia con motivo de la Conspiración de Gual y España de 1797.[69]

III. EL PLAN DE CONSTITUCIÓN PROVISIONAL GUBERNATIVO DE LA PROVINCIA DE TRUJILLO DE 2 DE SEPTIEMBRE DE 1811

Los representantes diputados de los distintos pueblos, villas y parroquias de la Provincia de Trujillo, reunidos en la Sala Constitucional aprobaron un "Plan de Constitución Provincial Gubernativo"[70] el 2 de septiembre de 1811, constante de 9 títulos, y 63 artículos, en la siguiente forma:

El *Primer Título* está dedicado a la Religión Católica, como Religión de la Provincia, destacándose, sin embargo, la separación entre el poder temporal y el poder eclesiástico.

---

69   Véase la comparación en Pedro Grases, *La Constitución de Gual y España y el Ideario de la Independencia*, Caracas, 1978, pp. 71 y ss.

70   Véase *Las Constituciones Provinciales, cit.*, pp. 297-320.

El *Título Segundo* reguló el "Poder Provincial", representado por el Colegio de Electores, electos por los pueblos. Este Colegio Electoral se reguló como Poder Constituyente y a él corresponderá residenciar a todos los miembros del Cuerpo Superior del Gobierno.

El *Título Tercero* reguló la "forma de gobierno", estableciéndose que la representación legítima de toda la Provincia residía en el prenombrado Colegio Electoral, y que el Gobierno particular de la misma residía en dos cuerpos: el Cuerpo Superior de Gobierno y el Municipal o Cabildo.

El *Título Cuarto* reguló, en particular, el "Cuerpo Superior de Gobierno", integrado por cinco (5) vecinos, al cual se atribuyeron funciones ejecutivas de gobierno y administración.

El *Título Quinto*, reguló el "Cuerpo Municipal o de Cabildo" como cuerpo subalterno, integrado por cinco (5) individuos: dos alcaldes ordinarios, dos Magistrados (uno de ellos Juez de Policía y otro como Juez de Vigilancia Pública), y un Síndico personero.

El *Título Sexto*, relativo al "Tribunal de Apelaciones", atribuyó al Cuerpo Superior de Gobierno el carácter de Tribunal de Alzada.

El *Título Séptimo* reguló las "Milicias", a cargo de un Gobernador y Comandante General de las Armas de la Provincia, nombrado por el Colegio Electoral, pero sujeto inmediatamente al Cuerpo Superior de Gobierno.

El *Título Octavo*, reguló el Juramento que deben prestar los diversos funcionarios; y el *Título Noveno*, relativo a los "Establecimientos Generales", reguló algunos de los derechos de los ciudadanos.

IV. LA CONSTITUCIÓN FUNDAMENTAL DE LA REPÚBLICA DE BARCELONA COLOMBIANA DE 12 DE ENERO DE 1812

Como se dijo, a los pocos días de promulgada la Constitución Federal del 21 de diciembre de 1811, el pueblo barcelonés, por la voz de sus Asambleas Primarias, por la de sus Colegios Electorales y por la de sus funcionarios soberanos, proclamó la "Constitución fundamental de la República de Barcelona Colombiana,"[71] que fue un verdadero Código Constitucional de 19 títulos y 343 artículos. Este texto fue redactado por Francisco Espejo y Ramón García de Sena,[72] hermano de Manuel García de Sena el traductor en 1810 de las obras de Thomas Paine y de los textos constitucionales norteamericanos, y por ello tiene gran importancia histórica, pues fue a través de ella que esos textos fueron conocidos en América española y no sólo en Venezuela.

El *Título Primero* de la Constitución contiene los "Derechos de los habitantes de la República de Barcelona Colombiana" y sus 38 artículos son copia casi exacta de los *Derechos del Hombre y del Ciudadano* de 1797, correspondiendo a Francisco Espejo la redacción de este Título.[73] Termina dicho Título con la proclamación del principio de la separación de poderes entre el Legislativo, Ejecutivo y Judicial, a la usanza de las Declaraciones de las colonias norteamericanas así:

> "38. Siendo la reunión de los poderes el germen de la tiranía, la República declara que la conservación de los derechos naturales y civiles del hombre de la libertad y tranquilidad general, depende esencialmente de que el Poder Legislativo jamás ejerza el Ejecutivo o Judicial, ni aún por vía de excepción. Que el ejecutivo en ningún caso ejerza el legislativo o Judicial y que el Judicial se abstenga de mezclarse en el Legislativo o Ejecutivo, conteniéndose cada uno dentro de los límites que les prescribe la Constitución, a fin de que se tenga el gobierno de las leyes y no el gobierno de los hombres".

El *Titulo Segundo* estaba destinado a regular la organización territorial de la "República de Barcelona", como única e indivisible (art. 1), pero dividida en cuatro Departamentos (art. 2), los cuales comprendían un número considerable de pueblos, en los cuales debía haber una magistratura ordinaria y una parroquia para el régimen civil y espiritual de los ciudadanos (art. 3).

---

71 Véase en *Las Constituciones Provinciales, cit.*, pp. 151-249.

72 Véase Ángel Francisco Brice, "Estudio Preliminar" al libro *Las Constituciones Provinciales, cit.*, p. 39.

73 *Id.*, p. 150, nota 1.

El *Título Tercero* reguló a los "ciudadanos," con una clasificación detallada respecto de la nacionalidad, siendo los Patricios, los ciudadanos barceloneses, es decir: "los naturales y domiciliados en cualesquiera de los Departamentos del Estado, bien procedan de padres originarios de la República o de extranjeros". Se reguló detalladamente el *status* de los extranjeros.

El *Título Cuarto*, se refiere a la soberanía con normas como las siguientes: "la soberanía es la voluntad general unida al poder de ejecutarla"; "ella reside en el pueblo; es una, indivisible, inalienable e imprescriptible; pertenece a la comunidad del Estado; ninguna sección del pueblo; ni individuo alguno de éste puede ejercerla". "La Constitución barcelonesa es representativa. Los representantes son las Asambleas Primarias: los Colegios Electorales y los Poderes Supremos, Legislativo, Ejecutivo y Judicial". "El gobierno que establece es puramente popular y democrático en la rigurosa significación de esta palabra." Como consecuencia del carácter representativo del nuevo Estado, el *Título Quinto* reguló en detalle las Asambleas Primarias y sus facultades, y las condiciones para ser elector y el acto de votación. Estas Asambleas Primarias debían ser convocadas por las Municipalidades, y su objeto era "constituir y nombrar entre los parroquianos un determinado grupo de electores que concurran a los Colegios Electorales a desempeñar sus funciones." Y el *Título Sexto*, por su parte, reguló a los "Colegios Electorales y sus facultades". Correspondía a los Colegios Electorales la elección de los funcionarios de la Sala de Representantes y de los Senadores de la Legislatura Provincial; la elección del Presidente y Vicepresidente del Estado; los miembros de la Municipalidad en cada Departamento; y las Justicias Mayores y Jueces de Paz.

El *Título Séptimo* se refiere al Poder Legislativo, el cual "se deposita en una Corte General nombrada de Barcelona, compuesta de dos Cámaras, una de Representantes, y la otra de Senadores". En este Título se reguló extensamente el régimen de elección de los miembros de dichas Cámaras, su funcionamiento, facultades comunes y privativas, régimen parlamentario y el procedimiento de formación de las leyes. Entre las funciones que se asignaban a esta Corte General, además de dictar leyes, se precisó que bajo este nombre general de ley se comprendían los actos concernientes a "la formación de un Código Civil, Criminal y Judicial, en cuya ampliación ocupará principalmente sus atenciones." Llama la atención la utilización en este texto, de la palabra "Corte" para denominar el Cuerpo legislativo de la Provincia.

El *Título Octavo* reguló el Poder Ejecutivo, a cargo del Presidente de la República de Barcelona, sus condiciones, atribuciones y poderes; y el *Título Noveno* reguló todo lo concerniente al Vicepresidente, como suplente del Presidente.

El *Título Décimo* se refiere al "Poder Judicial". Allí se reguló el Poder Judicial Supremo confiado a un Tribunal de Justicia, con sus competencias en única instancia y en apelación, y sus poderes de censura de la conducta y operaciones de los Jueces ordinarios. El *Título Duodécimo* reguló a los "Justicias Mayores", que a la vez que jueces de policía en las ciudades, villas y pueblos, eran los residentes natos de la Municipalidad y Jueces Ordinarios de Primera instancia en las controversias civiles y criminales. Y el *Título Decimotercero* reguló a los "Jueces de Paz" con competencia para "trazar y componer las controversias civiles de los ciudadanos antes que las deduzcan en juicio, procurándoles cuantos medios sean posibles de acomodamiento entre sí".

El *Título Undécimo*, reguló a las "Municipalidades", con la precisión de que:

"En cada una de las cuatro ciudades actualmente existentes en el territorio de la República (Barcelona, Aragua, Pao y San Diego de Cabrutica) y en todas las demás ciudades y villas que en adelante se erigieren, habrá un cuerpo municipal compuesto de dos corregidores de primera y segunda nominación y seis regidores".

Según la votación obtenida en su elección, el Regidor que hubiere obtenido mayor número de votos era considerado como Alguacil Mayor, el que más se le acercaba, como Fiel Ejecutor y el que menos votos obtuviera se consideraba el Síndico General. Correspondía a la Municipalidad el Registro Civil y la Policía.

El *Título Decimocuarto* está destinado a regular el "culto", estableciéndose a la Religión Católica y Apostólica como "la única que se venera y profesa públicamente en el territorio de la República, y la que ésta protege por sus principios constitucionales". El Obispo, conforme a este Título se elegía en la misma forma que se elegía al Presidente del Estado, con la única diferencia de que en los Colegios Electorales tendrían voto los eclesiásticos.

El *Título Decimoquinto* reguló la "Fuerza Pública"; el *Título Decimosexto* reguló la "Hacienda"; el *Título Decimoséptimo* reguló la "sanción del Código Constitucional"; el *Título Decimoctavo*, estableció el régimen de "Revisión del Código Constitucional"; y el *Título Decimonoveno*, el régimen del "juramento constitucional."

V. LA CONSTITUCIÓN PARA EL GOBIERNO Y ADMINISTRACIÓN INTERIOR DE LA PROVINCIA DE CARACAS DE 31 DE ENERO DE 1812

Al mes siguiente de sancionarse la Constitución Federal para los Estados de Venezuela, la Sección Legislativa para la Provincia de Caracas del mismo Congreso General, sancionó el 31 de enero de 1812 la Constitución para el Gobierno y Administración Interior de la Provincia de Caracas que se había venido elaborando en paralelo a la Constitución Federal; y que por ello, respondía a un texto de un Estado miembro de una federación, en el marco de esta.

A análisis detallado de esta Constitución dedicamos la parte cuarta de este Estudio Preliminar.

TERCERA PARTE

LA CONFORMACIÓN TERRITORIAL DE LA PROVINCIA DE VENEZUELA O CARACAS

Aparte de la Constitución de Barcelona, la otra Constitución provincial que se dictó en 1812, con posterioridad a la sanción de la Constitución Federal de diciembre de 1811, fue la "Constitución para el gobierno y administración interior de la Provincia de Caracas" del 31 de enero de 1812, la cual también se configuró como un verdadero Código Constitucional.

Antes de referirnos a ella específicamente, sin embargo, estimamos necesario situar histórica y geográficamente la Provincia de Venezuela o Caracas en el ámbito de lo que era la Capitanía General de Venezuela, desde que se inició su configuración en 1528 con la capitulación dada a los Welseres, a los efectos de entender el ámbito geográfico de la misma, que en 1812 comprendía el territorio de lo que en la actualidad es el Distrito Capital y los Estados Miranda, Vargas, Aragua, Carabobo, Guárico, Yaracuy, Falcón, Lara, Portuguesa, Cojedes y Trujillo.

I. LOS ORÍGENES Y CONFIGURACIÓN DE LA PROVINCIA DE VENEZUELA MEDIANTE EL POBLAMIENTO

La Provincia de Venezuela se estableció por la Capitulación firmada el 27 de marzo de 1528 entre el Emperador Carlos V y Enrique Ehinger y Gerónimo Sailer, alemanes y vasallos del Emperador, mediante las cuales les otorgó a dichos vasallos o en su defecto, a Ambrosio de Alfinger y Jorge Ehinger, el privilegio de descubrir, conquistar, pacificar y poblar a su "costo e misión", las tierras adentro de las costas situadas al oriente de Santa Marta, "que es el Cabo de la Vela y Golfo de Venezuela y el Cabo de San Román y otras tierras hasta el Cabo de Maracapaná." Se trató de la única Capitulación otorgada a alemanes, con la cual se les confirió la condición de Gobernador y Capitán General de las tierras que descubrieran y poblaren. Con esta Capitulación, Carlos V pagaba a los Welsares o Bélzares, que eran ricos comerciantes de Hamburgo, los suplementos financieros que éstos habían suministrado al Tesoro Real para sus empresas, otorgándoles un verdadero feudo en lo que sería la Provincia de Venezuela, el cual duraría hasta 1546. Esta modalidad de conquistar, única en América, contribuyó también a marcar el carácter *sui generis* del proceso de formación de Venezuela.

La Provincia de Venezuela o Caracas estuvo sometida en lo judicial a la Real Audiencia de Santo Domingo hasta 1717, cuando pasó a formar parte del Virreinato de Nueva Granada y de la Real Audiencia de Santa Fe. A pesar de la disolución del Virreinato en 1723, permaneció sometida a la Audiencia de Santa Fe hasta 1731, cuando de nuevo pasó a la jurisdicción de la Audiencia de Santo Domingo. Esta situación duró sólo ocho años pues al reorganizarse el Virreinato de Santa Fe (1739) se le agregó de nuevo la Provincia de Venezuela, la cual volvió a quedar sometida a la jurisdicción de la Audiencia de Santa Fe. En 1742, por Real Cédula de 12 de febrero se decidió "relevar y eximir al Gobierno y Capitanía General de la Provincia de Venezuela", de toda dependencia del Virreinato de Nueva Granada, con lo cual se ordenó y mandó "que la anunciada Provincia de Venezuela quede desde ahora en adelante con total independencia de ese Virreinato". Esta Real Cédula atribuyó, además, a los Gobernadores de la Provincia de Venezuela "el velar sobre el cumplimiento de la obligación de las de Maracaibo, Cumaná, Margarita, La Trinidad y la Guayana en lo respectivo al ilícito comercio". Mediante esta Real Cédula se ordenó pasar de nuevo a la Provincia de Venezuela a la jurisdicción de la Real Audiencia de Santo Domingo, a la que quedó vinculada hasta 1786, cuando se creó la

Real Audiencia de Caracas. A partir de entonces, el Gobernador de la Provincia de Venezuela y Capitán General de todas las demás Provincias de Venezuela, se convirtió además en Presidente de la Real Audiencia de Caracas. En ese mismo año de 1786 se separó del Gobierno de Caracas, la ciudad de Trujillo, y se la agregó a la Provincia de Maracaibo.

La Provincia de Venezuela, como todas las provincias coloniales españolas, se conformó territorialmente conforme se fue poblando el territorio.[74] Todas las Capitulaciones otorgadas para descubrimiento y colonización en el siglo XVI, particularmente en Tierra Firme siempre se dieron indicándose solamente la línea de la costa en el Mar del Norte (Caribe), que era lo único que se conocía, de modo que hacia tierra adentro la jurisdicción llegaba no hasta donde llegare el Adelantado y su hueste, sino hasta donde la poblare. Así sucedió, por ejemplo, con las Capitulaciones dadas para descubrir y poblar los territorios de lo que fue la Provincia de Venezuela en 1528, que sólo indicaban sitios en la costa del Mar Caribe, desde Maracapana al Cabo de La Vela, pero que hacia el sur, indicaban que se extendían "de la una a la otra mar". Esta "otra mar" era el Mar del Sur, que tres lustros antes ya se había descubierto (1513) y que con la expedición de Magallanes (1520) se había identificado como el Océano Pacífico.

Por tanto, la sola penetración en el territorio no bastaba para asegurar el ámbito de la Gobernación y de la Provincia, sino que aquella se determinaba con el acto de poblar, es decir, de fundar pueblos, lo cual, como se ha dicho, no se limitaba al simple hecho de establecer un campamento o una ranchería

---

74 Véase sobre el proceso de poblamiento de la Provincia de Venezuela lo que hemos expuesto en Allan R. Brewer-Carías, *La Ciudad Ordenada*, (Estudio sobre "el orden que se ha de tener en descubrir y poblar" o sobre el trazado regular de la ciudad hispanoamericana) (Una historia del poblamiento de la América colonial a través de la fundación ordenada de ciudades), Editorial Criteria, Caracas 2006.

1. *El precario poblamiento de la Provincia de Venezuela bajo los Welser (1528-1546)*

En 1511, Juan de Ampíes había sido nombrado Factor Real de la isla Española y demás islas y la Tierra Firme, con la misión de velar por la soberanía real en las Indias. Su misión era recibir las mercancías que enviaba la Casa de Contratación y venderlas; remitir las necesarias a la Península; velar por los bienes de la Corona, y tener en depósito los indios del Rey. Había tomado afición por ellos, y logró de los frailes Gerónimos quienes gobernaban en ese momento en Santo Domingo, la prohibición de que se capturasen los indios de las islas de los Gigantes (Curaçao, Aruba y Bonaire), por ser estos pacíficos. En 1520 se le concedió la protección de indios para llevarlos a las islas de los Gigantes y poblarlas, y el 11 de diciembre de 1526, obtuvo Capitulación para ir a poblar y pacificar dichas islas. Hizo petición para continuar su labor pacificadora en Tierra Firme, y envió allí a su hijo y dos caciques, para fundar un pueblo, de lo cual, en 1527, surgió Santa Ana de Coro, donde Ampíes se instalaría en 1528.

Pero ese mismo año, sin embargo, se otorgaría la Capitulación antes mencionada a los alemanes Enrique Ehinger y Gerónimo Sailer para descubrir, conquistar y pacificar las tierras del Cabo de la Vela y Golfo de Venezuela; como lo decía la Capitulación:

"descubrir y conquistar y poblar las dichas tierras y provincias que ay enla dicha costa que comienza desde el Cabo de la Bela o del fín de los limítes y términos de la dicha gobernación de Santa Marta hasta Marcapairo, l'este-oeste, norte y sur de la una a la otra mar con todas las yslas questan en la dicha costa, exceptuales las que están encomendadas y tiene a su cargo el factor Joán de Ampíes"

La Capitulación de 27 de marzo de 1528 autorizó a Enrique Ehinger y Gerónimo Sayler, por sí mismos, "o en su defecto, quien quiera que fuese de ellos, Ambrosio de Alfinger y Jorge Eynguer, hermanos de Enrique para descubrir, conquistar y poblar" las tierras de lo que luego sería la Provincia de Venezuela. El nombre era el mismo Ehinger, Eynguer, El Einger o El Ynger, Talfinger, Dalfinger,

De Alfinger o en fin, Alfinger; y eran tres hermanos: Enrique, Ambrosio y Jorge.

Enrique Ehinger y Gerónimo Sailer eran Factores de los Welser o "Belsares" en Santo Domingo, y antes habían obtenido una Capitulación (12-2-1528) para importar esclavos negros en dicha Isla. Por ello se ha discutido si la Capitulación de 27 de marzo de 1528 de la Gobernación de Venezuela se hizo por sí o desde el principio por cuenta de los Welser. Estos eran, como se ha dicho, junto con los Fugger, grandes banqueros y comerciantes alemanes, financistas de Carlos V.

Los beneficiarios de la Capitulación delegaron en Ambrosio Ehinger o Alfinger el título de Gobernador de la Provincia, para lo cual fue nombrado oficialmente el 23 de octubre de 1529. El 3 de diciembre de 1529, cuando ya había tomado posesión del gobierno de la Provincia, la Regenta Doña Juana le recomendó anunciar su nombramiento a Ampíes, quien acababa de ser designado Adelantado del pueblo de Santa Ana de Coro. Con el nombramiento de Alfinger, así, Ampíes fue desalojado de la Provincia, por lo que en 1529, cuando Ambrosio Alfinger desembarcó en la costa, Ampíes le entregó la población.

En esta forma, Ambrosio Alfinger inicialmente fue representante de Enrique, su hermano, y de Gerónimo Sayler, quienes en 1530 solicitaron a Carlos V la cesión de sus derechos derivados de la Capitulación, a Antonio y Bartolomé Welser, lo que se materializó por Ordenanza de 15 de febrero de 1531.

La Capitulación había sido otorgada para "descubrir y conquistar y poblar las dichas tierras" (del Cabo de la Vela y Venezuela),

"y hacer en las dichas tierras dos pueblos o más los que a vosotros pareciere y en los lugares que bieredes que conbiene y que para una de las dichas poblaciones lleveis a lo menos trescientos hombres, y hagais en la dicha tierra tres fortalezas."

La obligación era "hacer los dichos dos pueblos dentro de dos años después de llegados". Esta obligación, en todo caso, era única pues en las Capitulaciones anteriores a otros Adelantados, no se estableció nada similar en magnitud.

Como se dijo, Alfinger, al llegar a su Gobernación, arribó a un sitio con una población ya existente, establecida desde tiempo atrás en esas tierras y fundada, aún cuando en forma precaria y con indígenas asentados, cuyo cacique era Manaure. Coro fue, así, un pueblo que al recibir al Gobernador, se convirtió en el asiento permanente de la Gobernación, correspondiendo al Gobernador disponer su trazado regular y su edificación, dotarla de Cabildo, repartir los solares y emprender la construcción de la iglesia, la cárcel y la horca.

La ciudad de Coro, como primer asiento urbano de la Provincia, fungió como su capital durante casi 15 años, período durante el cual Alfinger realizó expediciones hacia el occidente, donde estableció una ranchería en Maracaibo. Esta fue despoblada por Nicolás Federman en 1535, de paso por Maracaibo, trasladando el vecindario al Cabo de la Vela, que era el límite de la Gobernación, donde estableció otra ranchería, habiendo sido el primero en probar fortuna en ese sitio con la pesca de perlas. Fundaría allí el 5 de agosto de 1536, a la población de Nuestra Señora de las Nieves, la cual en 1538, a pesar de lo inhóspito del lugar se consolidaría como pueblo con los vecinos emigrados de Cubagua, con el nombre de Nuestra Señora de los Remedios. La ciudad del Cabo de la Vela sucedió así, a Cubagua, en la pesquería de perlas y en la continuidad de la ciudad, la cual materialmente se trasladó allí con sus autoridades. El pueblo fue cambiado luego de sitio, hacia occidente, llamándose entonces Río del Hacha. En esa forma, dicha población pasó de la jurisdicción de Cubagua en Venezuela a la de la Provincia de Santa Marta.

Los Welser habían enviado a Nicolás Federman a Tierra firme aún antes de recibir la cesión de la Gobernación, para que sustituyera a Bartolomé Sayler como lugarteniente de Alfinger. Federman, así, ya estaba en Coro al regreso de Ambrosio Alfinger de su primera expedición al oeste, quien enfermo, se embarcaría para la Española.

Al quedar Federman al frente de la Gobernación de la Provincia, pronto salió hacia el sur, en expedición en busca del Mar del Sur, donde esperaba encontrar grandes riquezas (oro) y un camino corto hacia la Isla de las Especerías. Recorrería entre 1530 y 1531 lo que hoy es el centro occidente de Venezuela, en torno a los sitios de Acarigua y Barquisimeto, franqueando por primera vez la cadena montañosa que separa la costa del Mar Caribe de los llanos venezolanos.

A comienzos de 1531, una vez curado y confirmados sus títulos de Gobernador de Venezuela por la Corona, Alfinger regresó a Tierra Firme, haciendo preso a Federman, quien se vería obligado a partir hacia Europa, vía Santo Domingo, el 9 de diciembre de 1531, llegando a Hamburgo, el 31 de agosto de 1532. Allí escribió su *Bella y agradable narración del primer viaje de Nicolás Federman el joven, de Ulm, a las Indias de la Mar Océana y de todo lo que le ocurrió en ese viaje hasta su regreso a España, escrita en forma breve y divertida de leer*, publicada inicialmente en alemán, en 1577, por su hermano. En ella relató su primera expedición en las tierras de la Provincia de Venezuela entre 1532 y 1533.

En ese mismo año de 1532, Alfinger comenzó su segunda expedición hacia el oeste, pasó por el sitio de la ranchería de Maracaibo y recorrió lo que hoy es la frontera entre Venezuela y Colombia, por el Valle de Upar hacia el sur. Murió en 1532 o 1533, en el lugar que se conoce como Miser Ambrosio situado entre las ciudades de Pamplona y Cúcuta, cerca de Chinácota, herido por una flecha envenenada, luego de haber realizado durante esa expedición todos los desmanes imaginables contra los indios. El resto de la expedición llegaría por el río Catatumbo al Lago de Maracaibo y, después de dos años regresaría a Coro en noviembre de 1533.

Durante los primeros cinco años de la Gobernación de Venezuela, por tanto, con expediciones descubridoras hacia el oeste y el sur de Coro, ninguna población fue establecida por los conquistadores. Por ello, en esos primeros años se perdería para la Provincia de Venezuela, buena parte de lo que luego sería el territorio del Nuevo Reyno de Granada.

2. *Las desventuras de los Welser y la ciudad de El Tocuyo*

Para 1534, había sido designado como primer obispo de la Provincia, Rodrigo de Bastidas, quien era el segundo obispo designado en Tierra Firme, hijo del conquistador Rodrigo de Bastidas, quien había sido gobernador de la Provincia de Santa Marta conforme a la Capitulación que se le había otorgado el 6 de noviembre de 1524.

En 1534, el obispo Bastidas ya había sido designado gobernador interino; y en 1540, luego de la muerte de Spira por fiebre palúdica y antes de que Navarro fuese obligado a abandonar la Provincia por orden del Cabildo de Coro, Bastidas asumió de nuevo, interinamente, la Gobernación de la Provincia. Como tal, abogó por el nombramiento como Gobernador del que había sido lugarteniente de Spira, Felipe de Hutten; a quien se designó en 1541, nombrándosele como lugarteniente, a Bartolomé Welser.

En 1541, los recién nombrados emprendieron expedición hacia el sur, también en búsqueda del Mar del Sur que era el límite meridional de la Provincia. En esta expedición, la cual se prolongó por un larguísimo período de más de cinco años, Hutten bordeó las Sierras Nevadas por los llanos, llegando a la selva amazónica y al propio río Marañón, en territorio de los Omaguas, que era la puerta de entrada al Imperio Inca y al futuro Virreinato del Perú.

En 1544, en Coro se había reabierto el juicio de residencia iniciado por Navarro y esta vez, el Juez Frías, en 1545, terminó condenando a los Welser *in contumaciam*, sin que nadie se hubiese presentado al proceso. Por ello, la Audiencia de Santo Domingo nombraría como administrador interino, hasta el regreso de Von Hutten, a Juan de Carvajal.

El poblamiento español durante la gobernación de los Welsar había sido totalmente precario, por lo que hasta ese momento sólo se habían establecido algunos núcleos de población, la gran mayoría de pueblos de indios caquetillos, como Puerto de la Vela (1528), la actual Vela de Coro; Miraca (1529); Guacurebo (1530); Moruy (1539); Santa Ana (1539) y Acurigua. En muchos de esos pueblos se siguió el modelo de Coro y Margarita, de construir la iglesia en forma aislada, como en Pueblo Cumarebo (1539).

En el mismo año 1544, Juan de Carvajal armaría expedición hacia Maracaibo y luego hacia el sur llegando al río Tocuyo. Luego de 17 años de haber sido otorgada la Capitulación de la Provincia de Venezuela en 1528, Carvajal procedería a la fundación formal de la segunda ciudad de la provincia después de Coro, hecho que ocurrió el 7 de diciembre de 1545 con la fundación de Nuestra Señora de la Pura y Limpia Concepción de El Tocuyo. Con ello se iniciaba realmente el poblamiento español tierra adentro en la Provincia. A ese sitio, al año siguiente se trasladaría la capital de la Provincia, constituyéndose así en el centro político y económico de la misma, hasta 1577, cuando la capital se trasladó a Caracas. La ciudad tenía una forma casi reticular e, igualmente, con la iglesia ubicada en la plaza, aislada. Como se dijo, fue la primera ciudad hecha por españoles en el suelo venezolano, la cual sin embrago, sería destruida casi totalmente por un terremoto en 1950. Desde ella partirían todas las empresas posteriores pobladoras hacia la costa, como la de Borburata; hacia el occidente, como las de Trujillo y Maracaibo; y hacia el centro, como las de Barquisimeto, Carora, Valencia y Caracas.

Como se dijo, Juan de Carvajal había sido nombrado el año 1545 como Gobernador y Capitán General de la Provincia de Venezuela, y con tal título fue que fundó la ciudad de El Tocuyo. Enfrentó a los Welser y decapitó a Hutten y a Bartolomé Welser en 1545, cuando regresaban de su larga y desventurada expedición. Carvajal los habría hecho prisioneros, los obligaría a reconocerlo como Gobernador de la Provincia, y luego los asesinaría a traición.

En ese mismo año, Juan Pérez de Tolosa sería entonces designado como Gobernador y Capitán General de la Provincia, con el encargo de castigar al asesino. Arrestó a Carvajal en 1546, quien luego de haber sido atado a la cola de un caballo y arrastrado por el polvo, fue colgado en la rama de un árbol el 17 de septiembre de 1546. En la hueste de Pérez de Tolosa ya estaba Diego de Losada, el futuro fundador de Caracas.

Pérez de Tolosa, en todo caso, siguió la obra de Carvajal y ratificó las encomiendas y repartimientos de El Tocuyo, nombrando como Teniente General a Juan de Villegas. Despachó a su hermano Alonso Pérez de Tolosa y a Diego de Losada, a descubrir hacia las Sierras Nevadas, quienes fueron por los llanos hasta el río Apure, río que remontaron. Sucesivamente remontaron también los ríos Uribante y Torbes, hasta llegar al valle que denominaron de las Auyamas, donde años más tarde Juan de Maldonado, desde la Provincia de Pamplona, fundaría la villa de San Cristóbal (1561). De allí siguieron por las Lomas del Viento, el pueblo de los indios Capachos y fueron a dar al valle de Cúcuta. Desde allí marcharon al río Zulia, el cual recorrieron aguas arriba y de regreso, aguas abajo, llegaron a la Culata del Llago de Maracaibo por donde regresaron a El Tocuyo.

Diego de Losada seguiría recorriendo las tierras de Venezuela antes de que fundara Caracas en 1567. Así, en 1543, ya que conocía las costas de Oriente pues había sido parte de la hueste de Sedeño, acompañó al Teniente de Gobernador Juan de Villegas en la expedición hacia las costas de Maracapaná y Cumaná a fin de deslindar, con las autoridades de Nueva Cádiz de Cubagua, los límites de las gobernaciones. Llegaron hasta el río Neverí, regresando a Coro luego de haber firmado el deslinde.

Después de la fundación de la ciudad de El Tocuyo, además, en lo que es el Estado Falcón, se establecieron los pueblos de indios de Capatárida (1552); Tocuyo de la Costa (1571); San Miguel (1598); Zazárida (1598); Capadare (1623); Mitare (1623); Taratara (1644); Borojó (1660); Jacura (1660); Agua Clara (1685); Pedregal (1685); La Pastora (1693); y Tupure (1699). En la más amplia jurisdicción de la ciudad de Tocuyo, se fundaron los pueblos de indios de San Antonio de Padua de Humocaro Alto (1596), Nuestra Señora del Rosario de Humocaro Bajo (1620), San Felipe de los Barbacoas (1610), Señora Santa Ana de Sanare, Santa Cruz de Guarico (1609), San Miguel de Cubiro (1609) y Nuestra Señora de Altagracia de Quibor (1620). También en lo que es el actual Estado Lara, se fundaron los pueblos de indios y de misiones de Río Claro (1615); Siquisique (1617); San Miguel (1617); Río Tocuyo (1617); Areque (1617); San Francisco

(1619); Curarigua (1619); San Juan Bautista de Duaca (1621); Yay (1625) y Nuestra Señora de Guadalupe de Bobare (1672).

En 1547, Juan de Villegas descubriría la Laguna de Tacarigua o Lago de Valencia y en la costa del mar Caribe daría inicio a la fundación de Nuestra Señora de la Concepción del Puerto de Borburata Allí se enteraría de la muerte del Gobernador Pérez de Tolosa y de su designación por aquél, para sucederle en el mando, lo que el mismo año sería confirmado a instancias de los Welser, por la Audiencia de Santo Domingo.

Para concluir con el poblamiento del Puerto de Borburata, el 19 de noviembre de 1549, Juan de Villegas daría Instrucciones a Pedro Álvarez (Perálvarez) "para la fundación de Borburata", las que han sido consideradas como las Instrucciones de poblamiento más antiguas que se conocen dadas en la Provincia de Venezuela. En las mismas se le instruía, entre otros aspectos, sobre cómo poblar la ciudad, indicándosele:

> "Item. Luego, como llegares a la Laguna de Tacarigua, recogeréis todos los mantenimientos de maíz y cazabe que pudieres haber a contento de los naturales y hecho esto iréis a la costa de la mar, al dicho Puerto de Borburata, donde yo tomé posesión y señalé la dicha ciudad y dejando donde la ciudad se ha de situar, en la parte que mejor os pareciere, haréis asiento y casas, hasta tanto que yo vaya, Dios mediante, *a hacer trazar la dicha ciudad y calles, donde se dará a cada uno de sus solares y asiento, por la orden que Su Majestad tiene mandado por sus Reales Provisiones*".

Por tanto, es evidente que ya para esa fecha eran conocidas las Instrucciones Reales de poblamiento, particularmente la Instrucción General de 1521.

La población actual de Borburata, en todo caso, nada tiene que ver con la población original, la cual estaba ubicada cerca de la actual ciudad de Puerto Cabello, el cual funcionaría como puerto desde 1560 en una rada natural.

3. *El poblamiento en tierras de los Jirajaras*

Villegas siguió su afán poblador como instrumento para la toma de posesión de la tierra para la gobernación que comandaba como sucesor de Pérez de Tolosa. Por ello envió al Capitán Damián de Barrio hacia las tierras al oriente de El Tocuyo, quien en 1551 descubriría las primeras minas que se encontraron en esa parte del Nuevo Mundo: La Mina Real de San Felipe de Buria, cerca de la cual fundaría la Villa Rica o el Real de Minas, la cual luego de varios traslados daría origen a la ciudad de Nueva Jerez a orillas del río del Nirgua, y la cual, finalmente en 1628, originaría la ciudad de Nuestra Señora del Prado de Talavera, la actual Nirgua, con una traza urbana casi cuadricular.

Al año siguiente del descubrimiento de las Minas, en 1552, Villegas fundaría en el valle del río Buria la ciudad de Nueva Segovia de Buria, la cual en 1563 se trasladaría al valle de Barquisimeto cerca de la ribera del río Turbio, adquiriendo, además del nombre de la ciudad natal del fundador, el de Barquisimeto. En esa fundación había estado con Villegas, Diego de Losada, quien sería designado Alcalde de la nueva ciudad y luego sería el fundador de Caracas. Allí también estaba como fundador, Diego García de Paredes, quien luego fundaría en 1558, la ciudad de Trujillo. Allí también estaba Alonso Andrea de Ledesma, quien después participaría en la fundación de Trujillo y de Caracas, y de muchos pueblos en los alrededores de esta última ciudad. El mismo año 1552, en la zona se fundarían los pueblos de Boruare y San Pedro.

En Barquisimeto murió el tirano Lope de Aguirre en 1561, vencido por Diego García de Paredes, Maestre de Campo del Ejército Real; y en su jurisdicción se establecieron tres misiones capuchinas que fueron Nuestra Señora de Guadalupe de Bobare (1731), San Felipe de Buria (1722) y Santa Inés de Cerro Negro (1757).

En 1556, y durante el gobierno de Arias de Villasinda, sería cuando el Consejo de Indias declararía a los Welser privados de sus derechos sobre Venezuela, e hizo reingresar a la Provincia bajo la autoridad directa de la Corona. En todo caso, en algo menos de 10 años, los confines de la zona centro occidental de la Provincia ya se habían definido por diversas fundaciones de ciudades a través de las cuales se comenzó a formar territorialmente, no sin dificultades, como la derivada de la oposición de los indios Jirajara. Recuérdese, por otra parte, que la primera rebelión de esclavos en Venezuela ocurrió precisamente en las Minas de Buria, para cuya explotación se habían importado 100 esclavos negros conforme lo autorizaban las Leyes Nuevas, dada la prohibición de utilizar a los indios en esos trabajos.

En efecto, en 1553, los esclavos, ayudados precisamente por los indios, se alzaron bajo la jefatura de un esclavo de nombre Miguel, originario de Puerto Rico, quienes arrasaron con la guarnición y el asentamiento, y huyeron a los cercos cercanos donde se dice que establecieron un "reino", con el Negro Miguel como Rey, su mujer Quiemar como Reina y el hijo de ambos como heredero. Dicho reino, incluso, declaró la guerra a Barquisimeto. Quien logró aplastar la rebelión fue Diego de Losada, el futuro fundador de Caracas, dispersando a los negros hacia las cabeceras de los ríos Aroa y Yaracuy, originando las cimarroneras que tanto marcaron la historia de Venezuela en los siglos posteriores.

El asentamiento poblacional de esas tierras, en todo caso, a partir del siglo XVII se hizo a la sombra del cacao, que fue el primer fruto americano que se cultivó en la Provincia fomentado, particularmente, por los mercaderes holandeses establecidos en Curazao. Este producto llegaba a la Península de sus manos, así como de traficantes de otras naciones europeas. Los españoles de la Provincia estaban muy ocupados en la búsqueda de oro, y los de la Península en el comercio de oro y plata con las colonias ricas en las que existía. Las Provincias de Venezuela no eran, precisamente, de esas; al contrario eran paupérrimas y no figuraban para nada en el sistema mercantil del Nuevo Mundo. A pesar de ello, sin embargo, las autoridades españolas mantenían el monopolio del comercio de las Provincias con la metrópolis y la prohibición del comercio extranjero e interprovincial, orden que como era costumbre se acataba pero no necesariamente se cumplía, pues el contrabando hacia su parte.

El cacao así, circuló por dos vías: hacia Veracruz por armadores criollos, desde donde en parte se enviaba a la Península; y hacia Europa, de contrabando, que de esa zona partía de Tucacas. Era la respuesta obligada de los productores a las limitaciones al comercio, lo que originó un claro rechazo a la autoridad colonial de parte de los habitantes de esas provincias, muchas veces con el apoyo de los propios Cabildos.

En el Valle de las Damas, como se conocía la zona del Yaracuy, el cacao también sería el producto de mayor importancia, que se cultivaba particularmente en los sitios de Buraure; la Vega del Yaracuy; Yuribí; San José de Chivacoa; San Jerónimo de Cocorote y Los Cerritos de Cocorote. Fue en este último sitio de hacienda, en las inmediaciones del pueblo de doctrina llamado San Jerónimo de Cocorote, donde desde 1690 se había ido formando un núcleo de habitantes, asentamiento al cual se oponía tenazmente el Cabildo de Barquisimeto. Le cercenaba jurisdicción, por lo que el Cabildo barquisimetano emitió órdenes de destrucción del poblado, con respuestas sucesivas de reconstrucción por parte de sus vecinos. La tenacidad de los cerritenses pudo más que la oposición del Cabildo de Barquisimeto hasta lograr, el 7 de marzo de 1725, la fundación de un pueblo, el cual fue elevado a la condición de ciudad por Real Cédula de Felipe V de 6 de noviembre de 1729. El Ayuntamiento de la ciudad fue el que adoptó para su denominación el nombre de San Felipe el 1º de mayo de 1731, en reconocimiento del Monarca y del Santo de la fecha, agregándole el calificativo de El Fuerte.

Sin embargo, en lo que es el actual Estado Yaracuy y con anterioridad a la fundación de San Felipe se habían fundado los pueblos de indios de Aroa (1579); Cuora (1619); San Jerónimo de Cocorote (1620); Urariche (1620); Yaritagua (1663); y Chivacoa (1687), todos los cuales presentan una traza regular, casi cuadricular, en su centro histórico.

Con anterioridad, bajo el mandato de Diego de Montes, Teniente General del Gobernador Diego de Mazariego, Juan de Salamanca había fundado el 19 de junio de 1572, la ciudad del San Juan Bautista de Portillo de Carora ubicada entre Coro y El Tocuyo. El primer asiento de la ciudad con el nombre de Nuestra Señora de la Madre de Dios, había sido establecido por Juan del Thejo en 1569, a la muerte del Gobernador Ponce de León, durante la gobernación interina de Francisco Hernández de Chávez, pero fue mudada en 1571 por Pedro de Maldonado al sitio que hoy ocupa, siendo Gobernador de la provincia Diego de Mazariego, quien como se dijo, antes había sido el conquistador de Chiapas. Luego, como también se dijo, la ciudad fue repoblada por Juan de Salamanca en 1572 junto al río Morere. La traza de la ciudad de Carora es reticular, con la iglesia catedral que se edificó conforme al modelo de la de Coro, situada al este de la plaza mayor.

En la jurisdicción de la ciudad de Carora, además, se establecieron como pueblos de indios los de Siquisique, San Miguel, Areque y Río del Tocuyo.

4. *El poblamiento en la zona de la Laguna de Tacarigua y los Valles de Aragua*

Al fallecer Juan de Villegas en 1553, lo sucedió en la Gobernación de la Provincia Alonso Arias de Villasinda, quien en 1555 mandó a fundar una ciudad inmediata a la Laguna de Tacarigua, actual Lago de Valencia donde estaba el hato de Vicente Díaz, fundándose la Nueva Valencia del Rey, a orillas del río Cabriales. La ciudad fue saqueada en 1561 por el Tirano Aguirre y en 1676 por corsarios franceses.

Cerca de Valencia se fundaron los pueblos de indios de San Agustín de Guacara, Mariara, San Diego (1657) y los Guayos la ciudad. Antes, además, se habían fundado los pueblos de Chirgua (1549) y Naguanagua (1551). Posteriormente, se fundaron los pueblos de Goaigoaza (1635); El Cambur (1680) y Morón (1687).

Por otra parte, el puerto más importante que se estableció en la costa fue Puerto Cabello en 1589, cuando también se consolidaría el puerto de La Guaira. La plaza del Puerto Cabello, que tiene como traza urbana una retícula, en todo caso, está abierta al mar, con la Catedral situada al este.

Desde los valles de Aragua fue que Diego de Losada penetró hacia el valle de los Caracas, después de pasar por el sitio de Maracay, donde desde 1697 ya se había establecido un poblado por Andrés Pérez de Almarza, pero donde solo sería en 1814, que se establecería la ciudad de Maracay, nombre que era el del cacique de los indios Aragua de esa zona. Su consolidación urbana posterior definió una forma reticular, con la plaza en el centro del poblado, y la iglesia al este.

En los Valles de Aragua también se fundaron diversos pueblos de indios y de doctrina. El primero fue en el valle donde entre otros era encomendero Bernabé Loreto de Silva, el 18 de noviembre de 1620, donde el padre Gabriel de Mendoza escogió el sitio para una iglesia, lo que constituyó el inicio del pueblo de doctrina de Nuestra Señora de Guadalupe de La Victoria. Esta ciudad tiene una traza reticular y presenta una plaza singular respecto de las otras de los pueblos de Venezuela, en cuanto a la convergencia de dos calles que dan al centro de la misma por los costados norte y sur. Cerca de la Victoria se estableció el pueblo de Nuestra Señora del Buen Consejo del Mamón (1772).

De la Victoria, el padre Mendoza pasó al valle de Turmero en el sitio de la encomienda de Juan Martínez de Videla, donde estableció a orillas del río Turmero, el 27 de noviembre de 1620, el pueblo de doctrina de Nuestra Señora de la Consolación o Candelaria de Turmero, en el sitio donde Pedro Villacastin había establecido un poblado en 1603. Con posterioridad Francisco de la Hoz y Berrío y Gonzalo de Angulo establecieron el pueblo de San Joseph de Cagua el 29 de noviembre de 1620, en el sitio de la encomienda de Garci-González de Silva, el cual seis años después se mudaría a orillas del río Aragua. El 30 de noviembre, el mismo padre Mendoza estableció el pueblo de doctrina de San Mateo, en el sitio de la encomienda de Tomás de Aguirre. Todos estos pueblos de los valles de Aragua conservan en su centro la forma urbana cuadricular.

Además, en el actual Estado Aragua se fundaron diversos pueblos de indios y de misión en los Llanos, entre los que se destacan San Francisco de Cara o Guanayén (1696), la Purísima Concepción de Camatagua (1693), y la Inmaculada Concepción de Nuestra Señora de Barbacoas. En el siglo XVIII además, Juan de Bolívar y Villegas fundaría el pueblo de Villa de Cura (1717), a la entrada de los llanos.

En la costa, luego dedicados a la explotación del cacao, se fundaron diversos pueblos de doctrina, como San Francisco de Paula de Choroní (1622) y los pueblos de Pura y Limpia Concepción de Cuyagua (1713), San Francisco del Valle de Cata (1672), Patanemo, Turiamo, San Esteban y Chuao (1671). También debe mencionarse a Ocumare de la Costa (1721) que también presenta un trazado regular en su centro urbano.

5. *El poblamiento hacia los Andes*

Diego García de Paredes era oriundo de la ciudad extremeña de Trujillo situada cerca de la Sierra de Guadalupe, donde también habían nacido Francisco Pizarro, fundador de la Ciudad de los Reyes, la actual Lima (1535); sus hermanos Gonzalo, Hernando y Juan, quienes también participaron en la conquista del Perú; y Francisco de Orellana, descubridor del Amazonas (1542) desde el Ecuador, y cuyo curso siguió hasta llegar al Océano Atlántico.

García de Paredes, quién también había participado en la conquista del Perú, habiendo presenciado el martirio de Atahualpa en Cajamarca, luego de pasar a la provincia de Venezuela cuando se produjeron las disensiones entre Almagro y Pizarro, fue nombrado para someter a los indios Cuicas. Salió de El Tocuyo en 1557, y al año siguiente, en abril de 1558 fundaría la ciudad de Nueva Trujillo de Tierrafirme, en el sitio de Escuque en la margen del río Boconó. Doce años después de varios traslados, en 1570 la ciudad encontraría asiento definitivo en el Valle de los Cedros, en una meseta elevada e inclinada bordeada por el río Castán y la quebrada los Cedros, con el nombre de Nuestra Señora de la Paz de Trujillo.

En todo caso, en lo que es hoy el Estado Trujillo, antes de 1573, además de la ciudad de Trujillo, se fundarían los pueblos de indios de Burbusay (1549); Boconó (1551), por Damián del Barrio; Dulce Nombre de Jesús de Escuque (1557); San José de Tostós (1558); Valera (1560); San Roque de La Quebrada (1560); San Juan de Carache (1561) y Pampán (1566). Con posterioridad a las Ordenanzas de Poblamiento de 1573, además, se fundarían los pueblos de indios de Mirabel (1581); San Bernabé de Niquitao (1584); San Miguel (1597); Monay (1609); Apóstol San Pedro de Jajó (1611); Agua de Obispos (1619); La Puerta (1620); Campo Elías (1654); San Juan Bautista de Betijoque (1662); Bolivia (1669); Siquisay (1682); Santiago de Trujillo (1685) y La Mesa (1687). Fue Francisco de Hoz y Berrío, hermano del Gobernador de Guayana, Fernando de Berrío, Gobernador y Capitán General de la Provincia de Venezuela entre 1616 y 1622, quien fundaría muchos de dichos pueblos de indios, reorganizando los asentamientos de la Provincia. Dictó las Ordenanzas en favor de los indios naturales de la región de Trujillo en 1621, en las cuales exhortaba a los naturales a congregarse y formar pueblos para mejor vivir.

6. *El poblamiento de las tierras de los Caracas y las zonas circundantes*

Luego de haber ejercido desde 1551 como Gobernador y Capitán General de la Isla de Margarita, en 1558 el Mariscal Gutiérrez de la Peña Langayo fue designado Gobernador y Capitán General interino de la Provincia de Venezuela. Fue dicho Gobernador quien nombró a Francisco Fajardo, mestizo natural de Margarita, como primer conquistador y poblador de los indios Caracas, para gobernar y poblar desde Borburata hasta Maracapaná. Al Mariscal lo sucedió, en 1559, Pablo Collado como Gobernador y Capitán General de la Provincia, quien ratificó a Francisco Fajardo como Teniente General para llevar a cabo el proyecto de conquista de los indios Caracas.

Ya para 1558, en el litoral central, Fajardo había fundado la Villa de Catia, la cual sería abandonada, y en 1560, la Villa de Collado, esta última en honor del Gobernador, y que luego fue refundada en 1567 por Diego de Losada como Nuestra Señora de Carballeda, en honor a la Virgen de Carballeda, patrona de su familia en Galicia. Fajardo fue designado Alcalde Mayor de la Villa del Collado y Juan Rodríguez Suárez, el mismo fundador de Mérida (1558), sería designado Teniente de la provincia, quien en 1561 fundaría en el Hato

San Francisco, de Fajardo, en el Valle de Caracas, la Villa de San Francisco. Este pueblo fue, entonces, el primero que se estableció en el valle de Caracas, pero fue abandonado por Fajardo luego de la muerte de Rodríguez Suárez, en 1562, retirándose al Collado, el cual luego también sería abandonado por la presión de los indios. El mismo año de 1561 también se había fundado el pueblo de Valle de la Pascua (El Valle), en el suroeste del valle de los Caracas.

En 1566, Felipe II había nombrado como Gobernador y Capitán General de la Provincia a Pedro Ponce de León, a quien correspondió terminar con la conquista de los Caracas, con la ratificación del nombramiento de Diego de Losada para ello, efectuado por su antecesor, Alonso Bernáldez. Losada, quien era el hombre de mayor prestigio militar de la Provincia, salió de El Tocuyo a comienzos de 1567 con los 3 hijos del Gobernador; pasó por Villa Rica, hoy Nirgua, por Valencia y por los valles de Aragua. Lo acompañaba, entre otros, Gabriel de Ávila, cuyo nombre selló el gigantesco cerro *Guaraira-repano* que esta al norte de Caracas; Alonso Andrea de Ledesma, quien había participado en la fundación de El Tocuyo y Trujillo; Sebastián Díaz Alfaro, luego fundador de San Sebastián de los Reyes; Juan Fernández de León, fundador de Guanare; Francisco de Vides, después Gobernador y Capitán General de Nueva Andalucía; Cristóbal Gómez y Esteban Martín, de los fundadores de Nueva Segovia de Barquisimeto; y Juan Cataño, Andrés Hernández y Andrés de San Juan, de los fundadores de El Tocuyo, Borburata y Trujillo.

Desde los valles de Aragua, Losada llegó al Valle del Miedo, donde comienza la serranía de Los Teques, país de Guaicaipuro y donde mucho después, en 1777 el Obispo Martí, a orillas del río San Pedro, asentaría la población de Los Teques. Después de duros combates, entraría al valle de San Jorge (Las Adjuntas), pasó por el Valle de la Pascua (El Valle) y entraría al valle de San Francisco, donde el 27 de julio de 1567 fundaría la ciudad de Santiago de León de Caracas, en honor al Santo Patrón de España y del Gobernador Ponce de León.

En ese mismo año, la capital de la Provincia se trasladaría de Coro a Caracas; y en 1786, allí se establecería la última de las Audiencias creadas en América.

En 1569, a la muerte de Ponce de León, sería nombrado como Gobernador y Capitán General de la Provincia, Diego de Mazariegos, quien había fundado la ciudad de Chiapas y había sido Gobernador y Capitán General de Guatemala. A la muerte de Mazariegos, en 1576, sería designado como Gobernador y Capitán General de la Provincia, Juan de Pimentel, quien en 1578, levantó el muy conocido croquis de la planta de Caracas, reducido al cuadrado que limitan los ángulos de las esquinas hoy llamadas como de Cuartel Viejo, Abanico, Doctor Díaz y Gorda, dividido en 25 manzanas dispuestas por la trama de cuatro calles dispuestas en paralelo de Norte a Sur que partiendo de las esquinas hoy denominadas de Altagracia, Mijares, Jesuitas y Maturín, llegaban hasta las hoy esquinas llamadas Mercaderes, Pajaritos, Camejo y Colón; y de otras cuatro calles dispuestas en paralelo de Este a Oeste, que partiendo de las esquinas hoy denominadas La Pelota, Marrón, Doctor Paúl y Chorro, llegaban a las hoy esquinas de Llaguno, Piñango, Muñoz y Pedrera. La plaza mayor se situó en el centro de la trama urbana, con la Catedral, edificada a comienzos del Siglo XVII, ubicada al este de la plaza. Caracas es quizás la única de las ciudades latinoamericanas en la cual todas las esquinas de su vieja cuadrícula tienen nombre propio.

En el propio gran valle de Caracas, con posterioridad, hacia el sur, se consolidaría el pueblo de El Valle; en el extremo este del valle se fundarían muchos pueblos, como San José de Chacao en 1597; y por orden del Gobernador de la Provincia Francisco de la Hoz y Berrío se establecieron pueblos que tuvieron su origen en encomiendas, como el pueblo de El Buen Jesús de Petare establecido el 17 de febrero de 1621 en el sitio de la Quebrada de la Vieja, donde ya había asentamientos desde 1567; y posteriormente y hacia el sureste, también como pueblos de encomienda, los pueblos de Baruta (1591), establecido por Alonso Andrea de Ledesma, y Turgua (1621). En cuanto al pueblo de Baruta, en 19 de agosto de 1620 se lo fundaría como pueblo de indios, con el nombre de San Francisco de Paula.

Más hacia el este, en 1784, se establecería el pueblo de El Hatillo, al erigirse la Parroquia de Santa Rosalía de Palermo, en tierras que fueron donadas por Baltasar de León.

En el propio valle de Caracas y hacia su parte suroeste también se fundarían otros pueblos de encomiendas por el Gobernador De la Hoz y Berrío como La Vega (1621), Antímano (1621) y posteriormente, el pueblo de Macarao (1649). Cerca del valle de Caracas, pero hacia la costa central de la provincia, cerca de donde Fajardo había fundado el pueblo de Carballeda, con posterioridad el Gobernador Osorio fundaría el puerto de La Guaira (1587), el cual desde entonces se convertiría en el puerto de la capital, y los pueblos de indios de Tarma (1591); Maiquetía (1614); Carayaca (1622); y San Francisco de Asís de Naiguatá (1622).

Para 1589, cuando el pueblo de Carballeda ya se había despoblado, el gobernador Diego de Osorio impulsó los esfuerzos por consolidar un pueblo en el puerto de la Guaira, en un lugar que ofrecía mejores condiciones de defensa y que ya servía de puerto para Caracas. Fue atacado por piratas y filibusteros, lo que provocó la construcción de múltiples defensas, entre las cuales se destacan el Castillo de San Carlos en la altura de Las Tunas, el cual se terminó en 1769; los Fuertes del Príncipe o del Zamuro (El Vigía) y del Carmen o del Gavilán de fines del Siglo XVII, y numerosos Baluartes y Baterías diseminados en los alrededores de la ciudad.

En cuanto a las fundaciones hacia las depresiones ubicadas al este del valle de Caracas, en lo que es el actual Estado Miranda, se establecieron los pueblos de Nuestra Señora de Copacabana de Guarenas (1578), Santa Cruz de Pacairigua de Guatire, Araguita (1585), Nuestra Señora de Altagracia y del Señor San José de Curiepe (1698), Anunciación de Nuestra Señora del Valle de Santa Cruz de Caucagua y Chupaquire (1699); y hacia los valles del río Tuy, el 23 de enero de 1612, el pueblo de Señora Santa Lucía de Pariaguán, como pueblo de encomienda, en las cabeceras del río Prepo, donde había asentamientos desde 1607 y que en 1700 sería trasladado a orillas del río Guaire; y los pueblos de Santa Rosa de Lima de Charallave (1619); Capaya (1687); Nuestra Señora del Rosario de Marín o

Cúa (1690), fundada por el indio Cúe; y San Diego de Alcalá de la Sabana de Ocumare (del Tuy) (1693). En las zonas altas al sur de Caracas, se fundarían además, los pueblos de San Diego de los Altos (1620) formado por el traslado de indios desde Santa Lucía por el cura doctrinero Tomás de León; y de Casupo (1621); Paracotos (1673) y San Antonio de los Altos (1683).

7. *El poblamiento hacia los Llanos*

En la fundación de Caracas, con Diego de Losada había participado Sebastián Díaz Alfaro. El Gobernador Luis de Rojas, quien antes había sido Gobernador de la provincia de Yucatán, le encomendó la conquista y poblamiento de los Quiriquires y los Tomuzas. Fundó dos ciudades en sus tierras: San Juan de la Paz y San Sebastián de los Reyes, la primera situada a orillas del río Tuy, aguas abajo de la confluencia con el río Guaire; y la segunda el 6 de enero de 1585, a la entrada de los Llanos, en una meseta entre los ríos Guárico y Caramacate. La primera desapareció y la segunda cambió de sitio en muchas ocasiones, encontrando la ubicación actual casi 100 años después, en 1676. Sebastián Díaz de Alfaro había sido Alcalde de Caracas en 1591 y 1594.

En la jurisdicción de San Sebastián de los Reyes se establecieron las siguientes misiones capuchinas, de cuyo asentamiento resultaron diversos pueblos: San Fernando de Cachicamo (1753), Nuestra Señora de Altagracia de Iguana (1734), Nuestra Señora del Rosario de Altamira (1744), Purísima Concepción de Camatagua (1749) y Santo Tomás de Tucupido (1760). Más tardíamente, en 1730 Juan de Bolívar y Villegas fundaría el pueblo de Villa de San Luis de Cura, precisamente en la entrada de los llanos.

Entre los fundadores de San Sebastián estaba el Capitán Juan García Carrasco, fundador, en 1599, hacia el este, del pueblo de San Juan de la Laguna de Urariche o de Uchire, en la desembocadura del río Unare.

Con posterioridad, hacia el sur, hacia los llanos, en lo que es el actual Estado Guárico, se fundaron los pueblos de indios y de misiones de Nuestra Señora de Altagracia de Orituco (1585); San Juan de los Morros (1590); Parapara (1595); Valle de la Pascua (1621), fundada por Juan González Padrón; San Francisco de Assís de Tiznados (1624); Mamonal (1628); Manapire (1632); San Lorenzo de Chaguaramas (1653); Ortiz (1687); Lezania (1688) ; Santa Bárbara de Guarda Tinajas (1768), Humildad y Paciencia de Nuestro Señor Jesucristo de Camaguán (1689); El Sombrero; San Juan de Tiznados (1693); San Rafael de Orituco (1694), Santísima Trinidad (1723) y Nuestra Señora de los Ángeles (1695); estas dos últimas en jurisdicción de la villa de Todos los Santos de Calabozo, fundada en 1657 por los capuchinos. Más al sur, en la ribera del río Orinoco se fundaría en 1647, el pueblo de Triunfo de la Cruz de la Nueva Cantabria o Cabruta. Todos estos pueblos tienen una traza urbana reticular.

Hacia el oeste, además, en lo que es el actual Estado Cojedes, se fundaron, la mayoría por los misioneros capuchinos, los pueblos de Nuestro Señor Padre Santo San Francisco de Cojedes (1617); Choro (1617), Tirgua (1661); Tucuragua (1661); San Juan Bautista del Pao (1661); San Carlos de Austria (1677); Las Vegas (1678); Mapuey (1679); Tinaquillo (1680); El Baúl (1692) conocido también como San Miguel de la Voca de Tinaco con misión establecida en 1744, Santa Clara de Caramacate (1750), la Divina Pastora de Joval (1751) y Santa Cruz del Nogal (1764). Todos estos pueblos también tienen una traza urbana regular, siendo un ejemplo de traza cuadricular la del pueblo de Tinaco.

Por otra parte, en 1589, Diego de Osorio sería nombrado Gobernador y Capitán General de la Provincia de Venezuela, y fue quien dotó de ejidos a la ciudad de Caracas. Durante su gobierno encomendó a Juan Fernández de León la misión de poblar la Provincia de Guanaguanare, de lo que resultó la fundación de la Ciudad del Espíritu Santo del Valle de San Juan de Guanaguanare, hoy Guanare, el 3 de noviembre de 1591. Cerca de la ciudad, el 8 de septiembre de 1652, la Virgen de Coromoto se le aparecería a un indio cospe, ubicándose allí el Santuario de la que se declaró, en 1942, la patrona de Venezuela. La ciudad tiene una forma ortogonal casi perfecta, con la iglesia situada al este de la plaza.

Posteriormente, en lo que es el actual Estado Portuguesa, se fundarían los pueblos de Paraíso de Chabasquen (1620); Pueblo Viejo (1647); Tucupido (1652); San José de Guanare (1664) y Maraca (1680). La villa de Nuestra Señora del Pilar de Zaragoza y Araure fue fundada por los misioneros capuchinos en 1692, en cuya jurisdicción estaban los pueblos de indios de Arcángel San Miguel de Acarigua (1615) (de los indios Hacarygua, donde había llegado Federman), La Aparición de la Corteza, San Antonio de Turén o Yugure (1724), Santa Bárbara de Agua Blanca (1725) y San Rafael de Onoto (1726). La villa de San Fernando de Ospino, además, se fundaría por vecinos de Guanare en el sitio donde se habían asentado misioneros capuchinos. Además, formaba parte de la jurisdicción de la ciudad, el valle de Boconó, donde se establecería en 1763, la misión capuchina de San Genaro de Boconó. Las otras misiones capuchinas que se establecieron en la jurisdicción de Guanare fueron San Pedro de Alcántara de María (1763) y Guanarito (1768).

Por último, hacia el sur, en los llanos, se fundaron los pueblos de indios y de misiones de San José de Leonisa de Cunaviche, Purísima Concepción de María Santísima Nuestra Señora de Payara, Santa Bárbara de Achaguas, San Francisco de Assís de Capanaparo y San Serafín de Monte Granario de Atamaica. En la ribera del río Apure, en la desembocadura del río Portuguesa, se proyectó establecer una villa y además, aguas abajo en el mismo río Apure, en 1788 se establecería el pueblo de San Fernando de Apure.

8. *El poblamiento en la cuenca del Lago de Maracaibo*

En el plano que elaboró Juan de la Cosa en 1500, que es el primero conocido del Nuevo Mundo, en el trazado de la costa en la boca de lo que es el Lago de Maracaibo, aparece escrito el nombre de "Venezuela", el que además ha sido desde siempre el nombre del golfo que está a la entrada del mismo. Venezuela, además, fue la denominación dada a la Provincia concedida a los Welser. Las penetraciones de los Adelantados hacia la cuenca del Lago se efectuaron, por tanto, desde el inicio, aunque no sucedió lo mismo con el poblamiento.

Como se dijo, Ambrosio Alfinger había llegado a Coro el 26 de febrero de 1529, haciéndose cargo del Gobierno de la Provincia, y al poco tiempo salía a descubrir tierras rumbo a occidente. Llegó a la laguna de Maracaibo, pasó a la otra banda, ubicando en el sitio que le pareció más conveniente una ranchería, llamada Maracaibo. En 1535, como también se dijo, Nicolás Federman, Teniente de Gobernador de Jorge Spira, habría trasladado el vecindario de dicha ranchería al Cabo de La Vela, que era el límite de la provincia por la costa de mar, donde fundaría un pueblo que luego sería Nuestra Señora de los Remedios, quedando así despoblada la ranchería de Maracaibo.

Fue en 1568, cuando el Gobernador de Venezuela Pedro Ponce de León, además de haber emprendido la conquista de Caracas, advertiría sobre la necesidad de conquistar también las zonas de la cuenca del Lago de Maracaibo, encargando de ello al Teniente de Gobernador de la recién fundada ciudad de Trujillo, Capitán Alonso Pacheco Maldonado. La expedición entró al Lago desde Trujillo por el río Motatán, fundándose el 20 de enero del año 1569, una ciudad con el nombre de Nueva Ciudad Rodrigo de Maracaibo, la cual sin embargo, luego sería abandonada.

Con posterioridad, el Gobernador Mazariegos obtendría permiso del Rey para continuar la conquista de las zonas del Lago, encargando a Pedro Maldonado para que prosiguiera la empresa que había sido iniciada por Pacheco Maldonado, y en 1574 refundaría la ciudad, cambiándole el nombre de Ciudad Rodrigo por el de Nueva Zamora de Maracaibo, llevando nueva gente para poblarla. La ciudad se diseñó con una planta reticular, con la iglesia catedral al este de la plaza que se situó cerca de la ribera del Lago. Fue atacada y asaltada por piratas, entre ellos, Jean de Granmont en 1678, quien incluso invadió el puerto de San Antonio de Gibraltar situado en el sur del Lago, llegando hasta la ciudad de Trujillo. Maracaibo comenzó entonces a ser protegida, construyéndose a partir de 1679 varias fortificaciones en las tres barras del Lago.

En el actual Estado Zulia, cuyo territorio circunda el Lago de Maracaibo y que hasta 1676 formó parte de la Provincia de Venezuela, con posterioridad se fundaron los pueblos de Nuestra Señora de Altagracia (1574); Sinamaica (1591); San Antonio de Gibraltar (1591); Tomaporo de Agua (1641) y San Timoteo (1662). Asimismo, en la segunda mitad del Siglo XVII se establecieron muchos pueblos de indios por las misiones de los capuchinos, particularmente en la región de Perijá, como Nuestra Señora del Rosario de Perijá y al sur del Lago, como Santa Bárbara del Zulia y San Carlos del Zulia, a orillas del río Escalante.

II. EL RESULTADO DEL POBLAMIENTO: LA PROVINCIA DE VENEZUELA CONFORME A LA RECOPILACIÓN DE LAS LEYES DE LOS REYNOS DE INDIAS DE 1680 Y LA CAPITANÍA GENERAL DE VENEZUELA DE 1777

Para 1680, concluido ya el proceso de poblamiento básico de las provincias de Tierra Firme, cuando se manda a publicar la *Recopilación de Leyes de los Reynos de Indias*, los territorios que formaron luego a Venezuela estaban divididos en las siguientes cinco provincias: Margarita (1525), Venezuela o Caracas (1528), Nueva Andalucía o Cumaná (1568); Guayana (1568), y Maracaibo (1676) que comprendía la antigua Gobernación de Mérida y La Grita (1622);[75] estando cada una de dichas provincias a cargo de un Gobernador y Capitán General, con sede en la ciudad Cabeza de Provincia, respectivamente, en La Asunción, Caracas, Cumaná, Santo Tomé y Maracaibo. Los gobernadores de cada Provincia gozaban de autonomía y se entendían directamente con la Real Audiencia o el Monarca. En el caso de Venezuela, al crearse la Capitanía General de Venezuela en 1777, los gobernadores de las distintas provincias conservaron su autonomía

---

75 En el territorio de Venezuela, en 1680, no existían ni Corregimientos ni Alcaldías Mayores, como unidades territoriales separadas de las *Provincias*. Un Corregimiento existió en lo que es hoy los Estados Táchira y Mérida, el Corregimiento de Mérida y La Grita que comprendía las ciudades de Mérida, San Cristóbal y San Antonio, territorio elevado a provincia en 1622. Véase Guillermo Morón, *Historia de Venezuela*, Caracas, 1971, tomo III, p. 400.

excepto para asuntos militares que pasaron a estar bajo el Gobernador y Capitán General de la Provincia de Venezuela.

Como hemos visto, la ciudad de Coro, que había sido fundada
un año antes (1527) de otorgada la capitulación a los Welsers, fue el
centro del proceso de penetración al interior y el foco expansivo del
doblamiento.[76] Por ello, fue cabeza de Provincia hasta 1576, cuando
la capital se trasladó a Caracas, que había sido fundada años antes
(1567). La ciudad de Maracaibo que por el poblamiento formó parte
de la Provincia de Venezuela, en 1676 se separó de la misma, cuando
se creó la Provincia de Maracaibo que abarcó el Corregimiento de
Mérida y La Grita.

Las Provincias que formaban el territorio de Venezuela, en 1680,
y conforme a la *Recopilación de Leyes*, la Provincia de Mérida y La
Grita, y la Provincia de Guayana, incluida Trinidad, formaban parte
del distrito de la Real Audiencia de Santa Fe; y las provincias de Venezuela, de Cumaná y de Margarita, formaban parte del distrito de
la Real Audiencia de Santo Domingo de la Isla Española.[77] De estas
Provincias, aquellas que estaban en la jurisdicción de la Real Audiencia de Santa Fe (Mérida y La Grita y Guayana) estaban bajo la
jurisdicción del Virreinato del Perú; y aquellas que estaban en la jurisdicción de la Real Audiencia de Santo Domingo de la Isla Española (Venezuela, Cumaná y Margarita) estaban bajo la jurisdicción del
Virreinato de Nueva España. Posteriormente, a partir de la creación
del Virreinato de Nueva Granada (1718), las Provincias sometidas a
la jurisdicción de la Real Audiencia de Santa Fe comenzaron a estar
bajo la jurisdicción de dicho Virreinato.

Las Provincias de Venezuela, por tanto, no tuvieron una integración definida sino hasta 1777, cuando se creó la Capitanía General de Venezuela y luego, en 1786, cuando se erigió la Real Audien-

---

76 Véase S. Bernabeu y otros, *Historia Urbana de Iberoamérica*, tomo I, La ciudad Iberoame-
    ricana hasta 1573, Consejo Superior de los Colegios de Arquitectos de España, Ma-
    drid, 1987, p. 246;

77 Véase en la *Recopilación de Leyes de los Reynos de Indias*, tomo II, Libro V, Titulo II, pp. 113,
    114 y 115

cia de Caracas. A partir de esas fechas[78] las Provincias de Venezuela quedaron integradas en una sola jurisdicción militar y de administración de justicia. El Gobernador de la Provincia de Venezuela, comenzó a ser, además, Capitán General de las demás provincias e islas anexas y agregadas a ellas.

En particular, en cuanto a la Provincia de Venezuela o Caracas, la misma, debe recordarse que con anterioridad a 1777, estuvo sometida en lo judicial a la Real Audiencia de Santo Domingo hasta 1717, cuando pasó a formar parte del Virreinato de Nueva Granada y de la Real Audiencia de Santa Fe. A pesar de la disolución del Virreinato en 1723, permaneció sometida a la Audiencia de Santa Fe hasta 1731, cuando de nuevo pasó a la jurisdicción de la Audiencia de Santo Domingo. Esta situación duró sólo ocho años pues al reorganizarse el Virreinato de Santa Fe (1739) se le agregó de nuevo la Provincia de Venezuela, la cual volvió a quedar sometida a la jurisdicción de la Audiencia de Santa Fe.

En 1742, por Real Cédula de 12 de febrero se decidió "revelar y eximir al Gobierno y Capitanía General de la Provincia de Venezuela", de toda dependencia del Virreinato de Nueva Granada, con lo cual se ordenó y mandó "que la anunciada Provincia de Venezuela quede desde ahora en adelante con total independencia de ese Virreinato". La Real Cédula atribuyó, además, a los Gobernadores de la Provincia de Venezuela "el velar sobre el cumplimiento de la obligación de las de Maracaibo, Cumaná, Margarita, La Trinidad y la Guayana en lo respectivo al ilícito comercio."[79] Mediante esta Real Cédula se ordenó pasar de nuevo a la Provincia de Venezuela a la jurisdicción de la Real Audiencia de Santo Domingo, a la que quedó vinculada hasta 1786, cuando se creó la Real Audiencia de Caracas. A partir de entonces, el Gobernador de la Provincia de Venezuela y Capitán General de todas las demás provincias de Venezuela, se

---

78   A las que hay que agregar la de 1776 cuando se crea la Intendencia del Ejército y Real Hacienda; y la de 1793, cuando se crea el Real Consulado de Caracas.

79   Véase el texto en J.F. Blanco y R. Azpúrua, *Documentos para la historia de la vida pública del Libertador, cit.*, tomo I, pp. 55-57.

convirtió además en Presidente de la Real Audiencia de Caracas. En ese mismo año de 1786, se separó del gobierno de Caracas, la ciudad de Trujillo, y se la agregó a la Provincia de Maracaibo.

Ahora bien, como se ha señalado, por Real Cédula de 8 de septiembre de 1777, dada en San Ildefonso[80] y en virtud de las representaciones formuladas a la Corona por el Virrey del Nuevo Reyno de Granada y por los Gobernadores de las Provincias de Guayana y Maracaibo, acerca de los inconvenientes que producía a dichas Provincias así como a las de Cumaná, Margarita y Trinidad el seguir unidas al Virreinato del Nuevo Reino de Granada por la distancia en que se hallaban de su capital Santa Fe, lo que provocaba el retardo en las providencias, con graves perjuicios para el Real servicio; para evitar estos males y otros mayores que podrían ocasionarse "en el caso de una invasión", se resolvió "la absoluta separación de las mencionadas Provincias de Cumaná, Guayana y Maracaibo e Islas de Trinidad y Margarita del Virreinato y Capitanía General del Nuevo Reyno de Granada y agregarlas en lo gubernativo y militar a la Capitanía General de Venezuela, del mismo modo que lo están, en lo respectivo al manejo de mi Real Audiencia, a la nueva Intendencia erigida en dicha Provincia, y ciudad de Caracas, su capital."[81]

En efecto, con motivo de las reformas adoptadas por el rey Carlos III desde 1749, mediante la creación de las Intendencias en la Península, se había querido ordenar la administración territorial, que estaba subdividida, hasta entonces, en infinidad de derechos históricos.

Así, las Intendencias originaron una nueva distribución territorial, en la que quedaban enclavados varios corregimientos y alcaldías mayores, y el Intendente intervenía en los asuntos de hacienda, guerra, policía y justicia.[82]

---

80   *Id.*, Tomo II, pp. 129-130.

81   *Id.*, Tomo II, p. 129.

82   Véase los comentarios a la Ordenanza de Intendentes y Corregidores de 1749, en V. Rodríguez Casado, "Las reformas provinciales en la España de Carlos III," *Crónicas del VI Congreso Historia Municipal Interamericano*, IEAL, Madrid, 1959, pp. 205-211.

Pues bien, el esquema de las Intendencias se aplicó también a los territorios de América, y por ello se creó en 1776, la Intendencia del Ejército y Real Hacienda de las Provincias de Venezuela, Cumaná, Guayana, Maracaibo, Margarita y Trinidad, encargada de administrar las rentas.[83]

Son esas mismas Provincias las que al año siguiente se integraron a la Capitanía General de Venezuela, por la Real Cédula de 1777, que dispuso además, "separar en lo jurídico de la Audiencia de Santa Fe, y agregar a la primitiva de Santo Domingo, las dos expresadas Provincias de Maracaibo y Guayana, como lo está la de Cumaná y las Islas de Margarita y Trinidad para que hallándose estos territorios bajo una misma Audiencia, un Capitán General y un Intendente inmediato, sean mejor regidos y gobernados con mayor utilidad de mi Real Servicio."[84]

La consecuencia de la creación de la Capitanía General de Venezuela se estableció claramente en la Real Cédula, al ordenar al Virrey y Audiencia de Santa Fe, el que se inhibieran y abstuvieran "del conocimiento de los respectivos asuntos que les tocaba antes de la separación" y a "los Gobernadores de las Provincias de Cumaná, Guayana y Maracaibo, é Islas de Margarita y Trinidad, que obedezcan, como a su Capitán General, al que hoy es y en adelante lo fuere de la Provincia de Venezuela, y cumplan las órdenes que en asuntos de mi Real Servicio les comunicare en todo lo gubernativo y militar; y que así mismo den cumplimiento los Gobernadores de las Provincias de Maracaibo y Guayana á las Provisiones que en lo sucesivo despachare mi Real Audiencia de Santo Domingo, admitiendo para ante ella, las apelaciones que se interpusieren según y en la forma que lo han hecho, o debido hacer para ante la de Santa Fe."[85]

---

83   Real Instrucción de 8-12-77. Véase en Gisela Morazzani de Pérez Enciso, *La Intendencia en España y en América*, Caracas, 1960, pp. 318 a 409. *Cfr.* Eduardo Arcila Farías, *Economía Colonial de Venezuela*, Caracas, 1973, tomo II, pp. 1 a 30.

84   Véase el texto en J. F. Blanco y R. Azpúrua, *Documentos para la historia de la vida pública del Libertador, cit.*, tomo I, p. 129.

85   *Id.*, p. 130.

Posteriormente, por Real Cédula de 13 de junio de 1786, se ratificó el reacomodo provincial que se había dispuesto en las Reales Cédulas de 1676 y de febrero de 1786 sobre la creación de las Provincias de Maracaibo y Barinas, ordenándose que la Provincia de Maracaibo continuase unida a la Capitanía General e Intendencia de Caracas, y además se dispuso crear la Real Audiencia de Caracas, "para evitar los perjuicios que originan a los habitantes de dichas Provincias de Maracaibo, la de Cumaná, Guayana, e Islas de Margarita y Trinidad, comprendidas en la misma Capitanía General de recurrir por apelación de sus negocios a la Audiencia Pretorial de Santo Domingo." [86]

Finalmente, por Real Cédula de 3 de julio de 1793, se erigió el Real Consulado de Caracas, con su Tribunal y jurisdicción en toda la Capitanía General de Venezuela, en los asuntos mercantiles. [87]

En todo caso, para el momento en que se manda a publicar la *Recopilación de Leyes* (1680), la *Provincia de Caracas o Venezuela* comprendía aproximadamente los territorios de los actuales Estados Falcón, Trujillo, Lara, Portuguesa, Yaracuy, Cojedes, Carabobo, Aragua, Guárico, Miranda, Vargas y Distrito Capital, lo que permanece igual hasta 1810, cuando se declara la Independencia. Posteriormente, en 1811, Coro quedó separada de la Provincia.

El territorio de las otras provincias, entonces, antes del inicio de la independencia en 1810, aproximadamente comprendía los siguientes territorios: la *Provincia de Margarita*, a la Isla de Margarita; *la Provincia de Cumaná o Nueva Andalucía*, los territorios de los Estados Anzoátegui, Sucre, Monagas y parte del territorio del Estado Delta Amacuro; la *Provincia de Guayana*, los territorios de los Estados Bolívar, Amazonas y parte del Delta Amacuro; la *Provincia de Maracaibo*, los territorios de los Estados Zulia, Mérida, Táchira y Trujillo; y la *Provincia de Barinas*, los territorios de los Estados Barinas y Apure.

---

86   *Id.*, p. 214.

87   *Id.*, pp. 248 a 256. Véase en general, M. M. Álvarez F., *El Tribunal del Real Consulado de Caracas*, 2 tomos, Caracas, 1967.

A raíz de la Constitución de la Junta Conservadora de los Derechos de Fernando VII, en Caracas, el 19 de Abril de 1810, y del inicio del proceso de Independencia de Venezuela, en los meses subsiguientes se establecieron tres nuevas provincias: el 27 de abril, se constituyó una Junta Provincial en Barcelona, dando origen a la Provincia de Barcelona, con parte del territorio de la que era la Provincia de Nueva Andalucía o Cumaná;[88] el 16 de septiembre de 1810, en la ciudad de Mérida se constituyó una Junta que asumió la autoridad soberana, constituyéndose la Provincia de Mérida con parte del territorio de la Provincia de Maracaibo, a la que se sumaron las ciudades de La Grita (11-10-1810) y San Cristóbal (28-10-1810); y el 9 de octubre de 1810, al constituirse una Junta se estableció la Provincia de Trujillo, con parte también del territorio que correspondía a la Provincia de Maracaibo. [89]

En consecuencia, para finales de 1810, el territorio de Venezuela estaba integrado por las siguientes nueve (9) Provincias: Margarita, Caracas, Cumaná, Guayana, Maracaibo, Barinas, Barcelona, Mérida y Trujillo; siendo la base de su integración política en la Capitanía General de Venezuela, los siguientes actos de gobierno: la creación, en 1776, de la Intendencia del Ejército y Real Hacienda; el establecimiento, en 1777, de la Capitanía General de Venezuela; la creación, en 1786, de la Real Audiencia de Caracas; y la creación, en 1793, del Real Consulado de Caracas. [90]

El Congreso que declaró solemnemente la Independencia el 5 de julio de 1811, como hemos dicho anteriormente, estaba integrado por representantes de las Provincias de Caracas, Cumaná, Barinas, Margarita, Barcelona, Mérida y Trujillo, habiendo sido los representantes de esas mismas siete (7) Provincias, los que sancionaron la

---

88   Véase en J. F. Blanco y R. Azpúrua, *Documentos para la historia de la vida pública del Libertador, cit.,* Tomo II, p. 411.

89   Véase los textos en el libro *Las Constituciones Provinciales,* Biblioteca de la Academia Nacional de la Historia, Caracas 1959, pp. 341 a 350.

90   Véase. Tulio Chiossone, *Formación Jurídica de Venezuela en la Colonia y la República,* Caracas, 1980, p. 89; G. Morón, "El proceso de Integración", *El Nacional,* Caracas 26-8-76, p. A-4.

Constitución Federal para los Estados de Venezuela del 21 de diciembre de 1811. No participaron en esos actos políticos, representantes de las Provincias de Guayana y Maracaibo, así como tampoco de Coro, que si bien pertenecían a la Provincia de Caracas, no se sumaron a la declaración de independencia y quedaron sometidas a la Corona.

Por ello, el artículo 128 de la Constitución, estableció que "luego que libres de la opresión que sufren las provincias de Coro, Maracaibo y Guayana puedan y quieran unirse a la Confederación, serán admitidas a ella, sin que la violenta separación en que a su pesar y el nuestro han permanecido, pueda alterar para con ellas los principios de igualdad, justicia, fraternidad de que gozarán, desde luego, como todas las demás provincias de la Unión."

CUARTA PARTE:

EL PROCESO CONSTITUYENTE EN LA PROVINCIA DE CARACAS 1810 – 1812

I. LOS DIPUTADOS DE LA PROVINCIA DE CARACAS AL CONGRESO GENERAL Y LA SECCIÓN LEGISLATIVA PARA LA PROVINCIA DE CARACAS EN EL CONGRESO GENERAL

Las elecciones de diputados al Congreso general por la Provincia de Caracas se efectuaron a partir del 1º de noviembre de 1810, en la forma prescrita en el antes mencionado Reglamento para la elección y reunión de diputados al cuerpo conservador de los derechos de Fernando VII en las Provincias de Venezuela de 11 de junio de 1810,[91] habiéndose elegido los siguientes 24 diputados:

Por el Partido Capitular de Caracas, cuyo territorio comprendía aproximadamente lo que hoy es el Distrito Capital y los Estados Vargas y Miranda, se eligieron los siguientes 6 diputados: 1. *Lino de Clemente*, quien había sido fue Síndico Procurador General en el Cabildo Metropolitano antes del 19 de abril de 1811, incorporándose en esa fecha a la Junta Suprema y siendo luego nombrado en el Bando del 25 de abril de 1811, como Secretario de Marina y Guerra de la Junta Suprema de Caracas; 2. *Fernando Rodríguez del Toro*, hermano del marqués del Toro, Inspector general en el 19 de abril de 1811, a cuyo cargo había quedado el Gobierno Militar en el Bando de la Jun-

---

91 Véase *Textos Oficiales de la Primera República de Venezuela, cit.,* Tomo II, pp. 63-84

ta Suprema del 25 de abril de 1811, formando parte de la Junta de Guerra y Defensa de la provincia; 3. *Nicolás de Castro*, quien había sido incorporado como Vocal de Junta Suprema en el Bando del 25 de abril de 1811; 4. *José Luis de Rivas y Tovar*; 5. *Gabriel de Ponte*; y 6. *Isidro Antonio López Méndez*, quien también formó parte de la Junta Suprema el 19 de abril de 1811, y aparece igualmente incorporado como Vocal de Junta Suprema en el Bando del 25 de abril de 1811. Estos seis diputados por Caracas participaron en la sesión inaugural del Congreso General el 3 de marzo de 1811, la cual presidió el diputado Lino de Clemente.

Por el Partido Capitular de San Sebastián de los Reyes se eligieron los siguientes 3 diputados: 1. *Felipe Fermín Paúl*, quien había sido designado como Ministro del Tribunal Superior de Apelaciones nombrado en el Bando de la Junta Suprema del 25 de abril de 1811; *Martín Tovar y Ponte*, quien formó parte de la Junta Suprema el 19 de abril de 1811, asumiendo la co-Presidencia de la misma, y aparece igualmente incorporado como Vocal de Junta Suprema en el Bando del 25 de abril de 1811; y 3. *Francisco Javier Ustáriz*, quien se había incorporado a la Junta Suprema el 19 de abril de 1810, y siendo luego nombrado Vocal de la misma en el Bando del 25 de abril de 1811. Estos seis diputados por San Sebastián de los Reyes participaron en la sesión inaugural del Congreso General el 3 de marzo de 1811.

Por el Partido Capitular de la Villa de Calabozo se eligió un (1) diputado que fue *Juan Germán Roscio*, quien había sido incorporado en la Junta Suprema del 19 de abril como Diputado por el Pueblo, y había sido designado como Vocal de la Junta Suprema en el Bando del 25 de abril de 1811, donde además se lo designó Secretario de Relaciones Exteriores de dicha Junta Suprema. Roscio participó en la sesión inaugural del Congreso General el 3 de marzo de 1811.

Por el Partido Capitular de Villa de de Cura, se eligió un (1) diputado que fue *Juan de Escalona*, militar, quien fue designado miembro del Poder Ejecutivo plural por el Congreso General el 5 de marzo de 1811; por ello fue sustituido como Diputado por *Juan Antonio Argote*, sacerdote, quien se incorporó luego de la sesión inaugural al Congreso General .

Por el Partido Capitular de Valencia se eligieron los siguientes 3 diputados: 1. *Fernando Peñalver*, hacendado; 2. *Luis José de Cazorla*, sacerdote; y 3. *Manuel Moreno de Mendoza*, quien pasó al Poder Ejecutivo, siendo sustituido por *Juan Rodríguez del Toro*, hacendado. Los dos primeros participaron en la sesión inaugural del Congreso General el 3 de marzo de 1811.

Por el Partido Capitular de San Carlos se eligió un (1) diputado que fue *Francisco Ramón Hernández*, abogado, quien estuvo presente en la sesión inaugural al Congreso General.

Por el Partido Capitular de San Felipe se eligió un (1) diputado que fue *Juan José de Maya*, abogado, quien estuvo presente en la sesión inaugural al Congreso General

Por el Partido Capitular de Ospino se eligió un (1) diputado que fue *Gabriel Pérez de Págola*, quien estuvo presente en la sesión inaugural al Congreso General

Por el Partido Capitular de Nirgua se eligió un (1) diputado que fue *Salvador Delgado*, sacerdote, quien estuvo presente en la sesión inaugural al Congreso General

Por el Partido Capitular del Tocuyo se eligió un (1) diputado que fue *Francisco Rodríguez del Toro*, militar, hermano también del Marqués del Toro. No estuvo presente en la sesión inaugural al Congreso General

Por el Partido Capitular de Barquisimeto se eligieron los siguientes 2 diputados: 1. *José Ángel Álamo*, médico; 2. Domingo Alvarado. Ambos participaron en la sesión inaugural del Congreso General el 3 de marzo de 1811.

Por el Partido Capitular de Guanare se eligió un (1) diputado que fue *José Vicente de Unda*, sacerdote, quien estuvo presente en la sesión inaugural al Congreso General

Por el Partido Capitular de Araure se eligió un (1) diputado que fue *Francisco Javier Yánez*, abogado. No estuvo presente en la sesión inaugural al Congreso General

Estos eran, por tanto, al momento de su instalación, los diputados de la provincia de Caracas al Congreso General. Para ese momento, todas las Provincias que formaban la Capitanía General de Venezuela tenían sus propias Legislaturas, menos la Provincia de Caracas, por haber desaparecido la Junta Suprema y transferida su autoridad al Congreso General, que además funcionaba en la capital. Este cuerpo, sin embargo, dada la necesidad de que la Provincia tuviera su Asamblea Legislativa para que, entre otros aspectos se "declararán los derechos del ciudadano," decretó que se formara una "Sección Legislativa" del Congreso para la Provincia, compuesta de los diputados de la Provincia que se hallaban en el Congreso,[92] la cual se instaló el 1° de junio de 1811.

Instalada esta Sección Legislativa, materialmente, el primer acto que el Congreso adoptó "en su Sección Legislativa para la Provincia de Caracas" fue la declaración de "Derechos del Pueblo,"[93] el 1° de julio de 1811, considerada por Pedro Grases, como "la declaración filosófica de la Independencia,"[94] que se comenta más adelante.

Otra importante Ley que se sancionó por Sección Legislativa de Caracas fue la Ley sobre Libertad de Imprenta 1811, encabezada su emisión por Congreso General Constituyente de Venezuela.[95] Con posterioridad, en la sesión del 5 de agosto de 1811 se planteó que el Congreso sancionase "la libertad de imprenta decretada por la Sección Legislativa de Caracas." [96]

---

92   Véase Pedro Grases, *La Conspiración de Gual y España y el Ideario de la Independencia*, Caracas, 1978, p. 81, nota 3.

93   Véase el texto en Allan R. Brewer-Carías, *Las Constituciones de Venezuela, cit*, Tomo I, pp. 549-551.

94   Véase P. Grases, *La Conspiración de Gual y España...*, *cit*, p. 81. En otra obra dice Grases que la declaración "Constituye una verdadera declaración de independencia, anticipada al 5 de julio." Véase en en Pedro Grases, "Estudio sobre los 'Derechos del Hombre y del Ciudadano'," en el libro *Derechos del Hombre y del Ciudadano* (Estudio Preliminar por Pablo Ruggeri Parra y Estudio histórico-crítico por Pedro Grases), Academia Nacional de la Historia, Caracas 1959, p. 165.

95   Véase *Textos Oficiales de la Primera República de Venezuela*, Biblioteca de la Academia de Ciencias Políticas y Sociales, Caracas 1982, Tomo II, p. 121-128.

96   Véase Ramón Díaz Sánchez, "Estudio Preliminar", *Libro de Actas del Segundo Congreso de Venezuela 1811-1812*, Academia Nacional de la Historia, Caracas 1959, Tomo I, p. 26882.

En el mismo año 1811 se dictó, además las llamadas Ordenanzas de Llanos de la Provincia de Caracas, hechas de orden y por comisión de su Sección Legislativa del Congreso, en lo que quizás fue ley más importante de gobierno y policía dictada por el Congreso. Las firmaron los diputados Francisco Hernández, Gabriel Pérez Pagola; Juan Ascanio y Domingo Gutiérrez de la Torre.[97]

A pesar de esta actividad importante, debe recordarse que la provincia de Caracas, como tal y como se ha dicho anteriormente, no tenía autoridades políticas propias: su Poder ejecutivo era el Ejecutivo plural designado por el Congreso al instalarse; y su órgano legislativo era la sección legislativa del Congreso General. Ello dio origen a diversas discusiones sobre el tema. Por ejemplo, en la sesión del Congreso General de 17 de octubre 1811 se resolvió "que la Sección Legislativa de Caracas debe continuar gobernando la Provincia, con autoridad absoluta e independiente del Congreso General, cuando éste suspenda sus sesiones después de concluida la Constitución." [98]

Por su parte, en la sesión del 7 de diciembre 1811 se discutió en el Congreso General "sobre la necesidad de que se establezca en Caracas un Gobierno provisional legítimo," tema que fue diferido; [99] y se volvió a plantar al recibirse en la sesión del Congreso del 9 de diciembre un oficio del Poder Ejecutivo, el que se acordó pasa a la Sección Legislativa de la Provincia para que resolviera. [100] En la sesión del Congreso del 14 de diciembre de 1811, fue la Municipalidad de la capital la cual planteó el tema sobre el Gobierno Provincial, lo que consta se pasó a la legislatura. [101]

Con posterioridad a la sanción de la Constitución federal de 21 de diciembre de 1811, en la cual se estableció que la capital federal, del nuevo Estado, debía ubicarse en Valencia; y a la sanción de la

---

97   Véase *Textos Oficiales de la Primera República de Venezuela, cit.,* Tomo II, p. 103.

98   Véase *Libro de Actas del Segundo Congreso de Venezuela 1811-1812, cit.,* Tomo II, p. 103.

99   *Id.,* Tomo II, p. 196.

100   *Id.,* Tomo II, p. 197.

101   *Id.,* Tomo II, p. 207.

Constitución de la provincia de caracas de 31 de enero de 1812, en la
sesión del 6 de febrero de 1812, se discutió la consulta formulada
por el Poder Ejecutivo de que no debía continuar como federal después de instalado el Provincial de Caracas, discusión que fue diferi-
da.[102] En la sesión del 7 de febrero de 1812 "se acordó declarar que el
actual Poder Ejecutivo debe continuar en todas sus atribuciones federales hasta el término preciso que prescribe el Reglamento provisorio con que fue erigido, debiendo trasladarse a la ciudad federal y
comunicarse a la Sección Legislativa" para su conocimiento.[103]

En la sesión del 10 de febrero 1811, de nuevo, se dio cuenta del
oficio del Poder Ejecutivo "en que se denegaba a trasladarse a la
ciudad federal, a pretexto de no haber ejercido en ningún tiempo
atribuciones federales y sí únicamente las de la provincia de Caracas," planteamiento que se discutió y votó, no habiéndose admitido
la renuncia. [104] De nuevo se discutió el tema en la sesión del 15 de
febrero de 1811, ante la negativa del poder Ejecutivo de trasladarse
de Caracas a la capital federal en Valencia, resultando la negativa a
aceptar tal planteamiento por el Congreso. De ello, se acordó apro-
bar un decreto[105] en el cual se resolvió lo siguiente:

> "Considerando el Congreso la urgentísima necesidad de que al sepa-
> rarse del actual Poder Ejecutivo las atribuciones provinciales y federa-
> les que en parte han ejercido, no quede la Confederación sin jefe Su-
> premo que desempeñe las funciones de alto gobierno, interín se instala
> el Poder Ejecutivo provisional, en quien han de recaer hasta la sanción
> de la Constitución, ha decretado, en sesión de este día, se restituya
> íntegra y plenamente el actual Poder Ejecutivo sus funciones federales
> que le corresponden por el reglamento provisorio con que fue elegido,
> mediante a que por la próxima instalación del provisional de Caracas,
> queda salvado uno de los principales inconvenientes que tuvieron las
> provincias para reconocerlo por la confederación; y que por conse-

---

102 *Id.*, Tomo II, p. 317.

103 *Id.*, Tomo II, p. 318.

104 *Id.*, Tomo II, p. 323.

105 *Id.*, Tomo II, p. 341.

cuencia de las facultades que se le restituyen, debe trasladarse en su oportunidad a la ciudad federal."[106]

En la sesión extraordinaria del mismo 15 de diciembre de 1811 el Poder Ejecutivo envió oficio allanándose a trasladarse a la ciudad federal[107]

El resultado de estos incidentes fue que el 6 de marzo de 1812 el Congreso se reunió en Valencia como Capital Federal,[108] tratándose entonces en la sesión del 10 de marzo de 1812, el tema de la elección del Poder Ejecutivo Federal, [109] discutiéndose de nuevo en la sesión del 17 de marzo d 1811, el tema de obligar al Poder Ejecutivo a trasladarse a Valencia. [110] Finalmente en las sesiones de 21 de marzo de 1812 se eligió al Poder Ejecutivo federal conforme a la nueva Constitución federal de 1811.[111]

II. LA DECLARACIÓN DE DERECHOS DEL PUEBLO

En el proceso constituyente venezolano, quizás el acto de mayor trascendencia que adoptó el Congreso a través de la Sección Legislativa de la Provincia de Caracas, incluso antes de que el Congreso General adoptara la declaración formal de la independencia el 5 de julio de 1811, fue la sanción el 1º de julio de 1811 de una Ley sobre Declaración de Derechos del Pueblo[112] que, en definitiva, fue la primera declaración de derechos fundamentales con rango constitucional que se adoptó en la historia del constitucionalismo moderno después de las Declaraciones de las Constituciones de las Colonias norteamericanas de 1776 y de la Declaración de los Derechos del

---

106   *Id.*, Tomo II, pp. 331-344.

107   *Id.*, Tomo II, p. 345.

108   *Id.*, Tomo II, p. 350.

109   *Id.*, Tomo II, p. 353.

110   *Id.*, Tomo II, p. 356.

111   *Id.*, Tomo II, p. 370.

112   Véase Allan R. Brewer-Carías, *Las Constituciones de Venezuela, cit.*, Tomo I, pp. 549-551; *Las declaraciones de Derechos del Pueblo y del Hombre de 1812*, Biblioteca de la Academia de Ciencias Políticas y Sociales, Caracas 2011.

Hombre y del Ciudadano adoptada por la Asamblea nacional francesa en 1789.

La Declaración de Derechos del Hombre y del Ciudadano de 1789, a pesar de su desaparición a los pocos años del constitucionalismo francés, apenas fue sancionada se convirtió en la bandera más importante del liberalismo, habiendo tenido repercusión importante en la formación del constitucionalismo moderno. Su primera repercusión, en todo caso, ocurrió precisamente en la América Hispana, donde dos décadas después se reflejaría en el texto que adoptó la Sección Legislativa de la Provincia de Caracas del Congreso General sobre Declaración de Derechos del Pueblo.

Debe recordarse que el texto de la Declaración francesa, apenas sancionado, había sido prohibido en América por el Tribunal de la Inquisición de Cartagena de Indias,[113] y en 1790, ya los Virreyes del Perú, México y Santa Fe, así como el Presidente de la Audiencia de Quito, alguna vez, y varias veces el Capitán General de Venezuela, habían participado a la Corona de Madrid:

> "Que en la cabeza de los americanos comenzaban a fermentar principios de libertad e independencia peligrosísimos a la soberanía de España."[114]

Ello, sin duda, había comenzado a ocurrir en la última década del siglo XVIII cuando en paralelo en los ilustrados criollos, había comenzad el fermento revolucionario e independentista, a lo cual contribuyeron precisamente diversas traducciones de la prohibida Declaración de los Derechos del Hombre y del Ciudadano, entre las cuales debe destacarse la realizada por Antonio Nariño en Santa Fe de Bogotá, en 1792, que circuló en 1794,[115] y que fue objeto de una famosísima causa en la cual fue condenado a diez años de presidio en África, a la confiscación de todos sus bienes y a extrañamiento

---

113 Véase P. Grases, *La Conspiración de Gual y España y el Ideario de la Independencia, cit.*, p. 13.

114. Véase en J. F. Blanco y R. Azpúrua, *Documentos para la historia de la vida pública del Libertador, cit.*, Tomo I, p. 177.

115. *Id.*, Tomo I p. 286.

perpetuo de la América, mandándose quemar por mano del verdugo el libro de donde había sacado los Derechos del Hombre.[116]

Por esa misma época, el Secretario del Real y Supremo Consejo de Indias había dirigido una nota de fecha 7 de junio de 1793 al Capitán General de Venezuela, llamando su atención sobre los designios del Gobierno de Francia y de algunos revolucionarios franceses, como también de otros promovedores de la subversión en dominios de España en el Nuevo Mundo, que -decía- "Envían allí libros y papeles perjudiciales a la pureza de la religión, quietud pública y debida subordinación de las colonias"[117].

Pero fue un hecho acaecido en España en 1796 el que iba a tener una especial significación en todo este proceso, particularmente en las Provincias de Venezuela. El 3 de febrero de 1796, en efecto, día de San Blas, debía estallar en Madrid una conspiración planeada para establecer la República en sustitución de la Monarquía, al estilo de lo que había acontecido años antes en Francia. Los conjurados, capitaneados por Juan Bautista Mariano Picornell y Gomilla, mallorquín de Palma, fueron sin embargo apresados en la víspera de la Revolución. Conmutada la pena de muerte que había recaído sobre ellos por intervención del Agente francés, se les condenó a reclusión perpetua en los Castillos de Puerto Cabello, Portobelo y Panamá, en tierras americanas.[118] La fortuna revolucionaria llevó a que de paso a sus destinos finales en esos "lugares malsanos de América"[119], los condenados fueran depositados en las mazmorras del Puerto de La Guaira, donde en 1797 se encontrarían de nuevos reunidos. Allí, los conjurados de San Blas, quienes se fugarían ese mismo año de 1797,[120] entraron en contacto con los americanos de La Guaira, provocando la conspiración encabezada por Manuel Gual y José María

---

116. *Id.*, Tomo I, pp. 257-259.

117. *Id.*, Tomo I, p. 247.

118. Véase P. Grases, *La Conspiración de Gual y España. cit*, p. 20

119. *Id.*, pp. 14 y 17.

120. Véase en J.F. Blanco y R. Azpúrua, *Documentos para la historia de la vida pública del Libertador. cit.*, Tomo I, p. 287; P. Grases, *La Conspiración de Gual y España... cit.*, p. 26.

España, de ese mismo año, considerada como "el intento de liberación más serio en Hispano América antes del de Miranda en 1806."[121]

La Conspiración, como se dio cuenta en el largo "Resumen" que sobre la misma se presentó al Gabinete de Madrid, se descubrió al llegar a las autoridades coloniales la noticia de que alguien había dicho: "Ya somos todos iguales," [122] habiendo quedado de la misma, sin embargo, un conjunto de papeles que habrían de tener la mayor influencia en el proceso constitucional de Hispanoamérica, entre los que se destacaba una obra sobre los *Derechos del Hombre y del Ciudadano*, prohibida por la Real Audiencia de Caracas el 11 de diciembre de ese mismo año 1797, la cual la consideró que llevaba:

> "toda su intención a corromper las costumbres y hacer odioso el real nombre de su majestad y su justo gobierno; que a fin de corromper las costumbres, siguen sus autores las reglas de ánimos cubiertos de una multitud de vicios, y desfigurados con varias apariencias de humanidad...[123].

El libro, con el título *Derechos del Hombre y del Ciudadano con varias máximas Republicanas y un Discurso Preliminar dirigido a los Americanos*, probablemente impreso en Guadalupe, en 1797,[124] en realidad contenía una traducción de la Declaración francesa que procedió la Constitución de 1793.[125] Por tanto, no era una traducción de la Declaración de los Derechos del Hombre y del Ciudadano de 1789, incorporada a la Constitución Francesa de 1791, que era la que había sido la traducida por Nariño en Bogotá; sino de la Declaración del

---

121. P. Grases, *La Conspiración de Gual y España. op. cit.*, p. 27.

122. Véase en J. F. Blanco y R. Azpúrua, *Documentos para la historia de la vida pública del Libertador. cit.*, Tomo I, p. 332.

123. P. Grases, *La Conspiración de Gual y España...*, *cit.*, p. 30.

124. A pesar de que aparece con pie de imprenta en "Madrid, En la imprenta de la Verdad, año de 1797. Véase en Pedro Grases, "Estudio sobre los 'Derechos del Hombre y del Ciudadano'," en el libro *Derechos del Hombre y del Ciudadano* (Estudio Preliminar por Pablo Ruggeri Parra y Estudio histórico-crítico por Pedro Grases), Academia Nacional de la Historia, Caracas 1959, pp. 147, 335.

125. *Id.*, pp. 37 ss.

texto constitucional de 1793, mucho más amplio y violento pues correspondió a la época del Terror, constituyendo una invitación a la revolución activa.[126]

Pero después de la conspiración de Gual y España, a pesar de su fracaso y de la feroz persecución que se desató contra sus cabecillas, quienes murieron decapitados o en el exilio, y una vez ya declarada la guerra entre Inglaterra y España (1804), otro acontecimiento importante influiría también en la independencia de Venezuela, y fueron los desembarcos y proclamas de Francisco de Miranda en las costas de Venezuela (Puerto Cabello y Coro) en 1806, los que se han considerado como los más importantes acontecimientos relativos a la emancipación de América Latina antes de la abdicación de Carlos IV y los posteriores sucesos de Bayona[127]. Miranda, por ello, ha sido considerado como el Precursor de la Independencia del continente Américo-colombiano, a cuyos pueblos dirigió sus proclamas independentistas basadas en la formación de una federación de Cabildos libres,[128] imbuidos de ideas que provenían tanto de la Revolución Norteamericana como de la Revolución francesa en cuyas acciones y guerras había participado directamente.

En todo caso, en la Sección Legislativa de la Provincia de Caracas, la redacción de la Declaración de los Derechos del Pueblo, estuvo a cargo de Juan Germán Roscio.[129] Como hemos dicho, era un experimentado abogado, conocido en su tiempo además por haber protagonizado una importante batalla legal para su aceptación en el Colegio de Abogados de Caracas, luego de su rechazo por su condición de *pardo*. Por ello, no es de extrañar que Roscio haya sido uno de los "representantes del pueblo" que habían sido incorporados en

---

126. *Id.*

127. Véase O.C. Stoetzer, *Las Raíces Escolásticas de la Emancipación de la América Española*, Madrid, 1982, p. 252.

128. Véase Francisco de Miranda, *Textos sobre la Independencia*, Biblioteca de la Academia Nacional de la Historia, Caracas, 1959, pp. 95 ss., y 115 ss.

129 Véase en Pedro Grases, "Estudio sobre los 'Derechos del Hombre y del Ciudadano'," en el libro *Derechos del Hombre y del Ciudadano* (Estudio Preliminar por Pablo Ruggeri Parra y Estudio histórico-crítico por Pedro Grases), *cit.*, pp. 147, 335.

la *Junta Suprema* en 1810, habiendo sido nombrado por la misma como Secretario de Relaciones Exteriores. Roscio, además, como hemos dicho, fue el redactor del importante Reglamento para la elección y reunión de diputados que han de componer el Cuerpo Conservador de los derechos del Sr. D. Fernando CVII en las Provincias de Venezuela de 11 de junio de 1810, conforme al cual, incluso fue electo diputado al Congreso General por el partido de la Villa de Calabozo.

En tal condición, fue una de las figuras claves, junto con Francisco Isnardy, en la redacción del *Acta de la Independencia* del 5 de julio de 1811; así como en la redacción del *Manifiesto que hace al mundo la Confederación de Venezuela en la América Meridional*, explicando "las razones en que se ha fundado su absoluta independencia de España, y de cualquiera otra dominación extranjera, formado y mandado publicar por acuerdo del Congreso General de sus Provincias Unidas."[130] Roscio fue también comisionado por el Congreso junto con Gabriel de Ponte, Diputado de Caracas, y Francisco Javier Ustáriz, diputado por partido de San Sebastián, para colaborar en la redacción de la Constitución Federal de 1811, y fue incluso miembro suplente del Ejecutivo Plural de la Confederación designado en 1812. Era fluente en inglés, e incluso fue el traductor de trabajos publicados bajo el nombre de William Burke en Caracas. Roscio, por otra parte, fue uno de los pocos venezolanos que mantuvo directa correspondencia tanto con Andrés Bello cuando ya este estaba en Londres, y con José M. Blanco White, el editor del periódico *El Español*, en Londres.[131] En agosto de 1812, apresado por Monteverde al caer la Primera República, Roscio fue enviado junto con Miranda a prisión in Cádiz, como uno de los monstruos origen "de todos los males de América." Después de ser liberado en 1815, gracias a la in-

---

130 Véase Luis Ugalde s.j., *El pensamiento teológico-político de Juan Germán Roscio*, Universidad Católica Andrés Bello, bid & co. Editor, Caracas 2007, p. 39.

131 Andrés Bello y López Méndez entregaron a Blanco White la carta de Roscio de 28 de enero de 1811, la cual fue contestada por éste último el 11 de julio de 1811. Ambas cartas se publicaron en *El Español*, y reimpresas en José Félix Blanco y Ramón Azpúrua, *Documentos para la historia de la vida pública del Libertador, cit.*, Tomo III, pp. 14-19.

tervención del gobierno británico, llegó a Filadelfia donde publicó en 1817 su conocido libro *El triunfo de la libertad sobre el despotismo, En la confesión de un pecador arrepentido de sus errores políticos, y dedicado a desagraviar en esta parte a la religión ofendida con el sistema de la tiranía,* en la Imprenta de Thomas H. Palmer.[132]

Ese fue entonces el Roscio a quien también se debe la redacción de la "*Declaración de Derechas del Pueblo,*"[133] en un texto de 43 artículos, agrupados en cuatro secciones: "Soberanía del pueblo", 'Derechos del Hombre en Sociedad", "Deberes del Hombre en Sociedad", y "Deberes del Cuerpo Social", precedidos de un *Preámbulo*. En términos generales los derechos declarados en el documento fueron los siguientes:

Sección Primera: Soberanía del pueblo: La soberanía (arts. 1-3); usurpación de la soberanía (art. 4); temporalidad de los empleos públicos (art. 5); proscripción de la impunidad y castigo de los delitos de los representantes (art. 6); igualdad ante la ley (art. 7).

Sección Segunda: Derechos del Hombre en Sociedad: Fin de la sociedad y el gobierno (art. 1); derechos del hombre (art. 2); la ley como expresión de la voluntad general (art. 3); libertad de expresión del pensamiento (art. 4); objetivo de la ley (art. 5); obediencia de la ley (art. 6); derecho a la participación política (art. 7); derecho al sufragio (arts. 8-10); debido proceso (art. 11); proscripción de actos arbitrarios, responsabilidad funcionarial, y protección ciudadana (art. 12-14); presunción de inocencia (art. 15); derecho a ser oído, art. 16; proporcionalidad de las penas (art. 17); seguridad, art. 18; propiedad, art. 19; libertad de trabajo e industria (art. 20); garantía de la propiedad y contribuciones solo mediante representantes (art. 21);

---

132 La segunda edición de 1821 fue hecha también en Filadelfia en la Imprenta de M. Carey e hijos.

133 El texto que seguramente usó Roscio fue básicamente, la edición del libro de Picornell, que apareció publicado de nuevo en Caracas en 1811, en la Imprenta de J. Baillio. Pedro Grases catalogó este libro como "digno candidato a 'primer libro venezolano'." Véase en Pedro Grases, "Estudio sobre los 'Derechos del Hombre y del Ciudadano'," en el libro *Derechos del Hombre y del Ciudadano* (Estudio Preliminar por Pablo Ruggeri Parra y Estudio histórico-crítico por Pedro Grases), *cit.,* p. 162.

derecho de petición (art. 22); derecho a resistencia (art. 23); inviolabilidad del hogar (art. 24); derechos de los extranjeros (art. 25-27).

Sección Tercera: Deberes del Hombre en Sociedad: los límites a los derechos de otros (art. 1); deberes de los ciudadanos (art. 2); el enemigo de la sociedad (art. 3); el buen ciudadano (art. 4) el hombre de bien (art. 5).

Sección Cuarta: Deberes del Cuerpo Social: la garantía social (art. 1); límites de los poderes y responsabilidad funcionarial (art. 2); seguridad social y socorros públicos (art. 3); instrucción pública (art. 4).

Este texto, sin duda, está básica y directamente inspirado en los textos franceses comenzando con la *"Déclaration des Droits de l'Homme et du Citoyen"* votada por la Asamblea Nacional Francesa los días 20-26 de agosto de 1789, la cual se incorporó íntegramente al Título Preliminar de la Constitución francesa de 1791, la primera de las Constituciones europeas en la historia del Constitucionalismo, con el agregado de varias garantías constitucionales. Sin embargo, en cuanto a redacción, la mayor influencia para su redacción se recibió del texto de la *"Déclaration des Droits de l'Homme et du Citoyen"* que precede la Constitución Francesa de 1793 en el texto publicado en español como *Derechos del Hombre y del Ciudadano con varias máximas republicanas, y un discurso preliminar dirigido a los americanos* de 1797, vinculado a la Conspiración de Gual y España.[134] En adición, sin embargo, también se pueden encontrar la influencia directa del texto de la *"Déclaration des Droits et Devoirs de l'Homme et du Citoyen"* que precede el texto de la Constitución de 1795,[135] particularmente en la sección de los Deberes del Hombre en Sociedad.

---

134 Véase P. Grases, *La Conspiración de Gual y España...*, *cit.*, p. 147. En dicha obra puede consultarse el texto del Documento, comparándolo con el de la Declaración de 1811 y la Constitución de 1811. Igualmente en Pedro Grases, "Estudio sobre los 'Derechos del Hombre y del Ciudadano'," en el libro *Derechos del Hombre y del Ciudadano* (Estudio Preliminar por Pablo Ruggeri Para y Estudio histórico-crítico por Pedro Grases), *cit.*, pp. 168 ss.

135 Véase los textos en J. M. Roberts y J. Hardman, *French Revolution Documents*, Oxford, 1973, 2 vols.

Por otra parte, el orden dado a los artículos y la sistematización de la Declaración de 1811, es distinta a los textos franceses; siendo la subdivisión de su articulado en 4 secciones original del texto venezolano de 1811, en algún caso inspirada en los trabajos de William Burke, como por ejemplo el título de la sección sobre "Derechos del hombre en Sociedad."[136] En todo caso, las Declaraciones francesa de 1789 y de 1793 no tenían subdivisiones, y sólo fue en la Declaración de 1795 en la cual se incluyó una subdivisión en sólo dos secciones: Deberes y Derechos.

Una observación adicional debe formularse y es que si bien la influencia fundamental en la redacción de la Declaración de 1 de julio de 1811 provino de texto de las Declaraciones francesas, ello no ocurrió con el propio *título* del documento que no se refiere a los "Derechos del Hombre y del Ciudadano," sino a los "Derechos del Pueblo," expresión que no se encuentra en los textos franceses. Esta expresión en realidad, puede decirse que proviene de los textos firmados por William Burke publicados en la *Gaceta de Caracas* en 1811 y de Thomas Paine traducidos en el libro de Manuel García de Sena, igualmente en 1811.

En los trabajos firmados por William Burke, recogidos luego en el libro *Derechos de la América del Sur y México*, al argumentarse sobre los derechos del hombre en la Constitución norteamericana también se utilizó constantemente la expresión "derechos del pueblo,"[137] refiriendo que "El pueblo es, en todos los tiempos, el verdadero y legítimo soberano. En él residen y de él traen su origen todos los elementos de supremacía."[138] Refiriéndose a las constituciones de los Estados Unidos, indicó que "declaran positiva y particularmente, que la soberanía reside esencial y constantemente en el pueblo;" que

---

136 William Burke utilizó en uno de sus escritos en la *Gaceta de Caracas* en 1811, la expresión "Derechos del Hombre en Sociedad" que recogió la Declaración de 1811. Véase en *Derechos de la América del Sur y México*, Academia Nacional de la Historia, Caracas 1959, Tomo I, p. 107.

137 Véase, William Burke, *Derechos de la América del Sur y México, cit.*, Tomo I, pp. 118, 123,127,141, 157,162,182, 202,205,241

138 *Id.*, Tomo I, p. 113,

"por medio del sistema de *representación* asegura el pueblo real y eficientemente su derecho de soberanía;... principio que forma la principal distinción entre los gobiernos autoritarios y libres, tanto que se puede decir que el pueblo goza de libertad a proporción del uso que hace de la representación." [139]

Por otra parte, en el libro de Paine *La Independencia de la Costa Firme justificada por Thomas Paine Treinta años ha*, traducido por García de Sena, la expresión "derechos del pueblo" también fue utilizada en su argumentación destinada a distinguir las dos formas de gobierno posibles: "el Gobierno por sucesión hereditaria" y "el Gobierno por elección y representación," y que optando por el representativo basado en la soberanía del pueblo, argumentó lo siguiente:

> "Las Revoluciones que se van extendiendo ahora en el Mundo tienen su origen en el estado de este caso; la presente guerra es un conflicto entre el sistema representativo fundado en los derechos del pueblo; y el hereditario, fundado en la usurpación." [140]

Seguía su argumentación Paine indicando que "El carácter pues de las Revoluciones del día se distingue muy definitivamente por fundarse en el sistema del Gobierno Representativo en oposición al hereditario. Ninguna otra distinción abraza más completamente sus principios;" y concluía señalando que: "El sistema Representativo es la invención del Mundo moderno." [141] Además, al referirse al gobierno representativo, Paine lo identificaba como aquél en el cual el poder soberano estaba en el Pueblo. Partía para ello de la consideración de que:

> "Todo Gobierno (sea cual fuere su forma) contiene dentro de si mismo un principio común a todos, que es, el de un poder soberano, o un po-

---

139 *Id.*, pp. 119, 120

140 Expresado por Paine en su "Disertación sobre los Primeros principios del Gobierno" que escribió en los tiempos de la Revolución Francesa. Véase en Manuel García de Sena, *La Independencia de Costa Firme justificada por Thomas Paine treinta años ha*, Edición del Ministerio de Relaciones Exteriores, Caracas 1987, p. 90. La expresión la utilizó también en otros Discursos, pp. 111, 112.

141 *Id.*, p. 90.

der sobre el cual no hay autoridad alguna, y que gobierna a todos los otros… En las Monarquías despóticas [ese poder] está colocado en una sola persona, o Soberano;… En las Repúblicas semejantes a la que se halla establecida en América, el poder soberano, o el poder sobre el cual no hay otra autoridad, y que gobierna a todos los demás, está donde la naturaleza lo ha colocado, en el Pueblo; porque el Pueblo en América es el origen del poder. Él está allí como un principio de derecho reconocido en las Constituciones del país, y el ejercicio de él es Constitucional, y legal. Esta Soberanía es ejercitada eligiendo y diputando un cierto número de personas para representar y obrar por él todo, las cuales no obrando con rectitud, pueden ser depuestas por el mismo poder que las colocó allí, y ser otras elegidas y disputadas en su lugar."[142]

De estos conceptos de Paine, que sin duda influyeron en la concepción de la declaración de los "Derechos del Pueblo" de 1811, se comprende porqué la misma se inicia en la Sección Primera con las previsiones sobre la soberanía como poder que radica en el pueblo, el cual la ejerce mediante representantes, apartándose así del orden de las Declaraciones francesas donde los artículos sobre la soberanía no están al inicio de las mismas.

La Ley sobre la declaración de derechos del Pueblo, en todo caso, fue firmada por los siguientes Diputados de la Provincia del Congreso, en la Sección presidida por Francisco Javier Yanes, y con el mismo Secretario del Congreso Francisco Iznardi: Juan [Rodríguez del] Toro, Valencia; Martín Tovar Ponte, San Sebastián; Juan Ángel Álamo, Barquisimeto; Lino de Clemente, Caracas; Juan José Maya, San Felipe; Gabriel de Ponte, Caracas; Fernando [Rodríguez del] Toro, Caracas, Juan Antonio Díaz Argote, Villa de Cura; Isidoro Antonio López Méndez, Caracas; Gabriel Pérez de Págola, Ospino; Francisco Hernández, San Carlos; Felipe Fermín Paúl, San Sebastián de los Reyes; Fernando de Peñalver, Valencia; José Vicente Unda, Guanare; Juan Germán Roscio, Calabozo; Luis José de Cazorla, Valencia; y Nicolás de Castro, Caracas. Y fue refrendada por el Poder

---

142 *Id.*, pp. 118, 119.

Ejecutivo, el presidente de turbo, Juan Escalona, y Cristóbal Mendoza y Baltazar Padrón. [143] [144]

Como se trataba formalmente de un Ley de la Provincia de Caracas, al haber sido sancionada por la Sección Legislativa de la misma en el Congreso General, estando todavía en discusión el texto de lo que luego sería la Constitución Federal de diciembre de 1811, te planteó a discusión el tema de si la regulación de los derechos era de la competencia federal o provincial. Así, en la sesión del 31 de julio de 1811, al mes de haberse dictado la ley sobre declaración de derechos, se discutió el tema a propósito de la igualdad de los pardos, y sobre si la regulación respectiva correspondía a la Confederación o a las provincias. Se dio cuenta en la sesión, precisamente, de que ya la Provincia de Caracas había resuelto el tema en su declaración de derechos. Se argumentó, sin embargo que "Caracas no puede por si sola tomar rotundamente semejante deliberación."[145] El diputado Francisco Javier Yanes, argumentó que "todo lo que constituye una ley fundamental del Estado de Venezuela deben ser discutidos por el Congreso y sancionados por la pluralidad de los pueblos" entre otros asuntos, "la forma de gobierno, la división del Estado, los derechos y deberes de los ciudadanos, etc. Son leyes de aquella especie y, por lo tanto, del resorte del Congreso." [146]

Fue por ello, precisamente, que en la Constitución Federal de 21 de diciembre de 1811, se incorporó un extenso capítulo sobre la declaración de los derechos del Hombre, en el cual se recogió, ampliándolo, el texto de la declaración de los derechos del pueblo de la Provincia de Caracas.

143　Véase *Textos Oficiales de la Primera República de Venezuela, cit.,* Tomo II, p. 101-102.

144　*Id.,* Tomo II, p. 91.

145　Véase Ramón Díaz Sánchez, "Estudio Preliminar", *Libro de Actas del Segundo Congreso de Venezuela 1811-1812, cit.,* Tomo I, p. 255.

146　*Id.,* Tomo I, p. 256.

114

III. LA CONSTITUCIÓN PARA EL GOBIERNO Y ADMINISTRA-CIÓN INTERIOR DE LA PROVINCIA DE CARACAS DEL 31 DE ENERO DE 1812

1. *Contenido general*

A pesar de que el Congreso General, apenas instalado, el 28 de marzo de 1811 había nombrado una comisión para redactar la Constitución de la Provincia de Caracas, la cual debía servir de modelo a las demás Provincias de la Confederación, esa Comisión tardó mucho en preparar el proyecto, por lo que algunas Provincias, como Barcelona procedió a dictar la suya para organizarse políticamente.

En el caso de la Provincia de Caracas, también, solo fue después de sancionada la Constitución Federal, que la misma Sección Legislativa para la Provincia del mismo Congreso General, el 31 de enero de 1812 sancionó un texto de 328 artículos agrupados en catorce capítulos la Constitución de la Provincia de Caracas, destinada, como lo indica su Preámbulo, a regular el gobierno y administración interior de la Provincia.

Más que la Constitución de una "República" soberana, como había sido el caso de la Constitución Provincial de Barcelona, este texto se acomodó más al de una Provincia federada en el marco de una Confederación. Por ello, la Constitución Provincial de Caracas hace especial énfasis en la necesidad de "organizar equitativamente la distribución y la representación del pueblo en la legislatura provincial."[147]

El *Capítulo Primero* se refiere a la "Religión" declarándose que "la Religión Católica, Apostólica y Romana que es la de los habitantes de Venezuela hace el espacio de tres siglos, será la única y exclusiva de la Provincia de Caracas, cuyo gobierno la protegerá". (art. 1).

El *Capítulo Segundo* reguló detalladamente "la división del territorio". Allí se precisó que "el territorio de la Provincia de Caracas se dividirá en Departamentos, Cantones y Distritos" (arts. 2 a 4). Los

---

Distritos debían ser un territorio con más o menos 10.000 habitantes y los Cantones, con más o menos 30.000 habitantes (art. 5). Los Departamentos de la Provincia eran los siguientes: Caracas, San Sebastián, los Valles de Aragua, (capital La Victoria), Barquisimeto y San Carlos (art. 6), y en la Constitución se precisó al detalle cada uno de los Cantones que conforman cada Departamento, y sus capitales (arts. 7 a 11); así como cada uno de los Distritos que conforman cada Cantón, con los pueblos y villas que abarcaban (arts. 12 a 23). En la Quinta Parte de este estudio se destaca con precisión esta división territorial.

El *Capítulo Tercero* está destinado a regular "los sufragios parroquiales y congregaciones electorales", es decir, el sistema electoral indirecto en todo detalle, en relación a la forma de las elecciones y a la condición del elector, (arts. 24 a 30). Por cada mil almas de población en cada parroquia debía haber un elector (art. 31). Los Electores, electos en los sufragios parroquiales, formaban en cada Distrito, Congregaciones Electorales (art. 32). También debían elegirse electores para la escogencia en cada parroquia de los agentes municipales (art. 24). Estas congregaciones electorales eran las que elegían los Representantes de la Provincia para la Cámara del gobierno federal; a los tres miembros del Poder Ejecutivo de la Unión; al Senador o Senadores por el Distrito, para la Asamblea General de la Provincia; al representante por el Distrito, para la Cámara del Gobierno Provincial; y al elector para la nominación del Poder Ejecutivo de la provincia (art. 33). Los Electores electos en cada Distrito, para la elección del Poder Ejecutivo, formaban las Juntas Electorales que reunidas en las capitales de Departamentos, debían proceder a la nominación (art. 49).

El *Capítulo Cuarto* está destinado a regular a las "Municipalidades". Sus miembros y los agentes municipales, se elegían por los electores escogidos para tal fin en cada parroquia (art. 24 y 59). La Constitución, en efecto, estableció que en cada parroquia debía elegirse un agente municipal (art. 65) y que los miembros de las municipalidades también debían elegirse (art. 67). El número de miembros de las Municipalidades variaba, de 24 en la de Caracas, dividida en dos cámaras de 12 cada una (art. 90); 16 miembros en las de Barquisimeto, San Carlos, La Victoria y San Sebastián (art. 92); y luego de 12, 8 y 6 miembros según la importancia y jerarquía de las ciudades (arts. 91 a 102). Las Municipalidades capitales de Distrito debían llevar el Registro Civil (art. 70) y se les atribuían todas las competencias propias de vida local en una enumeración que cualquier régimen municipal contemporánea envidiaría (art. 76). La Municipalidad gozaba "de una autoridad puramente legislativa" (art. 77) y elegía los Alcaldes (art. 69) que eran las autoridades para la administración de justicia, y proponían al Poder Ejecutivo los empleos de Corregidores (arts. 69 y 217) que eran los órganos ejecutivos municipales. En ellas tenían asiento, voz y voto, los agentes municipales que debían ser electos en cada parroquia (arts. 65 y 103).

El *Capítulo Quinto* reguló al "Poder Legislativo" de la Provincia que residía en una Asamblea General compuesta por un Senado y una Cámara de Representantes (art. 130). En detalle, el texto reguló su composición, funcionamiento, poderes y atribuciones y el sistema de elección de sus miembros (arts. 230 a 194).

El *Capítulo Sexto* reguló el "Poder Ejecutivo" de la Provincia, que residía en 3 individuos electos por los Electores de cada Distrito (arts. 195 y 196). Se reguló la forma de elección y las condiciones de elegibilidad de los miembros del Poder Ejecutivo (arts. 196 a 207) así como sus atribuciones (arts. 308 a 233).

El *Capítulo Séptimo* está destinado al "Poder Judicial", en el cual se dispuso que se conservaba provisionalmente la organización que del mismo existía (art. 234), y que a nivel inferior era administrado, además de por Jueces de Primera Instancia, por los Alcaldes y Corregidores con apelación ante las Municipalidades (arts. 240 a 250). En las materias civiles y criminales, sin embargo, se estableció que la justicia sería administrada por dos Cortes Supremas de Justicia (art. 259) y por los Magistrados inferiores de primera instancia antes indicados (art. 235). En cada Departamento se establecieron Tribunales Superiores (art. 251) y en general se establecieron normas de procedimiento judicial relativas al juicio verbal, que se estableció como norma general (art. 240).

Los *Capítulos Octavo y Noveno* se refieren a la "elección de los Senadores para el Congreso General y su remoción", así como de los Representantes (arts. 275 a 280).

El *Capítulo Diez* se refiere al "Fomento de la literatura" donde se reguló al Colegio y Universidad de Caracas (art. 281) y el fomento de la cultura (art. 282).

Los *Capítulos Once y Doce* están destinados a regular la revisión y reforma de la Constitución (arts. 283 a 291) y su sanción o ratificación (art. 292 a 259).

El *Capítulo Trece*, indica que "se acuerdan, declaran, establecen y se dan por insertos literalmente en esta Constitución los derechos del hombre que forman el Capítulo Octavo de la Federal, los cuales están obligados a observar, guardar y cumplir todos los ciudadanos de este Estado" (art. 296).

El *Capítulo Catorce* contiene una serie de "Disposiciones Generales, donde se regulan, en general, otros derechos de los ciudadanos así como deberes (arts. 297 a 234), concluyéndose con la formulación expresa de la garantía objetiva de la Constitución, en el sentido de que "las leyes que se expidieren contra el tenor de ella no tendrán valor alguno sino cuando hubieren llenado las condiciones requeridas para una justa y legítima revisión y sanción (de la Constitución)" (art. 325).

Este texto constitucional concluye con una "Despedida" de la "Sección Legislativa de Caracas, dirigida a los habitantes de la Provincia", al terminar sus sesiones y presentar la Constitución Provincial en la cual se hace un recuento del proceso de conformación institucional de la Confederación y del Gobierno Federal hasta ese momento, justificándose la propuesta de formar una "sección legislativa provisoria para Caracas" del Congreso General, compuesta con la separación de sus diputados al mencionado Congreso General, la cual tuvo a su cargo la elaboración del texto constitucional provincial[148].

Este texto constitucional fue firmado en "el Palacio de la Legislatura de Caracas," por los siguientes diputados: Por el Partido Capitular de San Sebastián, Felipe Fermín Paúl, Presidente; por el Partido Capitular de San Sebastián, Martín Tovar, Vice-Presidente; por el Partido Capitular de San Sebastián: Francisco Javier Uztáriz; por el Partido Capitular de Nirgua: Salvador Delgado; por el Partido Capitular de Caracas, Isidoro Antonio López Méndez; por el Partido Capitular de San Felipe, Juan José de Maya; por el Partido Capitular de Guanare, José Vicente Unda; por el Partido Capitular de Caracas, Bartolomé Blandín; por el Partido Capitular de Valencia, Fernando de Peñalver; por el Partido Capitular de Caracas, Lino de Clemente; por el Partido Capitular de Barquisimeto, José Ángel de Álamo; por el Partido Capitular de la Villa de Calabozo, Juan Germán Roscio; por el Partido Capitular de la ciudad de Ospino, Gabriel Pérez Págola; por el Partido Capitular de Barquisimeto, Tomás Millano; y por el Partido Capitular de Valencia, Juan [Rodríguez del] Toro.

2. *Sobre el Poder Legislativo*

Como se señaló, en la Constitución provincial se asignó el Poder Legislativo de la Provincia a Asamblea General compuesta por un Senado y una Cámara de Representantes (art. 130), regulándose detalladamente su composición, funcionamiento, poderes y atribuciones, así como el sistema de elección de sus miembros (arts. 230 a 194).

Las Cámaras que componían el Poder legislativo tenían la competencia general, es decir, "pleno poder y facultad para hacer ordenar y establecer todas las leyes, ordenanzas, estatutos, órdenes y resoluciones, con penas o sin ellas," que juzgasen necesarias "para el bien y felicidad de la Provincia," con la aclaratoria de que las mis-

---

mas, sin embargo, no debían "ser repugnantes ni contrarias a esta Constitución" (art. 186)

La iniciativa de las leyes se atribuyó tanto al Senado como a la Cámara de Representantes. Teniendo además, cada una de ellas la facultad de proponer a la otra reparos, alteraciones o adiciones, o de rehusar su consentimiento a la ley propuesta por una absoluta negativa (art. 131). Sin embargo, en cuanto a las leyes sobre contribuciones, las mismas se dispuso que tendrían principio solamente en la Cámara de Representantes, quedando siempre al Senado la facultad de adicionarlas, alterarlas o rehusarlas (art. 132).

Todos los proyectos o proposiciones que fuesen aceptadas, "según las leyes de debates," debían sufrir tres discusiones en sesiones distintas, con el intervalo de un día cuando menos, entre unas y otras, sin cuya circunstancia no se podía pasar a la otra Cámara (art. 133). Estas leyes de debate, sin embargo, no se aplicaban respecto de las proposiciones urgentes, en cuyo caso cada Cámara debía preceder a la declaratoria de urgencia (art. 134). Las proposiciones que fuesen rechazadas por una de las Cámaras, no podían repetirse hasta después de un año sin el consentimiento de las dos terceras partes de cada una de las Cámaras; pero podían hacerse otras nuevas que contuvieran parte, artículos o ideas de las rechazadas (art. 135). Ninguna ley, ordenanza o resolución podía contener otras materias que las que expresase su título, y debían todas estar firmadas por el Presidente del Senado y de la Cámara (art. 136).

Para que los proyecto de la ley que fuese propuestos, aceptados, discutidos y deliberados en ambas Cámaras se convirtieran en ley, con fuerza de tal, debían previamente ser presentados al Poder Ejecutivo de la Provincia para su revisión. Si el Poder Ejecutivo, después de examinar el proyecto lo aprobare, lo debía firmar en señal de su aprobación (137); y en todo caso, si el Poder Ejecutivo no devolvía el proyecto a la Cámara de su origen dentro de cinco días contados desde su recibo con exclusión de los feriados, se tendía por ley, y debía ser promulgada como tal (art. 138).

Sin embargo, el Poder Ejecutivo podía objetar el proyecto, en cuyo caso debía devolverlo, con sus reparos y objeciones, a la Cámara que hubiese tenido la iniciativa, la cual debía copiar íntegramente las objeciones en su registro y pasarlas de nuevo a examen y consideración. En caso de que resulte aprobado por segunda vez por las dos terceras partes de la Cámara, se debía pasar el proyecto con las objeciones a la otra Cámara, donde también debía considerarse. Si en esta Cámara se aprobase igualmente por las dos terceras partes de sus miembros presentes, entonces se consideraba que el proyecto tenía fuerza de ley, y el Poder Ejecutivo debía publicarla (art. 137).

La formalidades establecidas en el proceso de formación de las leyes, decretos, actos o resoluciones de las Cámaras fue muy detallada, al punto de disponerse que debían pasar de una Cámara a otra y al Poder Ejecutivo con un preámbulo que contuviera "primero, la fecha de las sesiones de cada Cámara en que se haya examinado la materia; segundo, las de las respectivas resoluciones, con inclusión de la de urgencia, cuando la haya; y, tercero, la exposición de las razones v fundamentos que han motivado la decisión." Si se omitía alguno de estos requisitos, se debían devolver los proyectos a la Cámara que hubiera cometido la falta, o la de la iniciativa, si la hubiesen cometido las dos (art. 142).

Se establecieron, además, normas de redacción legislativa para que su redacción fuera uniforme, clara y sencilla, exigiéndose la indicación de un membrete que explicase "compendiosamente su contenido, con las voces de ley, acto, resolución, u orden, sobre o para tal cosa, etc., y a la fórmula de estilo siguiente: La Asamblea general de la provincia de Caracas, decreta, o ha decretado que, etc. Estas palabras precederán a la parte dispositiva de las leyes, actos u órdenes de la Legislatura" (art. 143).

Pero además del ejercicio de la función legislativa, se atribuyó al Poder legislativo, como de su exclusiva competencia, el control e inspección sobre el Poder Ejecutivo, asignándosele "la pesquisa y averiguación de las faltas de todos los empleados del Estado en el desempeño de sus deberes." Correspondía además al Senado "recibir las correspondientes acusaciones en todos los casos de traición, colusión o malversación," correspondiendo a dicha Cámara oír, examinar y juzgar dichos hechos. Se precisó, además, que todo ciudadano quedaba "con plena libertad de acusar los delitos de esta clase, bajo la responsabilidad y cauciones prevenidas por las leyes" (art. 145). La Constitución dispuso, además, que "de ninguna manera se limiten estas facultades pesquisitorias de la Cámara sobre todos los empleados del Estado" (art. 155).

Las Cámaras del Poder Legislativo, además, tenían entre sus atribuciones, "proteger la cultura de los habitantes del país, promoviendo por leyes particulares el establecimiento de escuelas de primeras letras en todas las poblaciones y auxiliando los esfuerzos que ellas mismas hicieren por el conducto de sus respectivas Municipalidades, para lograr tan grande objeto" (art. 187).

En materia impositiva, además, se dispuso entre las funciones de las Cámaras la realización de un "censo exacto de las propiedades o bienes raíces que posean los particulares en toda la extensión de la Provincia" a los efectos de "facilitar el establecimiento de un sistema de imposición y recaudación de contribuciones más ventajoso a las rentas del Estado, menos dispendioso y molesto a los pueblos, y que no embarace el giro interno de las producciones, de la agricultura y de la industria; censo que debía servir para cuando "se crea útil y oportuno," para alterar "el método actual de los impuestos calculado sobre los frutos y producciones, y le sustituya otro que se refiera al valor de los mismos bienes raíces, moderado, equitativo, y proporcionado a las exigencias del Gobierno." (art. 189).

La Constitución atribuyó además competencia al Poder legislativo para procurar disponer "con toda la brevedad posible una razón circunstanciada de las tierras que haya vacantes sin legítimo dueño conocido en los distritos de las Municipalidades, bien por conducto de éstas o como lo juzgue más oportuno," pudiendo "disponer de ellas en beneficio del Estado, de sus rentas y de su agricultura, vendiéndolas o arrendándolas, o en favor de los mismos pueblos y distritos, cuyas Municipalidades, con estos recursos a su disposición, podrán hacer efectivos los proyectos de educación y de beneficencia que conciban para sus respectivos habitantes, con menos gravamen de éstos y mayor beneficio de los pobres"(art. 191).

Por último, correspondía también al Poder Legislativo, la competencia para "constituir Tribunales de justicia en lo interior de la Provincia según lo creyere conveniente para su mejor y más pronta administración," con posibilidad de facultarlos "para oír, juzgar y determinar toda suerte de causas civiles y criminales en el grado y forma que tuviese a bien establecer" (art. 192).

3. *Sobre el Poder Ejecutivo*

El Poder Ejecutivo de la Provincia se reguló en la Constitución como un Ejecutivo plural integrado por 3 individuos electos en segundo grado, por los Electores de cada Distrito, correspondiéndole, en general, el cuidar y velará sobre la exacta y fiel ejecución de las leyes del Estado y de la Unión en todo lo que estuviere al alcance de sus facultades en el territorio de la Provincia" (art. 233).

Al Ejecutivo se lo facultó, cuando lo exigiera el bien y prosperidad de la Provincia, para convocar extraordinariamente a la Asamblea general o a alguna de sus Cámaras (232).

La Constitución dispuso que el Ejecutivo debía dar cuenta a la Asamblea general del estado de la República, presentar en particular a cada Cámara el estado de las rentas Provinciales, indicando los abusos que hubiere, y recomendando las medidas que juzgase convenientes sin presentarles proyectos de ley ya formados (art. 230). Además, se dispuso que el Ejecutivo debía dar en todo tiempo, a cualquiera de las Cámaras, las cuentas, informes e ilustraciones que le pidieran, "a excepción de aquellas cuya publicación no conviniere por entonces" (art. 231).

4. *Sobre el Poder Judicial*

En cuanto al Poder judicial, la Constitución estableció en general, que las materias civiles y criminales ordinarias el Poder Judicial se debía administrar por dos Cortes supremas de Justicia, y por los Magistrados inferiores de primera instancia que residen en las ciudades, villas y pueblos de la Provincia, "bajo la misma forma y con las mismas facultades que han tenido hasta ahora" (art. 235).

Se estableció, por otra parte, que el Supremo Poder Judicial de la Provincia de Caracas residiría en dos Cortes Supremas de Justicia, una de las cuales se debía establecer en esta capital, Caracas, y la otra, en la ciudad de Barquisimeto (art. 259). La primera debía extender su jurisdicción a los departamentos de Caracas, de Aragua y de San Sebastián, y se denominaba: Corte Suprema de Justicia de los Departamentos Orientales; la segunda, debía ejercer la jurisdicción en los departamentos de Barquisimeto y de San Carlos, y se denominaba: Corte Suprema de Justicia de los Departamentos Occidentales (art. 260). Cada Corte, en su respectivo territorio, debía conocer por apelación de los negocios civiles y criminales sentenciados por los Corregidores, Alcaldes ordinarios, Municipalidades y Tribunales Superiores de departamento, y originalmente podía conocer de aquellos en que conocía la antigua Audiencia con el nombre de casos de Corte (art. 261).

La Constitución, por otra parte, fue muy precisa en prever, en general, la posibilidad de acudir a medios alternativos de administración de justicia. Así, el artículo 236 dispuso que los Jueces debían procurar "componer amigablemente todas las demandas antes que se enjuicien, y a nadie se le rehusará el derecho de hacer juzgar sus diferencias por árbitros" (art. 236). De las decisiones de estos árbitros, que debían nombrar las mismas partes, no se admitirían apelaciones ni recursos de nulidad, o de una nueva revisión, a menos que se hubieran reservado expresamente (art. 237).

Se dispuso además en la Constitución, que un "aquellos negocios de que no pueden conocer los Jueces ordinarios, se llevarán a ellos para que si es posible se concilien las partes antes de establecerse la demanda; mas si el Juez no pudiere conciliarlas, seguirán los asuntos a los Tribunales correspondientes" (art. 238).

5. *Sobre el fomento "de la literatura"*

La Constitución, como se ha dicho, incluyó un capítulo sobre el "fomento de la literatura", en el cual se dispuso que "el Colegio y la Universidad que se hayan establecido en esta capital conservarán los bienes y rentas de que hasta aquí han gozado bajo la especial protección y dirección del Gobierno," correspondiéndole a la Legislatura promover y auxiliar cuanto sea posible "el adelantamiento y progresos de estas corporaciones literarias, cuyo objeto y destinos son tan interesantes y útiles al bien de la comunidad" (art. 282).

A tal efecto, en el artículo 283 de la Constitución se definió "la cultura del espíritu" como:

> "el medio único y seguro de distinguir las verdaderas y sublimes virtudes que hacen honor a la especie humana, y de conocer en toda su fuerza los vicios horrendos que la degradan y se perpetúan impunemente entre las naciones salvajes y bárbaras. Ella es también el órgano más oportuno para hacer conocer al pueblo sus imprescriptibles derechos, y los medios capaces de conservarle en la posesión de aquella arreglada y justa libertad que ha dispensado a todos la sabia naturaleza. Es igualmente el camino más pronto y seguro que hay de procurarle el acrecentamiento de sus comodidades físicas, dirigiendo con acierto su actividad y sus talentos al ejercicio de la agricultura, del comercio, de las artes y de la industria que aumentan la esfera de sus goces y le constituyen dueño de innumerables producciones destinadas a su servicio para una alta y generosa beneficencia."

En consecuencia, la propia Constitución reconoció que "un Gobierno sabio e ilustrado no puede desentenderse de procurar la cultura de la razón y de que se propague y generalice cuanto fuere posible entre todos los ciudadanos," disponiendo entonces que era un

> "deber de las Legislaturas, de las Municipalidades y de los Magistrados del Estado procurar el fomento y propagación de la literatura y de las ciencias, protegiendo particularmente el establecimiento de Seminarios para su enseñanza, y las de las lenguas cultas, sabias o extranjeras, y el de sociedades privadas e instituciones públicas que se dirijan al mismo objeto, o a promover el mejoramiento de la agricultura, de las artes, oficios, manufacturas y comercio, sin comprometer la verdadera libertad y tranquilidad de los pueblos"(art. 282).

6. *Sobre la revisión y reforma constitucional*

La Constitución de la Provincia, como era lo propio de toda Constitución moderna, estableció los mecanismos para su revisión y reforma, de manera que "cuando la experiencia manifestare la necesidad o conveniencia de corregir o añadir alguna cosa" a la Constitución, la misma se debía sujetar a las siguientes formas prescriptas en el texto, "sin cuya circunstancia no tendrán valor ni efecto las correcciones y adiciones" (art. 283). El procedimiento se estableció en la forma siguiente:

1. Las proposiciones podían tener principio en cualquiera de las Cámaras de la Legislatura, y en cada una de ellas se debían leer y discutir públicamente por tres veces en distintos días interrumpidos, del mismo modo que las leyes ordinarias (art. 284).

2. Si en ambas Cámaras las propuestas hubiesen obtenido la aprobación de las dos terceras partes de sus miembros constitucionales, debían entonces pasarse al Poder Ejecutivo obtener su aprobación. De no recibir las propuestas los votos referidos, se debían tener por rechazadas y no podían repetirse hasta después de un año cuando menos en otra sesión de la Legislatura (art. 285).

3. Si el Poder Ejecutivo aprobaba las proposiciones, se debía producir entonces una resolución de la Asamblea general sobre el objeto a que se dirigían las propuestas; pero si el Ejecutivo no las aprobaba, debía devolverlas a la Asamblea general dentro del término de diez días con los reparos correspondientes (art. 286).

4. Las proposiciones devueltas por el Ejecutivo, sin embargo, se debían calificar como "Resolución de la Asamblea" en caso de que una vez examinadas de nuevo en las Cámaras, "fuesen sostenidas por las tres cuartas partes de sus miembros constitucionales." También se considerarían con el mismo carácter "cuando no fuesen devueltas dentro de los diez días. (art. 287).

Las resoluciones sobre revisión de la Constitución, sin embargo, no entraban en vigencia con la aprobación de los órganos del Estado, sino que debían someterse a consulta popular y a la aprobación por los representantes. A tal efecto, se estableció el siguiente procedimiento:

1. Las resoluciones sobre revisión y reforma constitucional, en efecto, se debían comunicar a las Municipalidades y estas las debían insertar en los papeles públicos, "cuando menos tres meses antes de las próximas elecciones de noviembre," para que, impuestos los sufragantes y electores de las reformas o adiciones que se proponían, pudieran, si quisiesen, "dar sus instrucciones sobre el particular a los nuevos miembros que elijan para la Legislatura" (art. 288).

2. Lo mismo debía realizarse a los dos años siguientes antes de las referidas elecciones; y cuando por este medio se hubiese renovado toda o la mayor parte de la Cámara de los Representantes, la Asamblea general, en su inmediata sesión, es cuando entonces debía proceder "a examinar las proposiciones sujetándose a las formas prescritas" antes indicadas para la Legislatura en que se hizo la iniciativa (art. 289).

3. Si las proposiciones fuesen aceptadas finalmente por las dos terceras partes de la nueva Asamblea general con la aprobación del Poder Ejecutivo, o sin ésta por las tres cuartas partes de la misma, entonces es que debían insertarse en la Constitución en la forma correspondiente (art. 290)

4. En todo caso, los artículos de la Constitución que fuesen sometidos a examen para ampliarse, corregirse o suprimirse, debían permanecer íntegramente en su fuerza y vigor hasta que las alteraciones propuestas fueran aprobadas, publicadas y mandadas tener por parte de la Constitución (art. 291).

7. *Sobre la sanción y ratificación de la Constitución*

Por otra parte, en cuanto a la sanción o ratificación de la propia Constitución de enero de 1812, en el propio texto constitucional se estableció la necesaria participación popular, así:

1. El pueblo de la Provincia de Caracas, por medio de convenciones particulares reunidas expresamente para el caso, o por el

órgano de sus Electores capitulares autorizados determinadamente al intento, o por la voz de los sufragantes Parroquiales, debía expresar solemnemente su voluntad libre y espontánea, de aceptar, rechazar o modificar, en todo o en parte, la Constitución (art. 292).

2. La elección de cualquiera de los medios antes propuestos se dejó "al arbitrio y prudencia de la próxima venidera Legislatura Provincial," lo cual lamentablemente nunca ocurrió, con la exigencia de que debía adoptar "uno mismo para la sanción y ratificación de esta Constitución que para la de la Federal;" de manera que una y otra debían ejecutarse "en un mismo tiempo, tanto por la mayor comodidad y alivio que de ello resulta a los pueblos, como por la mayor instrucción y conocimiento que les proporciona el tener a la vista simultáneamente ambas constituciones, así para exponer su voluntad como para expedir con mayor acierto y felicidad de la causa común las funciones que ellas prescriben"(art.. 293).

3. Leída la Constitución a las corporaciones que hubiere hecho formar la Legislatura, y verificada su aprobación con las modificaciones o alteraciones que ocurrieren por pluralidad, se debía entonces jurar solemnemente su observancia, y se debía proceder, dentro del tercero día, "a nombrar los funcionarios de los Poderes que forman la representación Provincial, o a convocar las Congregaciones electorales con el mismo objeto" (art. 294). Se aclaró, finalmente que no habría "embarazo alguno" para que en esas elecciones se nombrasen para Legisladores o para miembros del Poder Ejecutivo, tanto en el Gobierno federal como en el de la Provincia, "a los que han servido los mismos destinos en ambos departamentos durante el año de mil ochocientos once, y a los que los sirvieren en el presente de mil ochocientos doce" (art. 295)

Es sabido, sin embargo, que nada de esto se pudo hacer pues unos meses después, desde diciembre de 1812 la ocupación del territorio de la provincia por las fuerzas españolas al mando de Monteverde, arrasaron con toda la civilidad que se establecía en este excepcionalísimo texto que fue la Constitución provincial de Caracas de 1812.

8. *Sobre las declaraciones políticas generales y el desarrollo del principio de igualdad*

La Constitución provincial de Caracas de 1812, como ocurrió con todas las Constituciones posteriores, incorporó en unas disposiciones generales, una serie de declaraciones generales de política pública, y aparte de todos los derechos de los ciudadanos que se declararon incorporados en el texto constitucional, contenidos en la declaración de Derechos del Pueblo sancionada el 1 de julio de 1811 (art. 296), se incluyeron otras disposiciones de gran importancia en materia de igualdad y no discriminación. Las más importantes fueron las siguientes:

A. *Sobre el régimen de los indios*

En primer lugar, en el texto mismo de la Constitución se dispuso que respeto de la "clase de ciudadanos que hasta ahora se ha denominado de indios," reconociéndose que no se había conseguido "el fruto apreciable de algunas leyes que la Monarquía española dictó a su favor, porque los encargados del Gobierno de estos países tenían olvidada su ejecución," en virtud de que "las bases del sistema de Gobierno que en esta Constitución ha adoptado Caracas no son otras que las de la justicia y la igualdad," entonces se dispuso que se encargaba "muy particularmente a la Asamblea general," que así como debía "aplicar sus fatigas y cuidados para conseguir la ilustración de todos los habitantes de la Provincia, proporcionándoles escuelas, academias y colegios en donde aprendan todos los que quieran los principios de Religión, de la sana moral, de la política, de las ciencias y artes útiles y necesarias para el sostenimiento y prosperidad de los pueblos," que igualmente debía procurar

"por todos los medios posibles atraer a los referidos ciudadanos naturales a estas casas de ilustración y enseñanza, hacerles comprender la íntima unión que tienen con todos los demás ciudadanos, las consideraciones que como aquéllos merecen del Gobierno, y los derechos de que gozan por sólo el hecho de ser hombres iguales a todos los de su especie, a fin de conseguir por este medio sacarlos del abatimiento y rusticidad en que los ha mantenido el antiguo estado de cosas, y que no permanezcan por más tiempo aislados, y aún temerosos de tratar a los demás hombres" (art. 297).

A tal efecto, la Constitución prohibió que los indios pudieran "aplicarse involuntariamente a prestar sus servicios a los Tenientes, o Curas de sus Parroquias, ni a otra persona alguna," y además, les permitió

"el reparto, en propiedad, de las tierras que les estaban concedidas y de que están en posesión, para que a proporción entre los padres de familia de cada pueblo las dividan y dispongan de ellas como verdaderos señores, según los términos y reglamentos que formare para este efecto"(art. 297).

La consecuencia de estas previsiones, fue que en el texto de la Constitución se revocaron y dejaron "sin valor alguno, las leyes que en el anterior Gobierno concedieron ciertos Tribunales, protectores y privilegios de menor edad a dichos naturales, las cuales, dirigiéndose al parecer a protegerlos, les han perjudicado sobremanera según ha acreditado la experiencia"(art. 298).

B.   *Sobre la prohibición de la esclavitud*

La Constitución, por otra parte, recordando que el comercio inicuo de negros había sido prohibido por Decreto de la Junta Suprema de Caracas en 14 de agosto de 1810, declaró que dicho comercio quedaba "solemne y constitucionalmente abolido en todo el territorio de la Provincia, sin que puedan de modo alguno introducirse esclavos de ninguna especie por vía de especulación mercantil" (art. 299).

C.   *Sobre la situación de los pardos*

La Constitución, además, dispuso en su artículo 300 que quedaban "revocadas y anuladas en todas sus partes las leyes antiguas que imponían degradación civil a una parte de la población libre de Venezuela, conocida hasta ahora *bajo la denominación* de pardos y morenos." En consecuencia, se declaró que éstos quedaban "en posesión de su estimación natural y civil, y restituidos a los impres-

criptibles derechos que les corresponden como a los demás ciudadanos" (art. 300).

D. *Sobre la abolición de los títulos nobiliarios y las relaciones perso-
    nales con la Monarquía*

En la Constitución, además, se declararon extinguidos "todos
los títulos concedidos por el anterior Gobierno," prohibiéndose a la
Legislatura Provincial "conceder otro alguno de nobleza, honores o
distinciones hereditarias, ni crear empleo u oficio alguno, cuyos
sueldos o emolumentos puedan durar más tiempo que el de la buena conducta de los que los sirvan "(art. 301). Además, se dispuso
que las persona que ejercieran algún "empleo de confianza u honor
bajo la autoridad del Estado," no podían aceptar "regalo, título o
emolumento de algún Rey, Príncipe o Estado extranjero, sin el consentimiento del Congreso" (art. 302).

La consecuencia de ello, fue la previsión en el artículo 324, en el
sentido de que nadie podía "tener en la Provincia de Caracas otro
título ni tratamiento público que el de ciudadano, única denominación de todos los hombres libres que componen la nación."

E. *Sobre el ejercicio de los derechos políticos*

La Constitución fue determinante, al mecanismos de participación popular y un sistema de democracia representativa, en establecer en general, que los ciudadanos sólo podían "ejercer sus derechos
políticos en las Congregaciones parroquiales y electorales, y en los
casos y formas prescritas por la Constitución" (art. 313); de manera
que ningún individuo o asociación particular podía

"hacer peticiones a las autoridades constituidas en nombre del pueblo,
ni menos abrogarse la calificación de pueblo soberano, y el ciudadano o
ciudadanos que contravinieren a este parágrafo, hollando el respeto y
veneración debidas a la presentación y voz del pueblo, que sólo se expresa por la voluntad general, o por el órgano de sus representantes
legítimos en las Legislaturas, serán perseguidos, presos y juzgados con
arreglo a las leyes" (art. 314)

Además, se declaró que toda reunión de gente armada, bajo cualquiera pretexto que se formase, si no emanaba de órdenes de las autoridades constituidas, se consideraba como "un atentado contra la seguridad pública," y debía "dispersarse inmediatamente por la fuerza." Además, se declaró también, que "toda reunión de gente sin armas" que no tuviese el mismo origen legítimo se debía disolver "primero por órdenes verbales, y siendo necesario, se destruirá por la fuerza en caso de resistencia o de tenaz obstinación" (art. 315).

F. *Sobre la supremacía constitucional y la continuidad del orden jurídico sub-constitucional anterior*

El artículo 325 de la Constitución, declaró expresamente el principio de la supremacía constitucional y graduación del orden jurídico al disponer que las leyes que se expidieran para ejecutarla, la Constitución del Gobierno de la Unión, y todas las leyes y tratados que se concluyeran bajo su autoridad, "serán la ley suprema de la Provincia de Caracas en toda la extensión de su territorio; y las autoridades y habitantes de ella estarán obligados a obedecerlas y observarlas religiosamente, sin excusa ni pretexto alguno."

Se precisó, sin embargo, como garantía objetiva de la Constitución, que "las leyes que se expidieren contra el tenor de ella no tendrán valor alguno sino cuando hubieren llenado las condiciones requeridas para una justa y legítima revisión y sanción"(art. 325).

En lo que se refiere al orden jurídico precedente de orden sub-constitucional, el artículo 326 de la Constitución estableció que entre tanto que se verificaba "la composición de un Código Civil y criminal, acordado por el Supremo Congreso el ocho de marzo último [1811], adaptable a la forma de Gobierno establecido en Venezuela," se declaraba en su fuerza y vigor el Código que hasta aquí nos ha regido en todas las materias v puntos (lo que era una clara referencia a la *Recopilación de las Leyes de los Reynos de Indias*) que directa o indirectamente no se opongan a lo establecido en esta Constitución."

G. *Sobre la difusión y conocimiento de la Constitución y de los derechos de los ciudadanos*

Finalmente, en la Constitución misma se previó la necesidad de difundir su conocimiento, a cuyo efecto, se encargó y recomendó eficazmente

"a todos los venerables Curas de los pueblos de esta Provincia, que los domingos y demás días festivos del año la lean públicamente en las iglesias a sus feligreses, como también la Constitución federal formada por el Congreso general de Venezuela, y con especialidad el capítulo octavo de ella, que tiene por título derechos del hombre, que se reconocerán y respetarán en toda la extensión del Estado, encareciéndoles la importancia, necesidad y obligación en que se hallan todos los ciudadanos de instruirse de estos derechos y de observarlos y cumplirlos exactamente, haciéndoles cuando lo juzguen conveniente las aplicaciones, ilustraciones y advertencias conducentes a facilitarles su inteligencia. (art. 327)

Igualmente, se encargó y recomendó a todos los maestros de primeras letras que pusieran en manos de sus discípulos, en la forma y modo que hallasen más adaptables, el texto de la Constitución, y también la Federal,

"procurando que las posean y manejen como otro cualquiera libro o lectura de las que se usan comúnmente en las escuelas, haciéndolas leer y estudiar constantemente, y en especialidad el capítulo octavo de la Constitución federal que trata de los derechos del hombre, por ser una de las instrucciones en que deben estar radicados a fondo, y un objeto esencialísimo de la educación que debe recibir la juventud de Venezuela" (art. 328).

QUINTA PARTE:

*LA DIVISIÓN TERRITORIAL DE LA PROVINCIA
DE CARACAS EN 1811*

I. LA DISCUSIÓN SOBRE EL TERRITORIO DE LA PROVINCIA DE CARACAS Y SU DIVISIÓN

Como hemos señalado, de todas las provincias que conformaban la capitanía General de Venezuela, y luego de la sanción de la Constitución federal de diciembre de 1811, la provincia de Venezuela era la más extensa territorialmente, comprendiendo lo que en la actualidad sería el territorio de los Estados Miranda, Vargas, Aragua, Carabobo, Guárico, Yaracuy, Falcón, Lara, Portuguesa, Cojedes y Trujillo; y que en la época estaba dividida en los Partidos capitulares o Municipalidades de Caracas, San Sebastián, Villa de Cura, Valencia, San Carlos, San Felipe, Barquisimeto, Guanare, Calabozo, Carora, Araure, Ospino, Tocuyo y Nirgua.

Esta extensión y la importancia de Caracas respecto de todas las provincias, llevó a que se discutiera repetidamente sobre la división territorial de la Provincia, lo que ocurrió desde la sesión del 25 de junio de 1811 donde se propuso dividir la Provincia en dos; pero acordándose, primero pasar a constituir la Confederación, y después, que se procediera a dividir la Provincia de Caracas.[149]

---

149 Véase *Libro de Actas del Segundo Congreso de Venezuela 1811-1812, cit.,* Tomo I, p. 112, 117.

El tema se volvió a tratar en la sesión del 27 de junio de 1811, donde se discutió ampliamente las razones a favor y en contra de la división,[150] particularmente conforme a lo expresado en la *Memoria* que presentó al Congreso sobre la necesidad de dividir la Provincia de Caracas y multiplicar los gobiernos territoriales que presentó el Diputado por el distrito de Valencia, Fernando de Peñalver.[151] Se consideró, contra la extensión de la Provincia y la importancia de Caracas capital, que "ningún beneficio gozan los pueblos distantes de Caracas y es nula la libertad que han adquirido, mientras tengan que venir aquí a mendigar las luces y la justicia." [152] De ello, salió la propuesta de dividir la provincia en cuatro provincias, es decir, tres nuevas mas a la capital, así: una, comprendiendo a Barquisimeto, Tocuyo, Carora y San Felipe; otra, comprendiendo a San Carlos, Araure, Ospino y Guanare; y la otra comprendiendo a Valencia, Nirgua, Puerto Cabello y los valles de Aragua. La de Caracas, por su parte, quedaba con la capital y Calabozo, Villa de Cura, San Sebastián y el Puerto de La Guaira.[153]

Posteriormente, en la sesión del 2 de septiembre de 1811, se volvió a discutir el tema de la división de la Provincia de Caracas, y llegó a acordarse "en el día por el Congreso, que se divida en dos la Provincia de Caracas, quedando ésta compuesta de los Departamentos de la capital, Valencia, San Sebastián, Puerto Cabello, Calabozo, Villa de Cura, Nirgua y San Felipe; y la otra Provincia se compondrá de San Carlos, Barquisimeto, Carora, Tocuyo, Ospino, Araure y Guanare, con la cual división, quedan a esa nueva provincia interior 150.245 almas, y la de Caracas 262.612." Se acordó dicha división, pero con la advertencia de que "no puede ni debe llevare a efecto esta medida por ahora y hasta que la Diputación General de Caracas, en quien reside la Legislatura de la Provincia, estipule, conven-

---

150   *Id.*, Tomo I, p. 119.

151   Véase el texto en *El pensamiento constitucional hispanoamericano hasta 1830*, Biblioteca de la Academia nacional de la Historia, Caracas 1961, Tomo V, pp. 3925-

152   Véase *Libro de Actas del Segundo Congreso de Venezuela 1811-1812, cit.*, Tomo I, p. 122.

153   *Id.*, Tomo I, pp. 126-127.

136

ga y presente al Congreso para su sanción los límites y capital, que ha de tener la nueva Provincia."[154]

Luego, en la sesión del 15 de octubre de 1811 se trató de nuevo el tema de la división de las Provincias y sobre Caracas se acordó que "Las provincias convienen en confederarse sin nueva división de la de Caracas, con la precisa calidad de que ésta se dividirá cuando el Congreso de Venezuela lo juzgue oportuno y conveniente."[155]

En todo caso, en la Constitución de la Provincia de 1812, el territorio de la misma no sólo permaneció el mismo que tenía, sino que fue objeto de una regulación específica y particularizada en forma tal que no se encuentra parangón en Constitución alguna de la época

II. LA DIVISIÓN TERRITORIAL UNIFORME DE LA PROVINCIA EN DEPARTAMENTOS, CANTONES Y DISTRITOS

La Constitución de la Provincia de Caracas de 1812, en efecto, estableció la división territorial de la Provincia en una forma única, que no encuentra antecedente en ningún texto constitucional precedente, adoptando el uniformismo en la organización territorial derivado de la organización municipal adoptada en la Revolución Francesa.

En tal forma, en el artículo 17 de la Constitución se comenzó por disponer que, en forma uniforme, "el territorio de la Provincia de Caracas se dividía en Departamentos, estos en Cantones y estos en Distritos;" agregándose que "cada Departamento constará de uno o más Cantones según la proporción de las localidades con el objeto de esta división"(art. 13); que "cada Cantón comprenderá tres Distritos, y a veces uno más en razón de las circunstancias"(art. 19); y que "cada Distrito se compondrá de una porción de territorio que tenga en su recinto diez mil almas de población de todas clases, sexos y edades" (art. 20).

---

154   *Id.*, Tomo II, pp. 11-14.
155   *Id.*, Tomo II, p. 99.

Se establecieron, así, en la Constitución, los siguientes cinco (5) Departamentos en la Provincia, con sus respectivas capitales, el de Caracas, el de San Sebastián, el de los Valles de Aragua, con la ciudad de la Victoria por capital, el de Barquisimeto, y el de San Carlos. (art. 21).

1. *La organización territorial del departamento de Caracas*

El Departamento de Caracas comprendía tres cantones, que fueron: el cantón del Tuy, cuya capital se fijó en la ciudad de la Sabana de Ocumare; el cantón de los Altos, cuya capital se fijó en la ciudad de Petare; y el Cantón de Caracas y sus costas vecinas, cuya capital se fijó en la misma ciudad capital. (art. 22).

A. *El cantón del Tuy*

El cantón del Tuy, conforme al artículo 27 comprendía tres (3) distritos que eran:

a. El *distrito inferior del Tuy*, que comprendía los pueblos y valles de Cupira, Guapo, Río Chico, Mamporal, Tacarigua, Curiepe, Marasma, Panaquire, Tapipa, Caucagua, Macaira y Aragüita, siendo su capital Caucagua;

b. El *distrito medio del Tuy*, que comprendía los pueblos de Santa Lucía, Santa Teresa, San Francisco de Yare, y la Sabana de Ocumare, que era su capital; y

c. El *distrito superior del Tuy*, que comprendía los pueblos de Charallave, Tácata, Cúa y Paracotos, siendo este último su capital (art. 27).

B. *El cantón de los Altos*

El cantón de los Altos, conforme al artículo 28, comprendía igualmente tres (3) distritos, que eran:

a. El *distrito de Guarenas* que comprendía los pueblos de Guatire, Guarenas y Petare, que era su capital.

b. El *distrito de Guaire*, que comprendía los pueblos de Chacao, Hatillo, Baruta, Valle, Vega y Antímano, cuya capital era el Valle, y

c. El *distrito de Los Teques*, que comprendía los pueblos de Macarao, San Pedro, Los Teques, San Antonio y San Diego, cuya capital era el pueblo de Los Teques.

C. *El cantón de Caracas*

El cantón de Caracas, conforme al artículo 29, así como sus costas vecinas en su departamento, comprendía cuatro distritos, que eran:

a. *El distrito de La Guaira* con los pueblos y valles de Caruao, Chuspa, Naiguatá, Caravalleda, Cojo, Macuto. La Guaira, Maiquetía, Tarmas y Carallaca, cuya capital era La Guaira; y

b. *Tres distritos de Caracas* que (el segundo, tercero y cuarto) que comprendían el recinto de la ciudad de Caracas, hasta donde se extendían sus parroquias.

2. *La organización territorial del departamento de San Sebastián*

El Departamento de San Sebastián comprendía dos cantones, que fueron: el cantón del Norte o de San Sebastián, con su capital en la misma ciudad de San Sebastián; y el cantón del Sur o de Calabozo, que tenía por capital a la misma ciudad de Calabozo (art. 23).

A. *El cantón de San Sebastián*

El cantón del norte, o de San Sebastián, conforme al artículo 30, comprendía tres (3) distritos, que eran:

a. El *distrito de San Sebastián*, que comprendía los pueblos de San Juan de los Morros, San Sebastián, San Casimiro de Güiripa, San Francisco de Cara, Camatagua, y Cura, con San Sebastián por capital.

b. El *distrito de Orituco*, que comprendía los pueblos de Taguay, San Rafael de Orituco, Altagracia de Orituco, Lezama y Chaguaramos, con Lezama por capital; y

c. El *distrito del valle de la Pascua*, que comprendía al mismo valle de la Pascua, Tucupido, Chaguaramal, Santa María de Ypire, San Juan de Espino, Yguana, Altamira, San Fernando de Cachicamo, Santa Rita, y Cabruta, con el valle de la Pascua por capital.

B. *El cantón de Calabozo*

El cantón del sur, o de Calabozo, conforme al artículo 31, constaba de tres distritos, que eran:

a. El *distrito de Ortiz*, que comprendía los pueblos de Parapara, Ortiz, San Francisco de Tiznados, y San José de Tiznados, con Ortiz por capital.

b. El *distrito del Sombrero*, que comprendía los pueblos del Sombrero, Barbacoas, y el Calvario, con el del Sombrero por capital; y

c. El *distrito de Calabozo*, que comprendía la misma ciudad de Calabozo y los pueblos de Ángeles, Trinidad, el Rastro, Guardatinajas, Camaguán, y Guayabal, con Calabozo por capital.

3. *La organización territorial del departamento de los valles de Aragua*

El Departamento de los Valles de Aragua comprendía también de dos cantones: el cantón Oriental o de la Victoria, con su capital en la misma ciudad de la Victoria; y el cantón Occidental o de Guacara, que tenía por capital la misma ciudad de Guacara (art. 24).

A. *El cantón de la Victoria*

El cantón oriental de la Victoria, conforme al artículo 32, comprendía comprenderá cuatro distritos, que eran:

a. El *distrito de la Victoria*, que comprendía los pueblos del Buen Consejo, San Mateo, y la Victoria, que era su capital.

b. El *distrito de Turmero*, que comprendía los pueblos de Cagua, Santa Cruz, y Turmero, que era su también su capital.

c. El *distrito de Maracay,* que comprendía toda su jurisdicción y los pueblos de Chuao, Choroní, y Cuyagra, con Maracay por capital; y

d. El *distrito de la ciudad de Cura,* que comprendía el pueblo de Magdaleno, y la misma ciudad de Cura, que era su capital.

B. *El cantón de Guacara*

El cantón occidental de Guacara, conforme al artículo 33, comprendía tres distritos, que eran:(3), que eran:

a. El *distrito de Guacara,* que comprendía los pueblos de Mariara, Cata, Ocumare, Turiamo y Guacara de capital.

b. El *distrito de los Guayos,* que comprendía los pueblos de los Guayos, Güigüe, y San Diego, con los Guayos de capital; y

c. El *distrito de Puerto Cabello,* que comprendía al mismo Puerto Cabello y a los pueblos y valles de Patanemo, Borburata, Guayguasa, Agua Caliente, Morón, y Alpargatón, con Puerto Cabello por capital.

4. *La organización territorial del departamento de Barquisimeto*

El Departamento de Barquisimeto comprendía tres cantones, que fueron: el cantón de San Felipe, con su capital en la misma ciudad de San Felipe; el cantón de Barquisimeto, con su capital en la ciudad de Barquisimeto, y el cantón de Tocuyo, con su capital en el Tocuyo (art. 25).

A. *El cantón de San Felipe*

El cantón de San Felipe, conforme al artículo 34, comprendía cinco (5) distritos, que eran:

a. *El distrito de Nirgua,* compuesto de esta ciudad, que era la capital y los pueblos de Temerla, Cabria, Taria, Montalbán, Canoabo, y Urama.

b. Dos *distritos en San Felipe*, en lo que era en ese momento el Partido capitular de San Felipe, formando un distrito doble bajo de una misma capital, que lo era la ciudad de San Felipe, y comprendiendo a los pueblos de Cocorote, Guama, San Francisco Javier de Agua Culebras, Cañizos, Tinajas, San Nicolás y Aroa;

c. Dos *distritos de Carora*, en el Partido capitular de Carora, del cual esta ciudad era su capital, extendiéndose a los pueblos de Aregue, Arenales, Burerito, Siquisique, Río del Tocuyo, Moroturo y Ayamanes.

B.   *El cantón de Barquisimeto*

El cantón de Barquisimeto, que conforme al artículo 35 de la Constitución constaba de tres (3) distritos, que eran:

a. Dos *distritos de Barquisimeto* en la misma ciudad de Barquisimeto, con los pueblos de Santa Rosa, Buria, Altar, Bovare, y Sarare, del cual Barquisimeto era capital.

b. *El distrito de Yaritagua*, que abracaba los pueblos de Urachiche, Cuara, Chivacoa, Duaca, y Yaritagua, que era su capital.

C.   *El cantón del Tocuyo*

El cantón del Tocuyo, que conforme al artículo 36 tenía tres (3) distritos, que eran:

a. *El distrito de Tocuyo*, que se extendía hasta donde alcanzaba la Parroquia de la ciudad, que era su capital.

b. *El distrito de Quíbor*, que comprendía a los pueblos de Barbacoas, Curarigua de Leal, Cubiro, y Quíbor, que era la capital; y

c. *El distrito de Humocaro*, que comprendía a los pueblos de Chabasquén, Humocaro Alto, Humocaro Bajo, que será la capital, Guárico, y Santa Ana de Sanare.

5. *La organización territorial del departamento de San Carlos*

El Departamento de San Carlos comprendía dos cantones: el cantón de San Carlos y el cantón de Guanare.

A. *El cantón de San Carlos*

El cantón de San Carlos, conforme al artículo 37 de la Constitución, comprendía cuatro (4) distritos, que eran:

a. El *distrito de San Carlos*, que se extendía a la misma ciudad de San Carlos y a los pueblos de San José, y Caramacate, quedando San Carlos por capital.

b. El *distrito del Pao*, que comprendía los pueblos del Pao, Tinaco y Tinaquillo, con el Pao por capital.

c. El *distrito de de Lagunillas*, que comprendía los pueblos de Agua Blanca, San Rafael de Onoto, Cojedes, San Miguel del Baúl, y Lagunitas, que era su capital.

d. El *distrito de de Araure*, que comprendía la misma ciudad de Araure, que era su capital, con los pueblos de Acarigua, la Aparición de la Corteza, San Antonio de Turén y las Sabanetas de Jujure.

B. *El cantón de Guanare*

El cantón de Guanare, conforme al artículo 38 de la Constitución, tenía tres (3) distritos, que eran:

a. El *distrito de Ospino*, abarcaba a la misma ciudad de Ospino, que era la capital, y a San Rafael de las Guasguas.

b. El *distrito de Guanare* comprendía a la ciudad de Guanare y a los pueblos de María y de Maraca, quedando Guanare por capital; y

c. El *distrito de Tucupido* comprendía los pueblos de Tucupido, Boconó y Papelón, con Tucupido por capital.

III. EL RÉGIMEN MUNICIPAL EN LA PROVINCIA DE CARACAS

La Constitución Provincial de Caracas de 1812, por otra parte, es un ejemplo único en su tiempo, en cuanto a la regulación general del régimen municipal en todo el territorio de una provincia, estableciendo un régimen municipal general, con Municipalidades de diversa categoría, lo que dependía del número de miembros que integraban el cuerpo municipal, según la importancia y extensión del territorio que se les asignó. Como se verá a continuación, el detalle de regulación constitucional en la materia implica la realización de un estudio territorial extraordinario, que según se lee en las actas de las sesiones del Congreso General, fue encomendado al diputado Francisco Javier Ustáriz, junto con los diputados José Vicente Unda y Juan José de Maya, en su sesión del 5 de marzo de 1811, para "examinar el estado que tenían las Municipalidades de la Provincia de Caracas."[156]

1. *Algo sobre las competencias municipales*

Estas Municipalidades configuran una pieza central del gobierno de la provincia, disponiéndose se existencia en materialmente todas las ciudades, villas y pueblos que se enumeran en la división territorial antes mencionada, organizadas en concejos según la importancia de las mismas.

De acuerdo con el artículo 76 de la Constitución provincial, las dichas Municipalidades tenían las siguientes facultades peculiares, que eran las materias propias de la vida local:

"la conservación de las propiedades públicas que hubiere en el distrito; todo lo concerniente a las fuentes y aguas públicas de las poblaciones; el aseo y buen orden de sus calles y plazas; la limpieza de los des-

---

156 En la despedida de la Sección Legislativa de la Provincia de Caracas al concluir sus sesiones y presentar la Constitución provincial 19 de febrero de 1812. Véase *Textos Oficiales de la primera República de Venezuela, cit.*, Tomo II, p. 216. Ustáriz volvió a explicar su concepción para la organización territorial del Estado en 1812 en el "Plan de Gobierno Provisorio para Venezuela" que presentó a Simón Bolívar en 1813. Véase en *El pensamiento constitucional hispanoamericano hasta 1830, cit.*, Tomo V, pp. 129-130.

aguaderos; el alumbrado, rondas y patrullas de las noches para quietud y seguridad del vecindario; la construcción y reparo de puentes y obras públicas necesarias o útiles, el establecimiento y superintendencia de las escuelas de primeras letras y otras de literatura que puedan procurarse; el alivio de los pobres, la salubridad pública, precaviendo los estragos dañosos a la salud de los ciudadanos; la seguridad y sanidad de las cárceles y prisiones, con cuyo objeto elegirán uno o dos individuos de su seno que visiten las casas de prisión y cuiden que los presos no sufran los rigores y malos tratamientos que la ley no ha prescrito; la conservación de los pesos y medidas que fije la Legislatura para las ventas; la regulación del peso y calidad del pan y de otras cosas que son de la primera necesidad para el abasto y subsistencia del pueblo; las licencias para los pulperos y revendedores, cuyo importe no podrá ceder en beneficio de ningún particular, sino de los fondos de la Municipalidad; la abolición y persecución de los juegos prohibidos que disipan el tiempo y arruinan la fortuna de los ciudadanos; la licencia, restricción, regulación y orden de los espectáculos y diversiones públicas, y de los trucos, billares y otros lugares de pasatiempo; la apertura, conservación, reparo y mejora de los caminos públicos; la navegación de los ríos; la subsistencia del flúido vacuno, y todo lo demás que fuese necesario para llevar a efecto estos objetos: bien que la Legislatura podrá ampliar y restringir por leyes particulares la jurisdicción de las Municipalidades, según lo juzgare conveniente".

El órgano de representación y gobierno de las Municipalidades era precisamente una Cámara o concejo colegiado que conforme al artículo 77 de la Constitución era *"una autoridad puramente legislativa" con competencia en las materias municipales (art 76), para lo cual tenía "facultad para expedir los reglamentos y ordenanzas que fueren necesarias para el desempeño de sus deberes; para imponer penas ligeras que no sean injuriosas ni infamatorias y para ordenar otras contribuciones suaves y moderadas sobre los carruajes y bestias de servicio que transitan por los caminos y los arruinan y deterioran, o sobre las personas sin propiedad, que nada contribuyen para las cargas del Estado y gozan de todas las ventajas del orden social."*

Debe mencionarse, además, que en la Constitución, las Municipalidades, los Corregidores y Alcaldes conservaban funciones judiciales en primera instancia (arts. 240 ss.).

2. *Las Municipalidades de la Provincia según el número de miembros del órgano colegiado municipal*

Conforme a este esquema, en la Constitución se regularon las Municipalidades integradas en forma variable por 24, 16, 12, 8 y 6 miembros; y además, se reguló la existencia de Agentes Municipales en las parroquias. Todas estas autoridades eran electas mediante sufragio por los electores.

A. *La Municipalidad de Caracas capital con 24 miembros y dos Cámaras*

De acuerdo con el artículo 90 de la Constitución, la Municipalidad de la capital de Caracas se componía de 24 miembros o Corregidores, estando la Corporación dividida en dos Cámaras de doce personas cada una (art. 91).

B. *Las Municipalidades con 16 miembros y dos Cámaras*

El artículo 95 de la Constitución organizó seis (6) Municipalidades con 16 miembros cada una y dos Cámaras en las ciudades de *Barquisimeto, San Carlos, la Victoria, San Sebastián, Tocuyo y Guanare*.

En estas se sometió la eficacia de las resoluciones de las Municipalidades, en los recesos de la Legislatura, al sometimiento del asunto a Poder Ejecutivo de la Provincia (art. 95)

De acuerdo con lo previsto en el artículo 92 de la Constitución, se dispuso que habría Municipalidades con 16 miembros cada una en las ciudades de *Barquisimeto, San Carlos, la Victoria y la de San Sebastián*, quedando divididas en dos Cámaras de ocho miembros cada una, y con dos Alcaldes ordinarios que debían presidirlas.

En cuanto a las Municipalidad de Barquisimeto debía comprender al pueblo de Bobare; la Municipalidad de San Carlos se debía extender a los de San José y Caramacate; la Municipalidad de San Sebastián se debía extender a los de San Juan de los Morros, San Casimiro de Güiripa y San Francisco de Cara; y la Municipalidad de la Victoria, comprendía su sola Parroquia (art. 93)

El artículo 94 de la Constitución también dispuso que las Municipalidades del *Tocuyo* y *Guanare* se comprendían también de 16 miembros. La primera extendía sus límites a su Parroquia; y la segunda, a los pueblos de María y de Maraca.

C. *Las Municipalidades con 12 miembros*

El artículo 96 de la Constitución reguló la existencia de Municipalidades constituidas con 12 miembros cada una, y una sola Cámara o corporación que debían presidir dos Alcaldes Ordinarios, en las ciudades "de *San Felipe*, capital del cantón de este nombre, en el departamento de Barquisimeto; en la de *Maracay*, capital del tercer distrito del cantón oriental de la Victoria; en la de *Puerto Cabello*, capital del tercer distrito del cantón occidental de Guacara; en la de *Carora*, capital del cuarto y quinto distritos del cantón de San Felipe; en la del Pao, capital del segundo distrito del cantón de San Carlos; en la de *Ospino*, capital del primer distrito del cantón de Guanare; y en la de *Quíbor*, capital del segundo distrito del cantón del Tocuyo."

Conforme al artículo 97 de la Constitución, la jurisdicción de la Municipalidad de *San Felipe* se extendía a los pueblos de Agua Culebras, Cañizos, San Nicolás, Aroa y Cocorote; las de *Puerto Cabello y Quíbor*, se extendían a los pueblos de su distrito; la de *Carora*, a los pueblos de Arenales, Burerito, Aregue y Santiago del Río del Tocuyo; la de *Maracay*, a los pueblos de Chuaco, Choroní y Cuyagua; y las del *Pao* y *Ospino* a sus respectivas Parroquias.

D. *Las Municipalidades con 8 miembros*

El artículo 98 de la Constitución dispuso que había Municipalidades de ocho (8) miembros y un Alcalde, "a menos que estén en posesión de nombrar dos y quieran continuar en el mismo uso," en las ciudades de la *Sabana de Ocumare*, de *Petare*, de *Guacara*, de *Calabozo*, de *Cura*, de *Nirgua* y de *Araure*, y en las villas de *La Guaira, Siquisique*, de *Cagua, Turmero, Sombrero, Santa Rosa, San Rafael de las Guasguas* y *Tucupido* (art. 98).

La jurisdicción de la ciudad de Sabana de Ocumare, se debía extender al pueblo de San Francisco de Yare; la de Calabozo a los de Angeles, Trinidad, Rastro, Camaguán y Guayabal; la de Cura al pueblo de Magdaleno; la de Nirgua a Temerla, Cabria y Taria; la de Araure a Acarigua; la de La Guaira a su distrito; la de Siquisique a Ayamanes y Moroturo; la de Tucupido al de Boconó y las demás debían quedar reducidas a la extensión de sus Parroquias (art. 99).

E. *Las Municipalidades con 6 miembros*

El artículo 100 de la Constitución reguló los lugares donde debía haber "pequeñas" Municipalidades compuestas de seis (6) miembros y un Alcalde, "a los que se reunirán en algunas los Agentes particulares de aquellas Parroquias comprendidas en su demarcación que se designaren expresamente en la Constitución." Estos lugares fueron los siguientes a los que se asignó en el artículo 101 de la misma Constitución, la denominación de *villas*: los pueblos de los Teques, el Valle, Barata, Hatillo, Chacao, Guarenas, Curiepe, Guapo, Cancaina, Santa Lucía y Paracotos, comprendidos en el departamento de Caracas; en los de San Mateo, Buenconsejo, Santa Cruz del Escobar, Mariara, los Guayos y Güigüe, en el departamento de Aragua; en los de Camatagua, Taguay y Lezama, Altagracia de Orituco, Chaguaramas, Tucupido del Llano arriba, Valle de la Pascua, Chaguaramal, Santa María de Ipire, Ortiz, San José de Tiznados, Barbacoas y Guardatinajas, en el departamento de San Sebastián; en los de Montalbán, Guama, Sanare, Yaritagua, Urachiche, Sarare, Humocaro Bajo, en el departamento de Barquisimeto; en los del Tinaco, San Miguel del Baúl, Lagunitas, la Sabaneta de Jujure, la Aparición de la Corteza y Papelón, en el departamento de San Carlos.

Dispuso el artículo 102 de la Constitución, que la jurisdicción de la Municipalidad de los Teques, se extenderá a los pueblos de San Diego, San Antonio, San Pedro y Macarao; la del Valle, a los de la Vega y Antímano; la de Guarenas a Guatire; la de Curiepe a Mamporal, Tacarigua y Marasma; la del Guapo a Río Chico y Cupira; la de Caucagua a Aragüita, Macaira, Tapipa y Panaquire; la de Santa Luisa a Santa Teresa; la de Paracotos a Charallave, Cúa y Tácata; la de Mariara a Ocumare de la costa, Cata y Turiamo; la de los Guayos a San Diego; la de Altagracia de Orituco a San Rafael de Orituco; la de Santa María de Ipire a San Fernando, Iguana, Altamira, Espino, Santa Rita y Cabruta; la de Ortiz al pueblo de Parapara; la de San José de Tiznados al de San Francisco de Tiznados; la de Barbacoas al del Calvario; la de Montalbán al de Canoabo y Urama; la de Sanare al de Buría y el Altar; la de Urachiche al de Cuara, Chivacoa y Duaca; la de Sarare al de Guarico; la de Humocaro Bajo, al de Humocaro Alto y Chabasquén; la del Tinaco al del Tinaquillo; la de Lagunitas al de Agua Blanca, San Rafael de Onoto y Cojede; y la de la Sabaneta de Jujure al de Turen; y las demás quedarán reducidas a su Parroquia.

3. *Las Parroquias y los Agentes Municipales*

En cada Parroquia, que era una división de los cantones, además, debía haber un Agente Municipal. Estos Agentes Municipales, y en su defecto los respectivos sustitutos, tenían asiento, voz y voto en las Municipalidades a que pertenecieran sus Parroquias, para acordar y representar por ellas todo lo que estuviese al alcance de sus facultades (art. 103).

En particular, los artículos 104 a 107 de la Constitución precisaron en qué pueblos y lugares debía designarse Agentes Municipales, así:

a. El pueblo de San José, comprendido en la jurisdicción de la Municipalidad de San Carlos, nombrará un Agente y su sustituto para la segunda Cámara de dicha Municipalidad. Los de María y de Maraca, comprendidos en la de Guanare, tendrán también en la segunda Cámara un agente municipal o sus sustitutos; y los de San Juan de los Morros, San Casimiro de Güiripa y San Francisco de Cara, tendrán, del mismo modo, un Agente cada uno en la segunda Cámara de la Municipalidad de San Sebastián, a quien pertenecen (art. 104).

b. Los pueblos de Cañizos y de Aroa, sujetos a la Municipalidad de San Felipe, nombrarán un Agente cada uno con sus respectivos sustitutos; el de Cocorote, dos para la misma Municipalidad de San Felipe; los de Arenales y Santiago del Río del Tocuyo, cada uno el suyo para la Municipalidad de Carora (art. 105).

c. El pueblo de Macuto dará un Agente municipal y el de Maiquetía dos para la corporación de La Guaira; el de Magdaleno dará uno para la de Cura; el de Acarigua dará dos para la de Araure; y los de Trinidad, Rastro, Camaguán Guayabal, darán el suyo cada uno para la de Calabozo (art. 106).

c. Los pueblos de San Diego, San Antonio, San Pedro y Maracao nombrarán un Agente cada uno para la Municipalidad de los Teques, a quien pertenecen; la Vega y Antímano nombrarán también el suyo para la del Valle; Guatire dará otro para la de Guarenas; Marasma otro para la de Curiepe: Río Chico y Cúpira, darán un Agente cada uno para la del Guapo; Tapipa y Panaquire, darán también los suyos para la de Caucagua; Santa Teresa dará otro para Santa Lucía; Charallave dos; Cúa dos y Tacata uno para la de Paracotos; Choroní dará uno para Maracay; Ocumare de la Costa, otro para la de Mariara; San Diego, otro para la de los Guayos; San Rafael de Orituco, dos para la de Altagracia de Orituco; Parapara, dos para la de Ortiz; San Francisco de Tiznados, otros dos para la de San José de Tiznados; el Calvario uno para la de Barbacoas; el Guárico, otros dos para la de Sanare; Humocaro Alto y Chabasquén, otros dos cada uno para la de Humocaro Bajo; y el Tinaquillo, otros dos para la del Tinaco; y San Rafael de Onoto uno, y Cojede dos para la de Lagunitas (art. 107).

4. *Los Alcaldes en los sitios distantes de poblado*

En la Constitución también se reguló la situación de de casos donde haya "muchos Partidos en la Provincia donde se han reunido varios habitantes en sus casas v labores," respecto de los cuales la experiencia había acreditado que no era suficiente para el gobierno local la designación de "un simple Cabo o Comisionado de justicia para mantener el orden y procurar la seguridad que exigen unos lugares semejantes que son más expuestos que cualquiera otros a la voracidad de los vagos y ociosos, por su mucha distancia de los poblados y por la falta de una administración vigorosa que corrija los vicios y desórdenes"; previendo entonces el artículo 128 que se debían remediar "estos abusos tan perjudiciales" del modo siguiente:

"Además de los Corregidores y Alcaldes que actualmente existen, o que aumente la constitución con jurisdicción ordinaria, las Municipalidades elegirán cada dos años un Alcalde, en quien se confíe la inmediata administración de justicia de los referidos lugares, al tiempo mismo que se nombren los de los pueblos; pero ellas deberán informar previamente a la Legislatura de los sitios que haya en sus jurisdicciones, donde convenga, o se necesite alguno de estos Alcaldes, para obtener su consentimiento y aprobación" (art. 129).

IV. EL RÉGIMEN DE ELECCIÓN DE CARGOS REPRESENTATIVOS EN LA PROVINCIA Y EN PARTICULAR, EN EL ÁMBITO MUNICIPAL

Todos los altos cargos públicos en la provincia de Caracas, como correspondía a un Estado democrático, eran ocupados mediante elección popular, correspondiendo el derecho primario al sufragio (en las Asambleas primarias) conforme al artículo 27 de la Constitución, "a todo hombre libre que, siendo ciudadano de los Estados Unidos de Venezuela, con tres años de vecindad en la Provincia y uno en la Parroquia o lugar donde sufraga, fuese mayor de veintiún años, en caso de ser soltero, o menor, siendo casado y velado; y si poseyere un caudal libre del valor de seiscientos pesos en la capital de la Provincia, siendo soltero, y de cuatrocientos siendo casado, aunque pertenezcan a la mujer, o de cuatrocientos si vive en las demás ciudades, villas, pueblos o campos de lo interior en el primer caso, y de doscientos en el segundo o, no teniendo propiedad alguna, que ejerza una profesión mecánica, útil, en calidad de maestro u oficial examinado y aprobado o tenga grado o aprobación pública en una ciencia o arte liberal, o que sea arrendador de tierras para sementeras o ganado, con tal que sus productos equivalgan a las cantidades arriba mencionadas, en los respectivos casos de soltero o casado."

La votación de los sufragantes en las parroquias se estableció en forma indirecta, en general de dos grados, en el sentido de que los sufragantes elegían en cada parroquia a los "electores parroquiales" que debían formar la Congregación electoral, en un número equivalente, en general, de uno en cada parroquia por cada mil almas de población. Sin embargo, se dispuso que "la que no tuviere mil, dará uno; y la que excediere de uno o más millares, dará otro, siempre que el exceso pase de quinientas almas" (art. 31).

Los electores parroquiales agrupados en las Congregaciones electorales, debían reunirse en las capitales del distrito cada dos años (art. 32); y era a ellos a quienes correspondía realizar la elección del Representante o Representantes de la Provincia para la Cámara del Gobierno federal; de los tres individuos que habrían de componer el Poder Ejecutivo de la Unión, que era plural; de un Senador o dos cuando lo prescribiera la Constitución para la Asamblea general de la Provincia, por el cantón a que pertenece el distrito; de un Representante para la Cámara del Gobierno provincial, por el mismo distrito; y a la de un elector para la nominación del Poder Ejecutivo de la Provincia (art. 33). En este último caso, la elección era indirecta en tres grados, pues se trataba de que cada Congregación electoral nominaba un Elector para integrar una Junta electoral que era la que debía elegir el Poder Ejecutivo Provincial (art. 49). Conforme al artículo 49 de la Constitución, estas Jutas electorales se debían reunir en las capitales de los departamentos, en acto presidido por el Corregidor de la capital del departamento (art. 51).

En materia de cargos municipales, se estableció un sistema electoral de dos grados para la elección de los miembros de las Municipalidades, y un sistema de elección directa para la elección de los Agentes Municipales. Estos últimos, en efecto, se elegían directamente por los electores sufragantes en la elección en cada parroquia donde correspondiera (arts. 24, 64).

En cuanto a la elección de los miembros de las Municipalidades, la misma era indirecta, pues en este caso, los sufragantes en las parroquias debían elegir los miembros de las Juntas Electorales (art. 59), que eran los llamados a elegir a los miembros de las Municipalidades.

De acuerdo con el artículo 110 de la Constitución, para ser miembros de las Municipalidades o Agente municipal, "era preciso poseer en los pueblos del partido una propiedad territorial o una casa propia o un establecimiento de comercio o de pastorería, o que tenga arrendadas y cultivadas cuatro fanegadas de tierra, suponiendo siempre que debe ser mayor de veinticinco años."

Por otra parte, también se regularon los cargos municipales no electivos, como los Alcaldes, que se elegían por cada Municipalidad, y los Corregidores que debían proponerse por esta al Poder Ejecutivo Provincial (art. 69). Estos eran considerados "particularmente como jurisdiccionarios del Poder Ejecutivo Provincial," y también lo debían ser de las Municipalidades "en la ejecución de sus leyes" (art. 83). Se reguló también al "Corregidor Juez de Policía" como funcionario dependiente del Poder Ejecutivo, y que no tenía ni voz ni asiento en la Municipalidad, siendo sólo ejecutor de sus resoluciones (art. 118).

Las sesiones de la Municipalidad sólo podían ser presididas por sus Alcaldes "o, en defecto de éstos, por los miembros que se eligieren al efecto" (art. 83).

CONSTITUCIÓN PARA EL GOBIERNO Y ADMINISTRACIÓN INTERIOR DE LA PROVINCIA DE CARACAS

EN NOMBRE DE DIOS TODOPODEROSO

EL CONGRESO GENERAL DE LA CONFEDERACIÓN DE VENEZUELA, DESPUÉS DE HABER CONSIDERADO TODOS LOS HECHOS Y RAZONES QUE TIENEN REFERENCIA CON EL ESTADO NATURAL V POLÍTICO DE LA AMÉRICA, Y LAS REPETIDAS INJURIAS Y VEJACIONES QUE HA SUFRIDO EL BUEN PUEBLO DE ESTAS PROVINCIAS EN LOS ÚLTIMOS GOBIERNOS DE LA ESPAÑA, DECLARÓ Y PUBLICÓ SOLEMNEMENTE, QUE ELLAS SON, Y DE DERECHO DEBEN SER, ESTADOS LIBRES, SOBERANOS e inDEPENDIENTES, ABSUELTOS DE TODA SUMISIÓN Y DE TODA OBLIGACIÓN DE FIDELIDAD A LA CORONA DE ESPAÑA, O DE LOS QUE SE DICEN Y DIJESEN SUS APODERADOS O REPRESENTANTES, CON PLENO VALOR Y FACULTAD PARA DARSE LA FORMA DE GOBIERNO QUE FUESE MÁS CONFORME A LA VOLUNTAD GENERAL DE LOS PUEBLOS. POR TANTO NOSOTROS, EL PUEBLO DE LA PROVINCIA DE CARACAS, RECONOCIENDO DE CORAZÓN LA GRAN BONDAD DEL SUPREMO LEGISLADOR DEL UNIVERSO, QUE SE HA SERVIDO CONCEDERNOS LA OCASIÓN DE OCUPARNOS DELIBERADA Y PACÍFICAMENTE EN LA FORMACIÓN DE UN PACTO SOLEMNE, EXPLÍCITO Y ORIGINAL QUE ARREGLE Y DETERMINE NUESTROS RECÍPROCOS DERECHOS, ASEGURE NUESTRA EXISTENCIA POLÍTICA Y PROTEJA NUESTROS ESFUERZOS PARA ADQUIRIR Y GOZAR LAS BENDICIONES DE LA VIDA Y DE LA LIBERTAD, E IMPLORANDO SU DIRECCIÓN EN UN OBJETO TAN INTERESANTE, ACORDAMOS, ORDENAMOS Y ESTABLECEMOS LA SIGUIENTE CONSTITUCIÓN PARA EL GOBIERNO Y ADMINISTRACIÓN INTERIOR DE LA PROVINCIA DE CARACAS, EN TODO LO QUE NO HEMOS DELEGADO EXPRESAMENTE A LA AUTORIDAD DE LA CONFEDERACIÓN.

CAPITULO PRIMERO

DE LA RELIGIÓN

—La Religión Católica, Apostólica, Romana, que es la de los habitantes de Venezuela hace el espacio de tres siglos, será la única y exclusiva de la provincia de Caracas, cuyo Gobierno la protegerá sobre todo, velando y cuidando exactamente que se conserve pura e inviolable, sin consentir en la Provincia ningún otro culto público ni doctrina contraria a la de Jesucristo.

CAPITULO SEGUNDO

DE LA DIVISIÓN DEL TERRITORIO

SECCIÓN PRIMERA

De la división en general

1. —El territorio de la Provincia de Caracas se dividirá en Departamentos, Cantones y Distritos.

2. —Cada Departamento constará de uno o más Cantones según la proporción de las localidades con el objeto de esta división.

3. —Cada Cantón comprenderá tres Distritos, y a veces uno más en razón de las circunstancias.

4. —Cada Distrito se compondrá de una porción de territorio que tenga en su recinto diez mil almas de población de todas clases, sexos y edades; más como no es posible obtener siempre con exactitud este número de almas en determinadas porciones territoriales, se reemplazan las faltas o excesos de unas partes con las de otras, para que en general resulte poco más o menos un Representante por cada diez mil almas, que es el número prefijado a cada Distrito, y un Senador, por cada treinta mil, que es el de cada Cantón.

SECCIÓN SEGUNDA

De los Departamentos

5. —Los Departamentos de la Provincia, con sus respectivas capitales, serán por ahora los siguientes: el de Caracas, el de San Se-

bastián, el de los Valles de Aragua, con la ciudad de la Victoria por capital, el de Barquisimeto, y el de San Carlos.

6. —El Departamento de Caracas comprenderá tres cantones, a saber: el cantón del Tuy, cuya capital deberá ser la ciudad de la Sabana de Ocumare: el cantón de los Altos, que tendrá por capital a la ciudad de Petare; y el de Caracas y sus costas vecinas, cuya capital será esta misma ciudad.

7. —El Departamento de San Sebastián constará de dos cantones, a saber; el cantón del Norte o de San Sebastián, que será su capital, y el cantón del Sur o de Calabozo, que tendrá por capital a la misma ciudad de Calabozo.

8. —El Departamento de los Valles de Aragua se compondrá también de dos cantones, el cantón Oriental o de la Victoria, que será su capital, y el cantón Occidental o de Guacara, que tendrá por capital la misma ciudad de Guacara.

9. —El Departamento de Barquisimeto se compondrá de tres cantones, a saber; el cantón de San Felipe, cuya ciudad será la capital; el de Barquisimeto de que lo será la de Barquisimeto, y el de Tocuyo, de que lo será la del Tocuyo.

10. —El Departamento de San Carlos comprenderá dos cantones: el cantón de San Carlos y el cantón de Guanare.

SECCIÓN TERCERA

De los Cantones y Distritos

11. —El cantón del Tuy, en el Departamento de Caracas, se compondrá de tres distritos que serán: 1° el distrito inferior del Tuy, que comprende los pueblos y valles de Cupira, Guapo, Río Chico, Mamporal, Tacarigua, Curiepe, Marasma, Panaquire, Tapipa, Caucagua, Macaira y Aragüita, siendo su capital Caucagua; 2.° el distrito medio del Tuy, que comprende a Santa Lucía, Santa Teresa, San Francisco de Yare, y la Sabana de Ocumare, que será su capital, y 3.° el distrito superior del Tuy, que comprende a Charallave, Tácata, Cúa y Paracotos, que quedará por capital.

12. —El cantón de los Altos, también en el Departamento de Caracas, constará igualmente de tres distritos, a saber: el de Guarenas, el del Guaire y el de Los Teques. El 1° corresponderá a Guatire, Guarenas y Petare, que será su capital. El 2.° a los pueblos de Chacao, Hatillo, Baruta, Valle, Vega y Antímano, cuya capital será el Valle, y el 3° a Macarao, San Pedro, Los Teques, San Antonio y San Diego, cuya capital será el pueblo de Los Teques.

13. —El cantón de Caracas, y sus costas vecinas en su departamento, abrazarán cuatro distritos, que son: primero el distrito de La Guaira con los pueblos y valles de Caruao, Chuspa, Naiguatá, Caravalleda, Cojo, Macuto. La Guaira, Maiquetía, T armas y Carallaca, cuya capital será La Guaira; y el segundo, tercero y cuarto, que comprenderán el recinto de la ciudad de Caracas, hasta donde se extienden sus parroquias.

14. —El cantón del norte, o de San Sebastián en su departamento, se compondrá de tres distritos, a saber: el de San Sebastián, el de Orituco y el del valle de la Pascua. El primero comprenderá los pueblos de San Juan de los Morros, San Sebastián, San Casimiro de Güiripa, San Francisco de Cara, Camatagua, y Cura, con San Sebastián por capital. El segundo los de Taguay, San Rafael de Orituco, Altagracia de Orituco, Lezama y Chaguaramos, con Lezama por capital; y el tercero al mismo valle de la Pascua, Tucupido, Chaguaramal, Santa María de Ypire, San Juan de Espino, Yguana, Altamira, San Fernando de Cachicamo, Santa Rita, y Cabruta, con el valle de la Pascua por capital.

15. —El cantón del sur, o de Calabozo, en el departamento de San Sebastián, constará igualmente de tres distritos, que serán el de Ortiz, el del Sombrero y el de Calabozo. El primero se compondrá de los pueblos de Parapara, Ortiz, San Francisco de Tiznados, y San José de Tiznados, con Ortiz por capital. El segundo, de los del Sombrero, Barbacoas, y el Calvario, con el del Sombrero por capital; y el tercero, de la misma ciudad de Calabozo y de los pueblos de Angeles, Trinidad, el Rastro, Guardatinajas, Camaguán, y Guayabal, con Calabozo por capital.

16. —El cantón oriental de la Victoria, en el departamento de los valles de Aragua, comprenderá cuatro distritos, a saber: el de la Victoria, el de Turmero, el de Maracay, y el de la ciudad de Cura. El primero constará de los pueblos del Buen Consejo, San Mateo, y la Victoria, que será su capital. El segundo de los pueblos de Cagua, Santa Cruz, y Turmero, que será también su capital. El tercero del mismo Maracav-, con toda su jurisdicción y los pueblos de Chuao, Choroní, y Cuyagra, con Maracay por capital. Y el cuarto, del pueblo de Magdaleno, y la misma ciudad de Cura, que será su capital.

17. —El cantón occidental de Guacara, en el mismo departamento de los valles de Aragua, abrazará tres distritos, que son el de Guacara, el de los Guayos, y el de Puerto Cabello. El primero comprende los pueblos de Mariara, Cata, Ocumare, Turiamo y Guacara de capital. El segundo se extenderá a los Guayos, Güigüe, y San Diego, con los Guayos de capital. Y el tercero al mismo Puerto Cabello y a los pueblos y valles de Patanemo, Borburata, Guayguasa, Agua Caliente, Morón, y Alpargatón, con Puerto Cabello por capital.

18. —El cantón de San Felipe, en el departamento de Barquisimeto comprenderá cinco distritos, que son: primero, el distrito de Nirgua, compuesto de esta ciudad, que será la capital y los pueblos de Temerla, Cabria, Taria, Montalbán, Canoabo, y Urama. Segundo y tercero, en el actual Partido capitular de San Felipe, formando un distrito doble bajo de una misma capital, que lo será la ciudad de San Felipe, y comprendiendo a los pueblos de Cocorote, Guama, San Francisco Javier de Agua Culebras, Cañizos, Tinajas, San Nicolás y Aroa; el cuarto y quinto, en el Partido capitular de Carora, de que esta ciudad será capital, extendiéndose a los pueblos de Aregue, Arenales, Burerito, Siquisique, Río del Tocuyo, Moroturo y Ayamanes.

19. —El cantón de Barquisimeto, en el departamento de este nombre, constará de tres distritos, que son: primero y segundo en la misma ciudad de Barquisimeto, con los pueblos de Santa Rosa, Buria, Altar, Bovare, y Sarare, de que Barquisimeto será capital. Y tercero, el distrito de Yaritagua, que abrazará los pueblos de Urachiche, Cuara, Chivacoa, Duaca, y Yaritagua, que será la capital.

20. —El cantón del Tocuyo, también en el departamento de Barquisimeto, tendrá tres distritos, a saber: el de la ciudad del Tocuyo, el de Quíbor y el de Humocaro Bajo. El primero se extiende hasta donde alcanza su Parroquia; el segundo, a los pueblos de Barbacoas, Curarigua de Leal, Cubiro, y Quíbor, que será capital; y el tercero, a los pueblos de Chabasquén, Humocaro Alto, Humocaro Bajo, que será la capital, Guarico, y Santa Ana de Sanare.

22. —El cantón de San Carlos, en el departamento de este nombre, comprenderá cuatro distritos, a saber: el de San Carlos, el del Pao, el de Lagunillas y el de Araure. El primero se extenderá al mismo San Carlos y a los pueblos de San José, y Caramacate, quedando San Carlos por capital. El segundo se comprenderá del Pao, Tinaco y Tinaquillo, con el Pao por capital. El tercero de los pueblos de Agua Blanca, San Rafael de Onoto, Cojede, San Miguel del Baúl, y Lagunitas, que será capital. Y el cuatro, de la misma ciudad de Araure, que quedará de capital, con Acarigua, la Aparición de la Corteza, San Antonio de Turén y las Sabanetas de Jujure.

23. —El cantón de Guanare, en el departamento de San Carlos, tendrá tres distritos, que serán el de Ospino, el de Guanare y el de Tucupido. El primero abraza a la misma ciudad de Ospino, que quedará de capital y a San Rafael de las Guasguas. El segundo, a Guanare y a los pueblos de María y de Maraca, quedando Guanare por capital; y tercero, a Tucupido, Boconó y Papelón, con Tucupido por capital.

CAPITULO TERCERO

DE LOS SUFRAGIOS PARROQUIALES Y
CONGREGACIONES ELECTORALES

SECCIÓN PRIMERA

De los sufragios parroquiales

24. —El día primero de noviembre de cada dos años, procederán los sufragantes, con todas las parroquias de la provincia, a elegir los electores parroquiales que han de formar la Congregación electoral

y a elegir los electores de la misma Parroquia, que han de reunirse en ella a escoger los agentes municipales que le correspondan.

25. —Estas elecciones serán públicas, y en ellas se procederá del modo siguiente:

26. —Cada sufragante parroquial llevará su voto en persona, por escrito o de palabra, al Alcalde de cuartel o Juez que se nombrare por la Municipalidad, dentro del término de ocho días, contados desde aquel en que se hubiese abierto la elección. Si fuere por escrito, constará en él su nombre y el de los elegidos; y si de palabra, lo hará escribir el Alcalde o Juez comisionado, a presencia del mismo sufragante y dos testigos. Cuando se hayan recibido todos los votos, que será para el primero de noviembre, se procederá al escrutinio de la votación ante el mismo Juez, y seis personas respetables de la Parroquia, formando lista de los sufragantes por orden alfabético; y, concluida esta operación, se fijará la votación y el resultado en las puertas de dicha Parroquia.

27. —Tendrá derecho de sufragio en las Asambleas primarias todo hombre libre que, siendo ciudadano de los Estados Unidos de Venezuela, con tres años de vecindad en la Provincia y uno en la Parroquia o lugar donde sufraga, fuese mayor de veintiún años, en caso de ser soltero, o menor, siendo casado y velado; y si poseyere un caudal libre del valor de seiscientos pesos en la capital de la Provincia, siendo soltero, y de cuatrocientos siendo casado, aunque pertenezcan a la mujer, o de cuatrocientos si vive en las demás ciudades, villas, pueblos o campos de lo interior en el primer caso, y de doscientos en el segundo o, no teniendo propiedad alguna, que ejerza una profesión mecánica, útil, en calidad de maestro u oficial examinado y aprobado o tenga grado o aprobación pública en una ciencia o arte liberal, o que sea arrendador de tierras para sementeras o ganado, con tal que sus productos equivalgan a las cantidades arriba mencionadas, en los respectivos casos de soltero o casado.

28. —No tendrán derecho de sufragio los dementes, sordomudos, los fallidos, los deudores a caudales públicos con plazo cumplido, los extranjeros, los transeúntes, los vagos públicos y notorios, los que hayan sufrido infamia no purgada por la ley, los que tengan

causa criminal abierta y los que, siendo casados, no vivan con sus mujeres sin motivo legal.

29. —Se concede también el derecho de sufragio a los empleados en servicio del Estado, que gozasen un sueldo anual de trescientos pesos.

30. —Las dudas que se suscitaren sobre cualidades o formas en los sufragios parroquiales, se decidirán por el Juez y sus asociados, dejando salvo a cualquier individuo el derecho de apelación, en último recurso, a la Legislatura provincial, sin que entre tanto se suspenda por esto el efecto de la elección.

31. —Por cada mil almas de población, se nombrará en cada Parroquia un elector; mas la que no tuviere mil, dará uno; y la que excediere de uno o más millares, dará otro, siempre que el exceso pase de quinientas almas.

SECCIÓN SEGUNDA

De las Congregaciones electorales

32. —En todas las capitales del distrito se reunirán cada dos años, el quince de noviembre, las Congregaciones electorales, compuestas de los electores de las Parroquias.

33. —Reunidas que sean, procederán inmediatamente a la elección del Representante o Representantes de la Provincia para la Cámara del Gobierno federal: a la de los tres individuos que han de componer el Poder Ejecutivo de la Unión; a la de un Senador o dos cuando lo prescriba la Constitución para la Asamblea general de la Provincia, por el cantón a que pertenece el distrito; a la de un Representante para la Cámara del Gobierno provincial, por el mismo distrito; y a la de un elector para la nominación del Poder Ejecutivo de la Provincia.

34. —El resultado de la Congregación electoral en su primera operación, que es la nominación de Representantes para el Gobierno federal, se remitirá inmediatamente al Presidente del Senado, o primera Cámara del Cuerpo legislativo de la Provincia que deberá hallarse reunida en los primeros días de diciembre; mas por ahora se

remitirá al Gobierno de ella, mediante a no estar reformado aún popularmente.

35. —El Jefe del Gobierno o el Presidente del Senado, cuando lo haya, abrirá, a presencia de la Legislatura provincial, que se hallará reunida, las votaciones que se remitan de los partidos para contar los votos: se tendrán por elegidos para Representantes los que hayan reunido a su favor la mayoría del número total de los electores nombrados, y en caso de igualdad de mayoría entre dos o más personas, elegirá entre ellos la Legislatura; pero si ninguna llegase a reunir la mitad, la Legislatura entonces escogerá de los que hayan tenido más votos un número triple o doble, si fuere preciso, de los Representantes que toquen a su Provincia, para elegir entre éstos los que deban serlo. Para esta elección podrá atenderse a cualquiera especie de mayoría, añadiendo a los votos de la Legislatura, los que cada uno hubiese obtenido desde las Congregaciones electorales de las cabezas de partido. En caso de igualdad en la última elección de la Legislatura, decidirá el Presidente.

36. —En la segunda operación de la Congregación electoral, después de concluida la votación, verificado el cálculo y escrutinio, y publicado en voz alta, se formarán las listas, y se remitirán al Presidente del Senado, según lo previene la Constitución federal.

37. —Este las abrirá a presencia del mismo Senado y de la Cámara de Representantes, que a este fin se hallarán reunidas en una misma Sala, y se practicará después íntegramente lo que se prescribe en los artículos 81 y 82 de la misma Constitución.

38. —En la tercera operación de la Congregación electoral, que es la nominación de un Senador para la Asamblea general de la Provincia, cada elector dará su voto para este Senador, por el cantón en que sufraga, y cuando la operación esté concluida, hecho y publicado el escrutinio, se archivará y registrará remitiéndose copia íntegra de todo por el Presidente de la Congregación al Gobierno de la Provincia, donde se contarán los votos y se hará el escrutinio con respecto a la totalidad de los electores de cada cantón.

39. —Del mismo modo procederá a elegir la Congregación electoral un Representante del distrito para la Cámara del Gobierno

provincial, teniéndose por elegida la persona que resultare con una mayoría absoluta o mayoría de la mitad de los electores; mas si ninguna tuviese esta mayoría, la Congregación procederá a elegir una de las cuatro que hubiesen obtenido mayor número de votos; y si ninguna de estas cuatro resultase aún con la mayoría, se procederá a elegir una de las dos que hayan tenido mayor número de votos en la segunda operación. Resultando igualdad, decidirá la suerte o una nueva elección entre los pareados si lo exigiere la Congregación, y el resultado se remitirá en copia al Poder Ejecutivo de la Provincia, archivándose y registrándose los originales en los libros de la Municipalidad.

40. —En la quinta operación de la Congregación electoral, que es la nominación de un Elector para que elija el Poder Ejecutivo provincial, se practicará lo mismo que en la elección de Representante, mas el resultado se comunicará a la Municipalidad de la capital del departamento donde se formarán las Juntas electorales para la elección del Poder Ejecutivo.

41. —Además de las cualidades requeridas para los sufragantes parroquiales, se necesita, para ser miembro de las Congregaciones electorales, poseer una propiedad libre de seis mil pesos, si el Elector fuere de la capital de la Provincia, siendo soltero; y de cuatro mil, siendo casado, o de cuatro mil, si lo fuere de las ciudades, villas, pueblos o campos de lo interior en el primer caso, y de tres mil en el segundo.

42. —Nunca podrán tenerse estas Congregaciones sin la concurrencia cuando menos de las dos terceras partes de los miembros que deben componerla, y sin que primero hayan prestado estos el correspondiente juramento en manos del Presidente, de ejercer con fidelidad y pureza lo que la Constitución les confía.

43. —Bastará que los Electores posean el caudal correspondiente en las Parroquias del distrito, aunque no residan en ellos, sino en la capital u otra ciudad o lugar de la Provincia.

44. —Los empleados en servicio del Estado con el sueldo anual de mil pesos, tendrán voto igualmente en las Congregaciones electorales.

45. —Las dudas y dificultades que se suscitaren en las Congregaciones electorales se decidirán por ellas mismas, con apelación a la Legislatura Provincial, que no obstará para que se lleve a efecto la elección.

46. —Cualquiera cosa que se practique en estas Congregaciones fuera del objeto de su convocación y contra las formas prescritas en la Constitución será absolutamente nulo.

47. —Los Electores no podrán ser arrestados en su concurrencia a las elecciones, ni mientras vienen a ellas o vuelvan a sus casas, excepto en los eventos de traición, felonía, o quebrantamiento de la paz pública.

48. Las elecciones se ejecutarán con la mayor uniformidad en todo el territorio de la Provincia de Caracas.

SECCIÓN TERCERA

De las Juntas para la elección del Poder Ejecutivo

49. —Estas Juntas electorales en las capitales de los departamentos para la nominación del Poder Ejecutivo Provincial, se celebrarán indefectiblemente el día primero de diciembre de cada cuatro años, o cuando ocurra algún motivo para formarla extraordinariamente.

50. —Precederá a sus sesiones una Misa solemne del Espíritu Santo para implorar el auxilio divino, o una oración pública en la iglesia Parroquial, si no hubiese proporción de celebrarse la Misa.

51. —Este acto será presidido por el Corregidor de la capital del departamento, o por quien haga sus funciones, en cuyas manos prestarán juramento los miembros de las Juntas cuando, después de la Misa u oración pública, se retiren al lugar de sus sesiones. Las Municipalidades al efecto instruirán al Corregidor oportunamente de los sujetos que hayan sido nombrados para Electores de la referida Junta, luego que reciban los documentos que lo acrediten.

52. —El Corregidor se retirará después de haber recibido el juramento, y escogiendo luego la Junta un Presidente dentro de su seno, dará principio a sus funciones.

53. —Las elecciones se harán por escrito o de palabra como ya se ha dicho, y cada Elector nombrará tres personas para funcionarios del Poder Ejecutivo provincial.

54. —Concluida la votación, verificado el cálculo o escrutinio, y publicada en voz alta, se formarán las listas de las personas en que se hubiera votado con expresión del número de votos que cada una hubiese tenido a su favor.

55. —Firmadas estas listas por el Presidente, Electores y Secretario de cada Junta, se pasarán con oficio del Presidente a la Municipalidad de la capital del departamento para que, archivándose y registrándose en sus respectivos libros, se pasen por ésta, oportunamente, copias y avisos del resultado al Gobierno de la Provincia, dirigiéndolos al Presidente que fuere del Senado.

56. —Las calificaciones que se requieren para ser miembros de estas Juntas Electorales, serán las mismas que se exigen para serlo en las Congregaciones electorales de las cabezas de distrito.

57. —Los artículos 42, 45, 46 y 47, serán comunes a estas Corporaciones.

58. —Luego que las Juntas hayan terminado sus sesiones, y depositado sus actas en los archivos de la Municipalidad se consideran disueltas.

CAPITULO CUARTO
DE LAS MUNICIPALIDADES

SECCIÓN PRIMERA

De las Juntas Electorales para la nominación de las Municipalidades

59. —Los miembros de éstas serán nombrados por los Electores particulares que se anuncian en el artículo 24.

60. —Las cualidades que deben concurrir en estos Electores son las mismas de los sufragantes en las Congregaciones parroquiales, con la circunstancia de ser padres de familia, casados en la Parroquia; mas cuando no los haya, suplirán su falta los cabezas de familia aunque no sean casados, y cualquiera otro sufragante.

61. —Serán también comunes a estas Juntas Electorales los artículos 42, 45, 46 y 47.

62. —El número necesario de Electores en estas corporaciones será de seis, en las Parroquias donde se elija solamente un agente municipal y su sustituto; de doce, en las que tengan una Municipalidad de seis a ocho miembros y de veinticuatro, en las que tuvieren de doce para arriba.

63. —Se reunirán estas corporaciones inmediatamente que se elijan sus miembros, quedando las Municipalidades especialmente encargadas de su convocación y reunión.

64. —El resultado de las Juntas Electorales para la nominación de los agentes municipales y sus sustitutos, se remitirá inmediatamente a la Municipalidad de que dependa la Parroquia, para que ella lo dirija al Gobierno de la Provincia; y el resultado de las Juntas electorales para la nominación de las Municipalidades, se remitirá con el mismo objeto a la Municipalidad que ha de terminar sus funciones.

SECCIÓN SEGUNDA

De la elección y duración de los Agentes municipales y miembros de las Municipalidades

65. —Se elegirá en cada Parroquia de las que designe la constitución un Agente municipal y su sustituto.

66. —El Agente terminará sus funciones al cabo de dos años y el sustituto pasará a ser entonces agente principal por igual espacio de tiempo, llenándose su vacante con la elección de otro sustituto. Los agentes podrán ser reelectos indeterminadamente.

67. —Se elegirán también los miembros de las Municipalidades en el número que establece la Constitución.

68. —Durarán por dos años, pero se removerán anualmente por mitad, o por un número que se acerque a ella, cuando la totalidad fuese impar, con advertencia de que podrán ser reelectos una vez sin intervalo, y después con el de un año.

De las atribuciones de las Municipalidades

69. —Elegirán el Alcalde o Alcaldes que les correspondan según la misma Constitución, y propondrán cada dos años al Gobernador de la Provincia tres sujetos beneméritos para los empleos de Corregidor.

70—Las Municipalidades de las capitales de distrito llevarán permanentemente el registro civil de los ciudadanos, y de consiguiente entenderán en las calificaciones de propiedad que se exigen por la Constitución.

71. —Convocarán asimismo los sufragios Parroquiales y las Congregaciones electorales de su demarcación, sin que necesiten de otra orden que la disposición constitucional.

72. —Cualquiera de sus miembros, Jueces o personas notables de su distrito podrán ser autorizados por ellas para presidir y concluir los sufragios Parroquiales; pero en las Congregaciones electorales presidirá uno de los Alcaldes por su turno, o en su defecto cualquiera de los miembros que se elija para ello, y autorizará el escribano o persona que hiciese de Secretario de la Municipalidad, no pudiendo tener voto dicho Presidente si no fuere Elector.

73. —Si hubiese en el distrito otras Municipalidades, bastará exhortarlas y requerirlas para que convoquen las Congregaciones en su respectivo territorio, dejando a su cargo el registro civil correspondiente, y el pronto aviso de todas las resultas a la misma capital del distrito.

74. —Cuando hubiere alguna omisión por parte de las Municipalidades en promover la convocación y reunión de las referidas Congregaciones, podrán los ciudadanos reunirse espontánea y pacíficamente en los días designados en la Constitución para ellas, a evacuar con orden, quietud y moderación lo que se previene sobre dichas reuniones, practicando por sí mismos todo lo que no hubiesen hecho las Municipalidades y dando cuenta del resultado al Gobierno de la Provincia.

75. —Se tendrá como un atentado contra la seguridad pública y como una traición a las leyes del Estado, toda convocación de las Municipalidades y toda reunión espontánea de los ciudadanos fuera de los tiempos y casos prevenidos por la Constitución, limitándose las funciones de estas Corporaciones a los objetos ya indicados, sin que de modo alguno pueda contraerse a otras materias.

76. —Las facultades peculiares de las Municipalidades serán éstas: la conservación de las propiedades públicas que hubiere en el distrito; todo lo concerniente a las fuentes y aguas públicas de las poblaciones; el aseo y buen orden de sus calles y plazas; la limpieza de los desaguaderos; el alumbrado, rondas y patrullas de las noches para quietud y seguridad del vecindario; la construcción y reparo de puentes y obras públicas necesarias o útiles, el establecimiento y superintendencia de las escuelas de primeras letras y otras de literatura que puedan procurarse; el alivio de los pobres, la salubridad pública, precaviendo los estragos dañosos a la salud de los ciudadanos; la seguridad y sanidad de las cárceles y prisiones, con cuyo objeto elegirán uno o dos individuos de su seno que visiten las casas de prisión y cuiden que los presos no sufran los rigores y malos tratamientos que la ley no ha prescrito; la conservación de los pesos y medidas que fije la Legislatura para las ventas; la regulación del peso y calidad del pan y de otras cosas que son de la primera necesidad para el abasto y subsistencia del pueblo; las licencias para los pulperos y revendedores, cuyo importe no podrá ceder en beneficio de ningún particular, sino de los fondos de la Municipalidad; la abolición y persecución de los juegos prohibidos que disipan el tiempo y arruinan la fortuna de los ciudadanos; la licencia, restricción, regulación y orden de los espectáculos y diversiones públicas, y de los trucos, billares y otros lugares de pasatiempo; la apertura, conservación, reparo y mejora de los caminos públicos; la navegación de los ríos; la subsistencia del flúido vacuno, y todo lo demás que fuese necesario para llevar a efecto estos objetos: bien que la Legislatura podrá ampliar y restringir por leyes particulares la jurisdicción de las Municipalidades, según lo juzgare conveniente.

77. —Cada Municipalidad gozará en su respectivo departamento de una autoridad puramente legislativa sobre los referidos objetos y

tendrá facultad para expedir los reglamentos y ordenanzas que fueren necesarias para el desempeño de sus deberes; para imponer penas ligeras que no sean injuriosas ni infamatorias y para ordenar otras contribuciones suaves y moderadas sobre los carruajes y bestias de servicio que transitan por los caminos y los arruinan y deterioran, o sobre las personas sin propiedad, que nada contribuyen para las cargas del Estado y gozan de todas las ventajas del orden social.

78. —Se necesitan las dos terceras partes de sus miembros para las sesiones; mas el número menor podrá llamar y compeler a los ausentes del modo y bajo las penas que establezcan las mismas Municipalidades.

79. —El Presidente tendrá un voto doble siempre que la votación resulte casada con el suyo.

80. —Las Municipalidades juzgarán de las elecciones y calificaciones de sus miembros, establecerán el modo de proceder en sus debates y deliberaciones, y bajo las reglas que prescriban podrán castigar a cualquiera de sus miembros que las infrinja, hasta expelerlos de su seno con tal que concurran la unanimidad de las dos terceras partes de los funcionarios que se necesitan para entrar en la sesión; pero no deberán ser castigados segunda vez por la misma causa. Tendrán finalmente facultad de nombrar los oficiales que necesiten para el desempeño de sus funciones que juzguen convenientes y renovándolos cuando a bien lo tuvieren.

SECCIÓN CUARTA

Deberes de las Municipalidades

81. —Llevarán un diario exacto de sus operaciones donde se asienten sus debates y resoluciones, y, siempre que lo exija algún miembro, se expresarán los que hayan votado en pro o en contra de la cuestión, publicándose todas aquellas deliberaciones que por acuerdo del mismo Cuerpo no deben permanecer ocultas.

82. —En cualquiera de las dos Cámaras de la Municipalidad que las tenga, podrán tener principio sus resoluciones.

83. —Los Corregidores que se consideran particularmente como jurisdiccionarios del Poder Ejecutivo Provincial, lo serán también de las Municipalidades en la ejecución de sus leyes, pero sus sesiones no serán presididas sino por sus Alcaldes o, en defecto de éstos, por los miembros que se eligieren al efecto.

84. —Todas las leyes y ordenanzas de las Municipalidades, deberán obtener una mayoría de la mitad de los miembros presentes, y pasarse al Corregidor para su aprobación. Si no la merece, las devolverá con sus reparos dentro de cinco días, pero si en este caso las tres cuartas partes de los miembros presentes sostienen unánimemente las deliberaciones, se considerarán aprobadas igualmente que cuando el Corregidor no las devuelve dentro de los cinco días prefijados, exceptuándose en este último caso los de emplazamiento, o receso de la Municipalidad, que pueden embarazar el retorno de las leyes y actos.

85. —Mientras que no pasen a la Legislatura de la Provincia, no podrán llevarse a debido efecto, aunque hayan obtenido la aprobación del Corregidor, quedando aquélla facultada para corregirlas, modificarlas o rechazarlas, según le pareciere conveniente. Se remitirán precisamente al Presidente de la Cámara de Representantes, que será el conducto de dirección.

86. —Cuando no esté reunida la Legislatura tendrán efecto provisionalmente estas leyes o actos, hasta su próxima reunión, pero aun entonces deberán ser aprobados previamente por la Municipalidad de la capital del departamento o por la de los cantones que expresamente se designe, y después por el Poder Ejecutivo de la Provincia. La Legislatura podrá alterar lo contenido en estos últimos artículos, ampliándolos o restringiéndolos por leyes particulares.

87. —En la inversión de los fondos de propios y arbitrios que cada Municipalidad se hubiese procurado en beneficio de la comunidad, no será necesaria la aprobación de la Legislatura, ni la de la Municipalidad del departamento o cantón. Bastará que sus resoluciones sobre la inversión de estos fondos no se opongan ni contraríen a las leyes del país; que estén sujetas a las formas prescritas en el artículo 84, y que se dé cuenta todos los años a la Legislatura, por

medio de la Cámara o a quien ésta determinare, de los ingresos y egresos de aquellos fondos.

88. —Se prohíbe a las Municipalidades que mantengan relaciones entre sí, sobre los negocios e intereses generales del Estado: se limitará su correspondencia solamente a los objetos propios de su instituto, sin salir de las facultades que les confiere la Constitución.

89. —Deberán procurarse y conservar en sus archivos todas las noticias que faciliten el mejor desempeño de sus funciones, y que proporcione al Gobierno de la Provincia las ideas y conocimientos que conduzcan al acierto de sus resoluciones. Tales son: la extensión de sus territorios, la calidad de sus terrenos, sus producciones, aguas, ríos, montañas y comunicaciones con los departamentos vecinos, las tierras sin legítimo dueño conocido, las destinadas antes para ejidos, la situación y distancia de sus poblaciones, el número de sus casas y habitantes, los objetos más generales de su cultura e industria, y otros semejantes.

SECCIÓN QUINTA
Del número de miembros que han de componer las Municipalidades.

90. —La de la capital de Caracas se compondrá de veinticuatro miembros, y estará dividida en dos Cámaras de doce personas cada una, con la denominación de primera y segunda.

91. —Los Corregidores de primera y segunda nominación tendrán asiento, voz *y* voto en la primera, que presidirán por el mismo orden con que se han expresado; mas en defecto de uno y otro, presidirá cualquiera de los miembros que se elija al efecto; y en la segunda Cámara sucederá lo mismo con los Corregidores de tercera y cuarta nominación.

92. —En las ciudades de Barquisimeto, San Carlos, la Victoria y la de San Sebastián se compondrán, las Municipalidades, de dieciséis miembros, y quedarán divididas en dos Cámaras de ocho personas cada una, con la misma denominación de primera y segunda y con dos Alcaldes ordinarios que habrán de presidirlas; el de primera nominación a la primera, y el de segunda, a la otra.

93. —La Municipalidad de Barquisimeto comprenderá al pueblo de Bobare; la de San Carlos se extenderá a los de San José y Caramacate; la de San Sebastián a los de San Juan de los Morros, San Casimiro de Güiripa y San Francisco de Cara; y la de la Victoria, a su sola Parroquia.

94. —Las Municipalidades del Tocuyo y Guanare, se compondrán también de dieciséis miembros; mas la primera se extenderá a los límites de su Parroquia; y la segunda, a los pueblos de María y de Maraca.

95. —Estas siete Municipalidades son las que se organizan por ahora en dos sesiones y de las que trata el artículo 86, pero para que sus mismas resoluciones puedan tener efecto en los recesos de la Legislatura, será preciso que ocurran directamente al Poder Ejecutivo de la Provincia.

96. —En la ciudad de San Felipe, capital del cantón de este nombre, en el departamento de Barquisimeto; en la de Maracay, capital del tercer distrito del cantón oriental de la Victoria; en la de Puerto Cabello, capital del tercer distrito del cantón occidental de Guacara; en la de Carora, capital del cuarto y quinto distritos del cantón de San Felipe; en la del Pao, capital del segundo distrito del cantón de San Carlos; en la de Ospino, capital del primer distrito del cantón de Guanare; y en la de Quíbor, capital del segundo distrito del cantón del Tocuyo, se compondrán las Municipalidades de doce miembros, y una sola corporación, que presidirán dos Alcaldes ordinarios, conforme a la Constitución.

97. —La jurisdicción de la Municipalidad de San Felipe se extenderá a los pueblos de Agua Culebras, Cañizos, San Nicolás, Aroa y Cocorote; las de Puerto Cabello y Quíbor, se extenderán a los pueblos de su distrito; la de Carora, a los de Arenales, Burerito, Aregue y Santiago del Río del Tocuyo; la de Maracay, a las de Chuaco, Choroní y Cuyagua; y las del Pao y Ospino a sus respectivas Parroquias.

98. —En las ciudades de la Sabana de Ocumare, de Petare, de Guacara, de Calabozo, de Cura, de Nirgua y de Araure, y en las villas de La Guaira, Siquisique, de Cagua, Turmero, Sombrero, Santa Rosa, San Rafael de las Guasguas y Tucupido, se compondrán las

Municipalidades de ocho miembros y un Alcalde, a menos que estén en posesión de nombrar dos y quieran continuar en el mismo uso.

99. —La jurisdicción de la Sabana de Ocumare, se extenderá al pueblo de San Francisco de Yare; la de Calabozo a los de Angeles, Trinidad, Rastro, Camaguán y Guayabal; la de Cura al pueblo de Magdaleno; la de Nirgua a Temerla, Cabria y Taria; la de Araure a Acarigua; la de La Guaira a su distrito; la de Siquisique a Ayamanes y Moroturo; la de Tucupido al de Boconó y las demás quedarán reducidas a la extensión de sus Parroquias.

100. —Habrá Municipalidades compuestas de seis miembros y un Alcalde (a los que se reunirán en algunas los Agentes particulares de aquellas Parroquias comprendidas en su demarcación que se designaren expresamente en la Constitución) en los pueblos de los Teques, el Valle, Barata, Hatillo, Chacao, Guarenas, Curiepe, Guapo, Cancaina, Santa Lucía y Paracotos, comprendidos en el departamento de Caracas; en los de San Mateo, Buenconsejo, Santa Cruz del Escobar, Mariara, los Guayos y Güigüe, en el departamento de Aragua; en los de Camatagua, Taguay y Lezama, Altagracia de Orituco, Chaguaramas, Tucupido del Llano arriba, Valle de la Pascua, Chaguaramal, Santa María de Ipire, Ortiz, San José de Tiznados, Barbacoas y Guardatinajas, en el departamento de San Sebastián; en los de Montalbán, Guama, Sanare, Yaritagua, Urachiche, Sarare, Humocaro Bajo, en el departamento de Barquisimeto; en los del Tinaco, San Miguel del Baúl, Lagunitas, la Sabaneta de Jujure, la Aparición de la Corteza y Papelón, en el departamento de San Carlos.

101. —Todos los lugares indicados en el artículo anterior, para residencia de estas pequeñas Municipalidades, tendrán la denominación de villa.

102. —La jurisdicción de la Municipalidad de los Teques, se extenderá a los pueblos de San Diego, San Antonio, San Pedro y Macarao; la del Valle, a los de la Vega y Antímano; la de Guarenas a Guatire; la de Curiepe a Mamporal, Tacarigua y Marasma; la del Guapo a Río Chico y Cupira; la de Caucagua a Aragüita, Macaira, Tapipa y Panaquire; la de Santa Luisa a Santa Teresa; la de Paracotos a Charallave, Cúa y Tácata; la de Mariara a Ocumare de la costa, Cata y Tu-

riamo; la de los Guayos a San Diego; la de Altagracia de Orituco a San Rafael de Orituco; la de Santa María de Ipire a San Fernando, Iguana, Altamira, Espino, Santa Rita y Cabruta; la de Ortiz al pueblo de Parapara; la de San José de Tiznados al de San Francisco de Tiznados; la de Barbacoas al del Calvario; la de Montalbán al de Canoabo y Urama; la de Sanare al de Buría y el Altar; la de Urachiche al de Cuara, Chivacoa y Duaca; la de Sarare al de Guarico; la de Humocaro Bajo, al de Humocaro Alto y Chabasquén; la del Tinaco al del Tinaquillo; la de Lagunitas al de Agua Blanca, San Rafael de Onoto y Cojede; y la de la Sabaneta de Jujure al de Turen; y las demás quedarán reducidas a su Parroquia.

SECCIÓN SEXTA

De las facultades de los Agentes municipales y
pueblos que deben nombrarlos

103. —Los Agentes Municipales, y en su defecto los respectivos sustitutos, tendrán asiento, voz y voto en las Municipalidades a que pertenezcan sus Parroquias, para acordar y representar por ellas todo lo que esté al alcance de sus facultades.

104. —El pueblo de San José, comprendido en la jurisdicción de la Municipalidad de San Carlos, nombrará un Agente y su sustituto para la segunda Cámara de dicha Municipalidad. Los de María y de Maraca, comprendidos en la de Guanare, tendrán también en la segunda Cámara un agente municipal o sus sustitutos; y los de San Juan de los Morros, San Casimiro de Güiripa y San Francisco de Cara, tendrán, del mismo modo, un Agente cada uno en la segunda Cámara de la Municipalidad de San Sebastián, a quien pertenecen.

105. —Los pueblos de Cañizos y de Aroa, sujetos a la Municipalidad de San Felipe, nombrarán un Agente cada uno con sus respectivos sustitutos; el de Cocorote, dos para la misma Municipalidad de San Felipe; los de Arenales y Santiago del Río del Tocuyo, cada uno el suyo para la Municipalidad de Carora.

106. —El de Macuto dará un Agente municipal y el de Maiquetía dos para la corporación de La Guaira; el de Magdaleno dará uno para la de Cura; el de Acarigua dará dos para la de Araure; y los de

Trinidad, Rastro, Camaguán Guayabal, darán el suyo cada uno para la de Calabozo.

107. —San Diego, San Antonio, San Pedro y Maracao nombrarán un Agente cada uno para la Municipalidad de los Teques, a quien pertenecen; la Vega y Antímano nombrarán también el suyo para la del Valle; Guatire dará otro para la de Guarenas; Marasma otro para la de Curiepe: Río Chico y Cúpira, darán un Agente cada uno para la del Guapo; Tapipa y Panaquire, darán también los suyos para la de Caucagua; Santa Teresa dará otro para Santa Lucía; Charallave dos; Cúa dos y Tacata uno para la de Paracotos; Choroní dará uno para Maracay; Ocumare de la Costa, otro para la de Mariara; San Diego, otro para la de los Guayos; San Rafael de Orituco, dos para la de Altagracia de Orituco; Parapara, dos para la de Ortiz; San Francisco de Tiznados, otros dos para la de San José de Tiznados; el Calvario uno para la de Barbacoas; el Guárico, otros dos para la de Sanare; Humocaro Alto y Chabasquén, otros dos cada uno para la de Humocaro Bajo; y el Tinaquillo, otros dos para la del Tinaco; y San Rafael de Onoto uno, y Cojede dos para la de Lagunitas.

SECCIÓN SÉPTIMA

Disposiciones generales sobre las Municipalidades y
los Agentes Municipales.

108. —Para que los miembros o Agentes puedan ejercer sus funciones desde el día primero de enero siguiente, no necesitan de otra aprobación ni de más título que la de la acta de su elección, donde constará haber sido nombrados con toda legalidad y en virtud de una mayoría absoluta o mayoría de la mitad de los Electores.

109. —Quedarán sujetos solamente a un juicio de ilegalidad por defecto de las formas prescritas, sobre que decidirán en último recurso los Tribunales de justicia.

110. —Para ser miembros de las Municipalidades, Agente o sustituto, es preciso poseer en los pueblos del partido una propiedad territorial o una casa propia o un establecimiento de comercio o de pastorería, o que tenga arrendadas y cultivadas cuatro fanegadas de tierra, suponiendo siempre que debe ser mayor de veinticinco años.

111. —Podrá ser electo cualquiera que tenga aquellas cualidades en el mismo Partido aunque resida en otra parte.

112. —Pero no lo será el que fuere deudor a los fondos de las mismas Municipalidades, litigase con ellas o arrastrase alguna calificación infamatoria o inhabilidad física o mental, de que habla el artículo 28.

113. —Cuando por muerte, enfermedad, renuncia o deposición faltare alguno de los miembros de estas corporaciones, o algún Agente o sustituto de las Parroquias, se reemplazará inmediatamente por nominación de los restantes hasta las próximas elecciones.

114. —El ascendiente y descendiente en línea recta y los hermanos no podrán ser a un mismo tiempo miembros de las Municipalidades; si resultan electos dos parientes en el grado indicado, quedará excluido el que hubiere obtenido menor número de votos, y en caso de igualdad decidirá la suerte la exclusión.

115. —Fijamente se reunirán en aquellos días que prescribiesen ellas mismas, y, además, cuando lo juzguen necesario para el desempeño de sus funciones, o que sean convocadas por el Corregidor.

116. —Cuando la Municipalidad comprendiese varias Parroquias en su territorio, sus miembros principales podrán ser tomados indistintamente de cualquiera de ellas, sin que obste la circunstancia de que deben nombrar uno o dos Agentes para la misma Municipalidad.

117. —En los cálculos de las dos terceras partes de que habla el artículo 78 se tendrán solamente presentes los seis, ocho y doce miembros de que se componen las Municipalidades o sus respectivas Cámaras, no entrando en ellos los Agentes de Parroquias que pueden concurrir con su voz y voto, como los principales; pero si estos Agentes se hallasen presentes, servirán como los otros para el cálculo que prescribe el citado artículo y para todos los demás relativos a votaciones, siendo como son unos verdaderos miembros de las Municipalidades.

118. —El Corregidor Juez de Policía no tendrá voz ni asiento en la Municipalidad, pero como quiera que es un funcionario depen-

diente del Poder Ejecutivo, en las materias de su resorte, será también el ejecutor de las resoluciones de aquélla.

119. —Subsistirán los síndicos Procuradores que podrán representar en ambas Cámaras, pero quedan extinguidos los Alcaldes de Hermandad cuyo empleo podrá restablecerse cuando se creyere conveniente.

SECCIÓN OCTAVA

De los escribanos de las Municipalidades

120. —Cada Municipalidad elegirá su Secretario, que deberá ser una persona del mismo vecindario, de conocida honradez, probidad y aptitud.

121. —Ejercerá esta plaza por dos años, prestando previamente juramento de fidelidad y dando fianza de sindicato, y podrá ser reelecto indeterminadamente por iguales períodos.

122. —Al finalizarse alguno de ellos puede ser removido sin expresión de causa, y antes también de los dos años por alguna grave y justa; pero en este caso se procederá del modo y bajo las condiciones prescritas en el artículo 80.

123. —Estos escribanos, durante el tiempo de sus funciones, autorizarán todos los instrumentos públicos que ocurran del Gobierno, de los Tribunales de Justicia o de los particulares en su respectivo territorio, llevando un registro público que custodiarán y depositarán en los archivos de la Municipalidad.

124. —Esta disposición tendrá lugar en las que se formaren ahora de territorios desmembrados a las antiguas Municipalidades, pero no con las que tengan sus escribanos públicos establecidos.

SECCIÓN NOVENA

De las antiguas Municipalidades de los naturales del país.

125. —Quedan abolidas éstas, pero los naturales podrán ser elegidos para las de nueva creación, siempre que concurran en ellos las condiciones necesarias.

126. —Para que tenga su debido efecto el artículo de la Constitución federal, que concede en propiedad a los naturales del país las tierras que les estaban concedidas, y de que tienen posesión, cada Municipalidad de la Provincia procurará adquirir inmediatamente una noticia exacta y circunstanciada de los referidos terrenos, y de los naturales que habitan en su respectivo Partido, para transmitirla a la Legislatura provincial.

127. —Se especificará en ellas igualmente el sexo, edad y ocupación de las personas que componen las familias, los individuos que haya en ellas más recomendables por su buena conducta, honradez y laboriosidad; los que, por enfermedades habituales o grande ancianidad, no puedan procurarse la subsistencia, y todo lo demás que se crea conveniente y necesario al bien y felicidad de dichos naturales.

SECCIÓN DÉCIMA

De los Alcaldes en los sitios distantes de poblado

128. —Como haya muchos Partidos en la Provincia donde se han reunido varios habitantes en sus casas v labores y la experiencia ha acreditado que no es bastante un simple Cabo o Comisionado de justicia para mantener el orden y procurar la seguridad que exigen unos lugares semejantes que son más expuestos que cualquiera otros a la voracidad de los vagos y ociosos, por su mucha distancia de los poblados y por la falta de una administración vigorosa que corrija los vicios y desórdenes, se remediarán estos abusos tan perjudiciales del modo siguiente:

129. —Además de los Corregidores y Alcaldes que actualmente existen, o que aumente la constitución con jurisdicción ordinaria, las Municipalidades elegirán cada dos años un Alcalde, en quien se confíe la inmediata administración de justicia de los referidos lugares, al tiempo mismo que se nombren los de los pueblos; pero ellas deberán informar previamente a la Legislatura de los sitios que haya en sus jurisdicciones, donde convenga, o se necesite alguno de estos Alcaldes, para obtener su consentimiento y aprobación.

CAPITULO QUINTO
DEL PODER LEGISLATIVO

De la división y límites de este Poder

130. —El Poder Legislativo de la Provincia de Caracas residirá en una Asamblea general, compuesta de un Senado y de una Cámara de Representantes.

131. —En cualquiera de estas dos corporaciones tendrá lugar indistintamente la iniciativa de las leyes, y cada una de ellas tendrá la facultad de proponer a la otra reparos, alteraciones o adiciones, o de rehusar su consentimiento a la ley propuesta por una absoluta negativa.

132. —Las leyes sobre contribuciones deberán tener principio solamente en la Cámara de Representantes, quedando siempre al Senado la facultad de adicionarlas, alterarlas o rehusarlas.

133. —Los proyectos o proposiciones que fuesen aceptadas, según las leyes de debates, deberán sufrir tres discusiones en sesiones distintas, con el intervalo de un día cuando menos, entre unas y otras, sin cuya circunstancia no se podrán determinar ni pasarse a la otra Cámara.

134. —No están sujetas a estas formalidades las proposiciones urgentes, pero deberá preceder en cada Cámara la declaratoria de urgencia.

135. —Cualquiera proposición que fuese rechazada por una de las Cámaras, no podrá repetirse hasta después de un año sin el consentimiento de las dos terceras partes de cada una de ellas; pero podrán hacerse otras nuevas que hayan sido parte o contengan artículos o ideas de las rechazadas.

136. —Ninguna ley, ordenanza o resolución contendrá otras materias que las que exprese su título; y se firmarán todos los actos por el Presidente del Senado y de la Cámara.

137. —Ningún proyecto de la ley que fuese propuesto, aceptado, discutido y deliberado en ambas Cámaras, conforme a las leyes

prescriptas en la Constitución, vendrá a ser ley, y no tendrá fuerza de tal, hasta que no se haya presentado al Poder Ejecutivo de la Provincia para su revisión; y si él, después de examinarlo lo aprobare, lo firmará en señal de su aprobación; y si no lo hiciere así, devolverá el proyecto, con sus reparos y objeciones, a la Cámara en que hubiese tenido su iniciativa, quien copiará íntegramente dichas objeciones en su registro y pasará a examinarlo y considerarlo de nuevo, y en caso que resulte aprobado por segunda vez por las dos terceras partes de la Cámara, se pasará con las objeciones a la otra Cámara, donde se ejecutará lo mismo que en la primera, y aprobado en ella igualmente por las dos terceras partes de sus miembros presentes, tendrá el proyecto desde entonces fuerza de ley, y el Poder Ejecutivo deberá publicarla. Pero en las ocurrencias de esta especie los votos de los miembros de ambas Cámaras deberán determinarse por el sí y por el no, y los nombres de las personas que votaren en favor o en contra del proyecto se escribirán en sus respectivos diarios.

138. —Si el Poder Ejecutivo no devolviese el proyecto a la Cámara de su origen dentro de cinco días contados desde su recibo con exclusión de los feriados, se tendrá por ley, y deberá ser promulgada como tal.

139. —Los proyectos o proposiciones urgentes se devolverán dentro de dos días, sin excluir los feriados; pero el Poder Ejecutivo debe poner sus reparos sobre las circunstancias de la urgencia cuando se le pasen dichos proyectos o proposiciones, bajo de uno y otro respecto; esto es, como ley, y como urgente, no siendo necesario que dé su dictamen separadamente sobre la urgencia, cuando las Cámaras deliberen sobre ella particularmente en favor de la brevedad.

140. —No tendrá lugar lo que se ha dicho en los artículos anteriores, con respecto a la devolución de los proyectos, si por emplazamiento, suspensión o receso de la Legislatura, no pudiesen volver a ella antes del término señalado; mas entonces tendrá fuerza de ley, si el Poder Ejecutivo los aprobase expresamente, o si no los devuelve a las Cámaras en su inmediata sesión siguiente, tres días después de su reunión.

141. —Todas las demás resoluciones, decretos, órdenes o actas de las Cámaras, para que sea necesaria la concurrencia de las dos, excepto las cuestiones sobre emplazamiento, deberán también pasarse al Poder Ejecutivo para su aprobación, antes de tener efecto; pero si no la obtienen se sujetarán a las mismas reglas prescriptas para la formación de las leves; y siendo de nuevo confirmada como ellas, deberán llevarse a ejecución.

142. —Estas leyes, decretos, actos o resoluciones, pasarán de una Cámara a otra y al Poder Ejecutivo con un preámbulo que contenga: primero, la fecha de las sesiones de cada Cámara en que se haya examinado la materia; segundo, las de las respectivas resoluciones, con inclusión de la de urgencia, cuando la haya; y, tercero, la exposición de las razones v fundamentos que han motivado la decisión. Omitiéndose alguno de estos requisitos, se devolverán los proyectos a la Cámara que haya cometido la falta, o la de la iniciativa, si la hubiesen cometido las dos.

143. —En la promulgación de las leyes, o actos del Poder Legislativo, deberán suprimirse todos aquellos requisitos; y para que su redacción sea uniforme, clara y sencilla, se reducirá a un membrete que explique compendiosamente su contenido, con las voces de ley, acto, resolución, u orden, sobre o para tal cosa, etc., y a la fórmula de estilo siguiente: La Asamblea general de la provincia de Caracas, decreta, o ha decretado que, etc. Estas palabras precederán a la parte dispositiva de las leyes, actos u órdenes de la Legislatura.

SECCIÓN SEGUNDA

De la elección, duración, cualidades, reunión y facultades de la Cámara de Representantes

144. —Los individuos que compongan la Cámara de Representantes, deberán ser nombrados por las Congregaciones electorales de las cabezas de distrito, y se tomarán en razón de uno por cada distrito del territorio.

145. —Ejercerán sus funciones por espacio de cuatro años, sin que ninguno de ellos pueda ser reelegido inmediatamente; mas la Cámara se renovará de dos en dos años por mitad, o por un número

que se aproxime a ella cuando la totalidad fuere impar. La suerte decidirá las personas que han de cesar por la primera vez en el ejercicio de sus funciones.

146. —-Nadie podrá ser elegido para Representante antes de la edad de veinticinco años; si por el espacio de cinco no ha sido ciudadano de las Provincias Unidas de Venezuela, y tres de ellos habitante de la de Caracas, si no posee en el distrito que lo elija una propiedad de cualquiera clase, aunque habitualmente resida en la capital u otro lugar de la Provincia.

147. —Las calificaciones de domicilio y residencia de que habla el artículo anterior no tendrán lugar con los ciudadanos que hayan estado ausentes en servicio de Estado, ni con los que hayan permanecido fuera de él en asuntos propios con permiso del Gobierno, con tal que su ausencia no haya pasado de tres años, ni con los naturales del territorio de Venezuela, que se hubiesen restituido y hallado presentes a la declaratoria de su absoluta independencia reconociéndola y jurándola.

148. —Podrá dispensarse por ahora, y hasta que la Asamblea general lo tenga por conveniente, la condición de que el Representante posea en el distrito que lo elija, una propiedad de cualquiera clase; bastará únicamente que, teniendo las demás calificaciones prescriptas, sea habitante de cualquiera distrito de la Provincia.

149. —Pudiendo ser electo un mismo sujeto en diversos distritos, mientras que permanezca en su fuerza v vigor esta dispensación, 3' para que, en tal caso, no se retarde la reunión de la Cámara, que es tan necesaria para el escrutinio del Poder Ejecutivo y Senadores, se nombrará en cada distrito un suplente, inmediatamente después de la elección de Representantes, en la misma forma que se ha prescrito por el artículo 39.

150. —Si algún Representante o suplente resultare nombrado por diferentes distritos, entrarán a ejercer la representación, o bien por suerte, o bien por mayoría de votos, o como tuviese a bien la Legislatura.

151. —Cuando por muerte, renuncia u otra causa vacare alguna plaza de Representante, entrará a servirla el que hubiese obtenido

en las últimas elecciones la segunda mayoría de votos, considerándose nombrado para servir por el tiempo que faltaba al primero, que si fuese menos de un año, no le servirá de obstáculo para poder ser elegido en las inmediatas elecciones; pero mientras se practique lo propuesto en el artículo 149, suplirán estas faltas los segundos o suplentes.

152. —La Cámara de Representantes deberá hallarse reunida anualmente en la capital de la Provincia en los primeros días de diciembre.

153. —Ella, al principiar sus sesiones, elegirá entre sus miembros, para el tiempo que durasen éstas, un Presidente y un Vice-Presidente, que podrá mudar en caso de prórroga, o de alguna convocación extraordinaria. También nombrará fuera de su seno un Secretario y demás oficiales que juzgue necesarios para el desempeño de sus trabajos, asignándoles los sueldos o gratificaciones que tuviese a bien.

154. — Será de su exclusiva inspección la pesquisa y averiguación de las faltas de todos los empleados del Estado en el desempeño de sus deberes y dirigirá al Senado las correspondientes acusaciones en todos los casos de traición, colusión o malversación, para que por éste sean oídas, examinadas y juzgadas conforme a la Constitución; y aunque todo ciudadano queda con plena libertad de acusar los delitos de esta clase, bajo la responsabilidad y cauciones prevenidas por las leyes deberá ejecutarlo, dirigiéndose a las Cámaras de Representantes, que estimará a pluralidad si deben ser oídas o no las acusaciones, con todo lo demás que parezca conveniente a afianzar la seguridad común e individual.

155. —Sin que de ninguna manera se limiten estas facultades pesquisitorias de la Cámara sobre todos los empleados del Estado, la Asamblea general determinará basta qué clase de ellos debe extenderse su exclusiva inspección, reservando al Senado el conocimiento de las acusaciones.

De la elección, duración, cualidades y facultades del Senado

156. —El Senado de la Provincia de Caracas se compondrá de miembros escogidos por las Congregaciones electorales de las capitales de Distrito, en la forma que ya se ha prescrito y se tomarán en razón de uno por cada cantón del territorio, excepto en los de Caracas y de San Carlos, que se nombran dos por cada uno.

157. —El resultado de la elección se remitirá separadamente desde cada Distrito al Poder Ejecutivo Provincial, bajo de cubierta sellada, donde se indique con generalidad el contenido del pliego. Se abrirán todos ellos por el mismo Poder Ejecutivo, se tomarán los votos por cantones, y serán senadores los que en cada cantón hubieren obtenido una mayoría absoluta o mayoría de la mitad de sus electores, a quienes se les instruirá de su nombramiento y llamará a la capital donde deberán reunirse en los primeros días de diciembre.

158. —Si no resultase la mayoría de cantón que arriba se ha indicado, la Cámara, entonces, y los senadores que se hayan declarado legítimamente electos, se reunirán en un mismo lugar, y tomando de las listas de elección de cada cantón las cuatro personas que hubiesen obtenido mayor número de votos, procederán a elegir una; y si no resultase aún la mayoría indicada, se tomarán las dos personas que hayan obtenido más votos en la segunda operación y se elegirá una de ellas. El Presidente de la Cámara presidirá en este sólo caso la sesión.

159. —El Poder Ejecutivo Provincial pasará previamente a la Cámara y miembros referidos del Senado todos los documentos que haya recibido de las capitales de distrito, relativos a las elecciones donde no hubiese resultado la mayoría absoluta; y luego que las Cámaras se hayan reunido remitirá a cada una, separadamente, tanto por vía de satisfacción, como para instrucción en las dudas que ocurran, todos los documentos que pertenezcan a la respectiva elección de sus miembros que se depositarán en sus archivos.

160. —El término de las funciones de Senador será el de seis años, renovándose cada dos, por terceras partes, a cuyo efecto su

número total se dividirá por suerte en partes iguales o aproximadas a la igualdad, luego que se reúnan por la primera vez.

161. —Cuando vacare alguna plaza de Senador por muerte, renuncia u otra causa, el Senado y la Cámara juntos procederán a elegir una de las dos personas que hubiesen obtenido mayor número de votos en el cantón a que tocare la falta, bajo la misma forma que se ha prescrito en el artículo 148; pero, en este caso, y en todos los demás que se verifique reunión de la Cámara y del Senado, estará a la cabeza de la sesión el que presida al Senado.

162. —Para ser Senador es necesario haber cumplido la edad de treinta años; que haya sido ciudadano de las Provincias Unidas de Venezuela por el espacio de diez años, tres de ellos habitante de la de Caracas, inmediatamente antes de su elección con las excepciones prevenidas en el artículo 147, y que posea en el cantón que lo elige una propiedad de seis mil pesos, aunque habitualmente resida en otra parte de la provincia.

163. —El lugarteniente del Poder Ejecutivo será Presidente nato del Senado; pero no tendrá voto sino cuando los de sus miembros resultasen casados.

164. —El Senado elegirá, además, un Presidente dentro de su seno al principio de cada sesión anual, que supla las faltas del teniente del Poder Ejecutivo. Nombrará también fuera de su seno un Secretario y demás oficiales que necesite, asignándoles los sueldos, ascensos y gratificaciones que tuviere por convenientes.

165. —El Senado se considerará como un Tribunal de Justicia, con pleno poder y autoridad para admitir, oír, juzgar y sentenciar las acusaciones que haya hecho la Cámara de Representantes contra los empleados en servicio del Estado por felonía, mala conducta, usurpación o corrupción en el uso de sus funciones, y tendrá, finalmente, el poder necesario e incidente a una Corte de Justicia, prestando sus miembros antes de entrar en el conocimiento de los casos que ocurran, un juramento particular sobre los evangelios de juzgar y determinar en el asunto, conformándose a la evidencia y a la justicia,

166. —Por medio de cualquiera ministro o empleado que el Senado elija, se pasará inmediatamente al acusado una copia legal de la acusación y de la orden donde se ha señalado el tiempo y lugar que se hayan creído convenientes para evacuar el juicio, con consideración a la distancia en que resida el acusado y a la naturaleza del asunto.

167. —Cuando hayan venido las resultas de la citación emplazamiento y que, en fuerza de ésta, haya aparecido el acusado, el Senado le oirá libremente las pruebas y testigos que produjere en su defensa; pero si no comparece sin una justa causa que lo excuse, el Senado examinará las pruebas que resulten contra él, y pronunciará su juicio, que tendrá tanta fuerza y valor como si la persona acusada hubiese comparecido y respuesto a la acusación.

168. —Cuando fuere acusado alguno de los funcionarios del Poder Ejecutivo provincial, el Presidente de la Suprema Corte Judicial presidirá en el Senado, mientras durase el juicio; pero no tendrá voto en él.

169. —Nadie podrá ser condenado en estos juicios sin el voto unánime de las dos terceras partes de los senadores, que estuviesen presentes y sin que éstos compongan el número necesario para entrar en sesión, según la Constitución.

170. —Las determinaciones del Senado, en estos casos, no podrán extenderse a otra cosa que a deponer al acusado en su empleo, declarándolo incapaz de obtener otros honoríficos, lucrativos o de confianza en la provincia, pero quedando siempre sujeto a ser después perseguido, juzgado, sentenciado y castigado, conforme a las leyes, por los Tribunales de Justicia.

SECCIÓN CUARTA

Funciones económicas de ambas Cámaras

171. —Ninguna de ellas podrá entrar en sesiones sin la concurrencia de las dos terceras partes de sus miembros, pero un número menor podrá reunirse y compeler a los ausentes a que concurran del modo y bajo las penas que ellas mismas establecieren.

172. —Juzgar las elecciones y calificaciones de sus miembros será del resorte privativo de ambas Cámaras, como también decidir las dudas y contestaciones que sobre esto ocurrieren.

173. —Oirán y determinarán las apelaciones de las Congregaciones electorales simultánea o separadamente, según la naturaleza de la ocurrencia; establecerán el método y reglas con que han de proceder en sus sesiones, debates y deliberaciones; castigarán con arrestos, multas y prisiones a aquellos miembros que se hiciesen culpables y podrán expelerlos de su seno si lo mereciesen con tal que concurra para ello la unanimidad de votos de las dos terceras partes de los miembros que se hallasen presentes cuando menos en el número necesario para formar sesión, bien que no podrán ser castigados otra vez por la misma causa.

174. —Gozarán exclusivamente del derecho de policía en el lugar de su sesión y en su recinto exterior \T tendrán a sus órdenes una guardia nacional para decoro, seguridad, sosiego y libertad de sus deliberaciones.

175. —Podrán, de consiguiente, castigar con arresto que no exceda de treinta días a cualquier persona que les faltase al respeto en su presencia por una conducta desordenada y vilipendiosa, o que intentare dañar alguno de sus miembros en su persona o bienes durante el tiempo de las sesiones o mientras vienen a ellas o vuelven a sus casas por alguna cosa que hayan dicho o hecho en los debates; o que embarazare sus deliberaciones, perturbase o molestase a sus oficiales en el desempeño de sus funciones o ejecución de sus órdenes; asaltasen o detuviesen las personas llamadas por la Cámara que se esperasen en ella durante la sesión, o al venir o volver de la misma; o que pusieren en libertad a cualquiera individuo que se hallase preso por disposición de las Cámaras.

176. —Cada una de ellas llevará un diario de sus operaciones (que siendo posible se publicará después de cada sesión), donde conste todo lo que no deba permanecer oculto según el acuerdo de cada una; y siempre que dos miembros lo exijan, se especificarán en el diario los que hayan votado en pro o en contra de las cuestiones.

177. —Ninguna de las Cámaras podrá suspender sus sesiones por más de dos días sin el consentimiento de la otra, ni emplazarse para otro lugar distinto de aquel en que residan las dos.

178. —A excepción de los casos indicados en el artículo 173, y de los de traición y felonía, gozarán sus miembros en todo lo demás, del privilegio de no poder ser arrestados durante el tiempo de sus ocupaciones en la Legislatura, ni mientras vienen a sus sesiones o vuelven a sus casas. Tampoco podrán ser responsables de los discursos que hayan hecho en la Cámara, sino en ella misma; ni en tiempo alguno podrán ser acusados, juzgados y perseguidos por lo que hayan dicho o escrito en los debates en desempeño de sus funciones.

179. —Los Representantes y Senadores recibirán por sus servicios el sueldo que la ley les señale, y se les abonarán además los días que por un cálculo prudente deben invertir en venir al lugar de las sesiones desde sus casas y restituirse a ellas.

SECCIÓN QUINTA

Del tiempo, lugar y duración de la Asamblea general

180. —En los días primeros de diciembre de cada año abrirá sus sesiones la Asamblea general y permanecerá reunida cuando más el espacio de un mes, aunque si lo creyese necesario, prorrogará sus sesiones por períodos semejantes, precediendo para ello una resolución expresa de ambas Cámaras, sin que esto pueda servir de obstáculo para que termine sus sesiones en cualquiera estado de aquellos períodos, si hubiese evacuado los negocios que llamaron su atención.

181. —También podrá disolverse y emplazarse para un tiempo y lugar expresamente designados, sin que el Poder Ejecutivo pueda tener intervención en esta clase de resoluciones, a menos que discorden las Cámaras sobre el tiempo y lugar de su emplazamiento, en cuyo caso le fijará un término que no exceda de tres meses para la reunión en el mismo lugar en que se hallasen al tiempo de la discordia.

182. —La ciudad de Caracas, sin embargo, se considerará siempre como el asiento y residencia fija del Gobierno y de la Asamblea general, a menos que por alguna ley particular se destine para este efecto otro lugar de la Provincia.

De los requisitos y atribuciones especiales de la Asamblea general.

183. —Ningún Representante o Senador podrá ser colocado durante sus funciones en empleo civil del Gobierno que se haya creado nuevamente, o cuyos sueldos se hubiesen aumentado mientras aquel mismo período.

184. —No tendrán lugar en una y otra Cámara las personas que estuviesen empleadas en servicio de la Provincia o de la Confederación con goce de sueldo, bien en el Congreso general, en el Ejército, en la Marina, en las Cortes de Justicia, en el ramo de Rentas, en el departamento Eclesiástico, o que tengan otras ocupaciones en el Gobierno. Pero si estos empleados, además de las circunstancias requeridas por la Constitución, no ejercieren su empleo ni tirasen el sueldo que les corresponda por él en el tiempo que dure la Legislatura, podrán ser miembros de ella, y recibirán solamente por sus servicios los sueldos que la ley les señale como ya se ha dicho.

185. —Quedan, por consecuencia, en aptitud de ser miembros de la Legislatura todos los empleados en las milicias provinciales y en otras ocupaciones en que no gocen sueldo del Estado.

186. —Tendrán pleno poder y facultad para hacer ordenar y establecer todas las leyes, ordenanzas, estatutos, órdenes y resoluciones, con penas o sin ellas, que juzguen necesarias para el bien y felicidad de la Provincia, bien que no han de ser repugnantes ni contrarias a esta Constitución.

187. —Protegerá la cultura de los habitantes del país, promoviendo por leyes particulares el establecimiento de escuelas de primeras letras en todas las poblaciones y auxiliando los esfuerzos que ellas mismas hicieren por el conducto de sus respectivas Municipalidades, para lograr tan grande objeto.

188. —Cuidará de que cada cinco años se practique el censo civil que prescribe la Constitución federal y, arreglándose a él, podrá alterar el método y proporciones que se adoptan ahora para establecer la representación de la Provincia en el Senado y en la Cámara de Representantes, aumentando o disminuyendo los cantones y distritos, y de consiguiente los Electores, Representantes y Senadores que les pertenecen según el aumento o disminución que resultase en los pueblos de la Provincia.

189. —Pero respecto a ser embarazoso y sumamente gravoso a los pueblos un número excesivo de funcionarios en una y otra corporación de la Legislatura, se procederá de modo que nunca exceda de ciento el de los Representantes de la Cámara, ni que sea mayor que su cuarto, ni mayor que su tercera parte el de los miembros del Senado.

190. —Para facilitar el establecimiento de un sistema de imposición y recaudación de contribuciones más ventajoso a las rentas del Estado, menos dispendioso y molesto a los pueblos, y que no embarace el giro interno de las producciones, de la agricultura y de la industria, dispondrá también la Asamblea general que, en los mismos períodos de cinco años, se ejecute un censo exacto de las propiedades o bienes raíces que posean los particulares en toda la extensión de la Provincia, para que cuando se crea útil y oportuno, se altere el método actual de los impuestos calculado sobre los frutos y producciones, y le sustituya otro que se refiera al valor de los mismos bienes raíces, moderado, equitativo, y proporcionado a las exigencias del Gobierno.

191. —Procurará adquirir igualmente con toda la brevedad posible una razón circunstanciada de las tierras que haya vacantes sin legítimo dueño conocido en los distritos de las Municipalidades, bien por conducto de éstas o como lo juzgue más oportuno, y podrá disponer de ellas en beneficio del Estado, de sus rentas y de su agricultura, vendiéndolas o arrendándolas, o en favor de los mismos pueblos y distritos, cuyas Municipalidades, con estos recursos a su disposición, podrán hacer efectivos los proyectos de educación y de

beneficencia que conciban para sus respectivos habitantes, con menos gravamen de éstos y mayor beneficio de los pobres.

192. —Tendrá también autoridad para constituir Tribunales de justicia en lo interior de la Provincia según lo creyere conveniente para su mejor y más pronta administración, facultándole para oír, juzgar y determinar toda suerte de causas civiles y criminales en el grado y forma que tuviese a bien establecer.

193. —A fin de que se perfeccione cuanto fuere posible un ramo tan interesante de la administración pública como es el judicial, se ocupará por comisiones o como lo creyere mejor en la formación de códigos particulares para Caracas, y en la reforma de todos los errores y abusos que se han introducido en la práctica de nuestros Tribunales.

194. —Determinará y fijará cuando fuere oportuno los límites que han de separar a esta Provincia de la nueva de Occidente, cuya erección se ha resuelto ya por el Congreso, concurriendo para ello la mayoría absoluta de los miembros de la Cámara; y de este modo resolverá igualmente cualquiera otra nueva erección de estado que ocurriese en lo sucesivo, y la separación o agregación parcial a las Provincias vecinas que se juzgue útil o necesaria con la comodidad de los habitantes, procediendo de acuerdo con las Legislaturas de las provincias interesadas y recibiendo la sanción y aprobación del Congreso general en semejantes casos, sin cuya circunstancia no podrán tener valor y efecto las referidas alteraciones.

CAPITULO SEXTO
DEL PODER EJECUTIVO

SECCIÓN PRIMERA

De su naturaleza y elección

195. —El Supremo Poder Ejecutivo de la Provincia de Caracas residirá en tres individuos, en quienes concurran las circunstancias referidas por la Constitución.

196. —Estos funcionarios serán nombrados por los Electores de distrito de que habla el artículo 33 en las Juntas electorales de las

Capitales de departamentos a que se contrae la sección tercera del capítulo tercero.

197. —Estas Juntas serán por ahora cinco en otras tantas capitales de departamento que tiene la Provincia. La de Caracas se compondrá de diez Electores por otros tantos distritos que comprende el departamento de su nombre en los cantones de Tuy, de los Altos y de Caracas con sus costas. La de San Sebastián se compondrá de seis por igual número de distritos en los cantones de San Sebastián y de Calabozo. La de la Victoria se compondrá de siete por otros tantos distritos que comprenden los cantones de la Victoria y de Guacara. La de Barquisimeto de once por los que hay en los cantones de Barquisimeto, San Felipe y Tocuyo; y la de San Carlos de siete por los que contienen los cantones de San Carlos y de Guanare.

198. —Cuando se haya verificado lo que previene la referida sección tercera del capítulo tercero; y luego que el Presidente del Senado haya recibido todos los resultados de las Juntas electorales de las capitales de departamento, invitará a la Cámara por medio de su Presidente y a los miembros del Senado individualmente para que se reúnan en un mismo lugar a hacer el escrutinio de la elección, determinando previamente el lugar y el día más conveniente para esta reunión, que se verificará cuanto más antes sea posible después de recibir los resultados.

199. —El Presidente del Senado presidirá la sesión: abrirá a presencia de ambas Cámaras los pliegos que le hayan remitido las Municipalidades, y se procederá a contar los votos.

200. —Las tres personas que hubieren obtenido mayor número de votos para miembros del Poder Ejecutivo lo serán, si este número compusiere la mayoría absoluta o mayoría de la mitad del total de los Electores de los departamentos, pero si ninguno hubiese reunido esta mayoría, se tomarán entonces las nueve personas que resultasen con mayor número de votos, y de ellos escogerá tres, por cédulas, la Cámara de Representantes, los que, obteniendo el más alto número de votos y una mayoría de la mitad de los miembros presentes de la Cámara, serán los funcionarios del Poder Ejecutivo Provincial.

201. —Si ninguno hubiese obtenido esta mayoría escogerá el Senado tres miembros de los seis que hayan logrado más votos en la Cámara de Representantes y quedarán electos los que hayan reunido la mayoría y la mitad de sus miembros presentes.

202. —El que obtenga en el cálculo de ambas Cámaras la mayoría más inmediata a los tres, requeridas para los miembros del Poder Ejecutivo, se tendrá por elegido para lugarteniente de éste en las ausencias, enfermedades, muerte, renuncia o deposición de alguno de los miembros; y si resultaren dos con igualdad de votos, sorteará la Cámara el que haya de quedar en este caso.

203. —Cuando entrase el teniente en lugar de alguno de los miembros del Poder Ejecutivo, le reemplazará, desde luego, el que hubiese obtenido en las elecciones la inmediata mayoría de votos, que valdrá del mismo modo a los demás en las faltas y reemplazos sucesivos.

SECCIÓN SEGUNDA

De las cualidades, duración y sueldos del Poder Ejecutivo

204. —Ninguno podrá ser elegido para funcionario del Poder Ejecutivo si cuando menos no tiene la edad de treinta años cumplidos, si no posee en la Provincia alguna propiedad de cualquiera clase en bienes libres, y si no ha sido ciudadano y habitante de los Estados Unidos de Venezuela o que se unieren a su Confederación por el espacio de diez años, seis de ellos de la provincia de Caracas inmediatamente antes de su elección, pero tendrán lugar las excepciones que previene el artículo 147.

205. —No están excluidos de la elección los nacidos en la península española, e Islas Canarias que, hallándose en Venezuela al tiempo de su Independencia política, reconocieron, juraron y contribuyeron a sostenerla, y que tengan además la propiedad y años de residencia prescriptas en la Constitución.

206. —El término de sus funciones será el de cuatro años, pero podrán ser reelegidos con tal que no ejerzan sus empleos por más tiempo de el de ocho años en un período de doce.

207. —Los funcionarios del Poder Ejecutivo recibirán por sus servicios los sueldos que la ley les señale sin que éstos se puedan aumentar ni disminuir durante el tiempo que permanecieren sirviendo sus empleos: tampoco podrán recibir otros emolumentos de esta misma Provincia, ni de cualquiera otra de las confederadas, ni del Gobierno de la Unión ni de potencia alguna extranjera. Ninguna persona podrá ser funcionario del Poder Ejecutivo, si al mismo tiempo es miembro del Congreso, de la Legislatura Provincial o de las Cortes de Justicia o si ejerce cualquiera otro oficio o comisión civil o militar en esta Provincia o en otra de las confederadas o en el Gobierno Federal; pero sí podrán serlo los empleados de las milicias provinciales.

SECCIÓN TERCERA

De las atribuciones del Poder Ejecutivo

208. —El Poder Ejecutivo de la Provincia de Caracas, con el consentimiento previo del Congreso general, mandará las tropas de mar y tierra que hubiese en ella; igualmente que su milicia, no estando en servicio de la Confederación, y con arreglo a las leyes e instrucciones del Gobierno Federal y de la Provincia; tendrá pleno poder y autoridad para disciplinar, ejercitar y gobernar las referidas tropas y milicias, por medio de algún jefe, oficial u oficiales.

209. —En caso de un ataque repentino o riesgo inminente de él, que no permite espera, podrá llamar, reunir y poner en aptitud militar a todos los habitantes del país para asegurar la tranquilidad y la salud común, pero, estando reunida la Legislatura, la consultará previamente y procederá de acuerdo con ella; y si no lo estuviese, la convocará inmediatamente, con el mismo objeto.

210. —Dará parte ante todas cosas de una ocurrencia semejante al Gobierno de la Confederación y ejecutará, desde luego, las medidas y resoluciones que éste le prescribiere.

211. —Con aviso, consejo y consentimiento del Senado, y a virtud de la unanimidad de votos de las dos terceras partes de los miembros que son necesarios para, entrar en sesiones, podrá formar alianzas, tratados y confederaciones particulares con una o más Pro-

vincias de las confederadas, precediendo el ascenso del Congreso general y sujetándose a las reglas y formalidades prescriptas por la Constitución federal.

212. —-Bajo las mismas condiciones y requisitos nombrará los ministros de las Cortes supremas de Justicia y todos los demás oficiales y empleados en el Gobierno de la Provincia, cuya denominación no se determine en la Constitución o en alguna ley u ordenanza establecida, o que se establezca por la Legislatura.

213. —Por leyes particulares podrá ésta confiar la provisión de los empleos subalternos del Gobierno, o al Poder Ejecutivo solamente, o a las Cortes de Justicia, o a los jefes respectivos de los varios ramos de la administración pública con las reglas y limitaciones que estimare por conveniente.

214. —Mientras no se ponga en práctica esta disposición, los empleos de milicias y del departamento de rentas se proveerán a propuesta de los jefes y oficiales respectivos que están en uso y posesión de esta facultad por leyes anteriores, y el Poder Ejecutivo procederá a nombrar entre los propuestos la persona que tuviese a bien, conformándose estrictamente a las leyes del caso, o consultando con el Senado, cuando éstas estuviesen mudas o dudosas.

215. —No podrá conceder el Poder Ejecutivo grados militares, ni otras recompensas honoríficas compatibles con la naturaleza del Gobierno, aunque sea por acciones brillantes u otros servicios importantes, sin el mismo aviso, consejo y consentimiento del Senado. Ni tampoco podrá conceder recompensas o gratificaciones pecuniarias sin el acuerdo y consentimiento de la Cámara de Representantes.

216. —En los recesos del Senado, podrá el Poder Ejecutivo proveer por sí solo los empleos que vacaren y se hallaren fuera de los casos ordinarios, concediéndolos en comisión hasta la sesión siguiente, si antes no se reuniere el Senado extraordinariamente.

217. —Las Municipalidades propondrán al Poder Ejecutivo los empleos de Corregidores de sus respectivos partidos, proponiéndoles en una terna las personas que consideren más aptas para desem-

peñar estos empleos, pero el Poder Ejecutivo podrá elegir de los tres aquél que tuviere por conveniente según su juicio particular.

218. —El Poder Ejecutivo será también el Superintendente general de las rentas del Estado; pero si la experiencia acreditare que es conforme al orden, a la economía y a la más recta administración de los negocios públicos que se establezca una magistratura para la dirección de estas rentas, se establecerá desde luego.

219. —En este caso se elegirá cada cuatro años por el Senado y la Cámara juntos al mismo tiempo que se haga el escrutinio de la elección del Poder Ejecutivo, una persona capaz y apta para el referido empleo de Superintendente general de rentas, que siempre estará bajo las órdenes del Poder Ejecutivo, como jefe supremo que es éste del Estado.

220. —Este empleado podrá ser reelecto cuando la Asamblea general lo tuviere por conveniente, y siempre que su conducta en el desempeño de sus funciones haya sido justa y arreglada.

221. —El Poder Ejecutivo podrá pedir y deberán darle los diferentes oficiales del Departamento Ejecutivo todos los informes que necesite por escrito o de palabra sobre cualquiera materia relativa a las obligaciones de sus respectivos oficios.

222. —En favor de la humanidad, podrá perdonar y mitigar la pena, aunque sea capital, en los crímenes de su inspección, pero debe consultar al Poder Judicial, expresándole las razones de conveniencia política que le inducen a ello, y sólo podrán tener efecto el perdón o conmutación cuando sea favorable el dictamen de los jueces que hayan actuado en el proceso.

223. —Sólo en el caso de injusticia evidente y notoria, que irrogue perjuicio irreparable, podrá rechazar y dejar sin efecto las sentencias que le pase el Poder Judicial; pero cuando por sólo su dictamen crea que éstas son contrarias a la ley, deberá pasar en consulta sus reparos al Senado cuando esté reunido, o a la comisión que él dejará autorizada en su receso para ocurrir a estos casos.

224. —El Senado o sus delegados en estas consultas servirán de Jueces y pronunciarán sobre ella definitivamente, declarando si tiene lugar o no la negativa del Poder Ejecutivo al cumplimiento de la

sentencia, que deberá ejecutarse en el segundo caso inmediatamente v en el primero devolverse al Poder Judicial para que, asociado con dos ministros más, elegidos por el Senado o su comisión, revea la causa y reforme dicha sentencia.

225. —Pero si la sentencia hubiese recaído sobre acusación hecha por la Cámara de Representantes, sólo podrá el Poder Ejecutivo suspenderla hasta la próxima reunión de la Asamblea general, a quien sólo toca en estos casos el perdón o mitigación de la pena.

226 —Elegirá también con aviso y consentimiento de la Asamblea general una persona que sirva el empleo de Secretario del Estado por el tiempo que duren sus funciones. Podrá ser reelegido al cabo de cuatro años e indeterminadamente a períodos semejantes, a menos que lo desmerezca por su conducta.

227. —Cuando por muerte, renuncia u otra causa cualquiera vacare la plaza de Secretario del Estado en el intermedio de las elecciones del Poder Ejecutivo, se nombrará otra persona que sirva esta plaza hasta completar los cuatro años porque fue nombrado el primero. El Poder Ejecutivo obrará por sí sólo en este nombramiento, si la Asamblea o alguna de sus Cámaras no se halle reunida al tiempo de la vacante, observándose lo prevenido en el artículo 216.

228. —Este Secretario del Estado llevará un registro exacto de todos los actos y procedimientos oficiales del Poder Ejecutivo con expresión de los votos de cada uno de sus funcionarios, y lo presentará a cualquiera de las Cámaras de la Legislatura que lo pida con todos los papeles y documentos a que se le refieran.

229. —Si la experiencia manifestare la necesidad o la importancia de alguna otra Secretaría para el servicio de esta Provincia, se establecerá por leyes particulares, designando las materias a que debe contraerse, pero la nominación de la persona o personas que la sirvan, será del mismo modo y por el mismo tiempo que la del Secretario del Estado, quedando sujetos a las mismas obligaciones de llevar el registro de los actos del Poder Ejecutivo en las materias de su resorte, y de presentarlo a cualquiera de las Cámaras cuando se le pida con los documentos y demás papeles que se le refieran,

De los deberes del Poder Ejecutivo.

230. —Todos los años dará cuenta a la Asamblea general del estado de la República, presentará en particular a cada Cámara el de las rentas Provinciales, indicará los abusos que hubiere, recomendando las medidas que juzgue convenientes sin presentarles proyectos de ley ya formados.

231. —Dará también en todo tiempo a cualquiera de las Cámaras, las cuentas, informes e ilustraciones que le pidan, a excepción de aquellas cuya publicación no conviniere por entonces.

232. —Cuando lo exija el bien y prosperidad de la Provincia podrá convocar extraordinariamente a la Asamblea general o a alguna de sus Cámaras, y en caso de diferencia entre ellas sobre la época de su emplazamiento, les fijará un término para su reunión conforme a lo dispuesto en el artículo 181.

233. —Cuidará y velará sobre la exacta y fiel ejecución de las leyes del Estado y de la Unión en todo lo que estuviere al alcance de sus facultades en el territorio de la Provincia.

CAPITULO SÉPTIMO
DEL PODER JUDICIAL

SECCIÓN PRIMERA

De la organización del Poder Judicial y de los Jueces Árbitros

234. —Se conservará provisoriamente la organización actual del Poder Judicial en los diversos ramos de la administración pública a que se extiende la autoridad del Gobierno de la Provincia en todos los casos y circunstancias que aquí no se expresaren, recomendándose a la Asamblea general que con arreglo a ellos y a los fundamentos que se indican, promueva con la posible brevedad las reformas o alteraciones de que sea susceptible este importante objeto.

235. —En las materias civiles y criminales ordinarias el Poder Judicial se administrará por dos Cortes supremas de Justicia, y por los Magistrados inferiores de primera instancia que residen en las

ciudades, villas y pueblos de la Provincia, bajo la misma forma y con las mismas facultades que han tenido hasta ahora.

236. —Los Jueces, sin embargo, procurarán componer amigablemente todas las demandas antes que se enjuicien, y a nadie se le rehusará el derecho de hacer juzgar sus diferencias por árbitros.

237. —De las decisiones de estos árbitros, que nombrarán las mismas partes, no se admitirán apelaciones ni recursos de nulidad, o de una nueva revisión, a menos que se hayan reservado expresamente.

238. —Aun aquellos negocios de que no pueden conocer los Jueces ordinarios, se llevarán a ellos para que si es posible se concilien las partes antes de establecerse la demanda; mas si el Juez no pudiere conciliarlas, seguirán los asuntos a los Tribunales correspondientes.

239. —Si los negocios que aquí no se exceptúan no pueden conciliarse amigablemente antes de comenzarse la demanda, se sujetarán a las formas siguientes.

SECCIÓN SEGUNDA

*De los Jueces de primera instancia, y de la forma
con que han de proceder en los juicios*

240. —Los Jueces de primera instancia, Corregidores o Alcaldes ordinarios de las ciudades, villas y pueblos, oirán a las partes en juicio verbal (por grande que sea el valor de la demanda), a estilo llano, verdad sabida y buena fe guardada, examinando del mismo modo los testigos y documentos que presentaren, y después de formar una relación escrita del procedimiento verbal, que con él firmarán las partes y testigos, terminará la demanda con la decisión que en Dios y en su conciencia tuviere por justa.

241. —En los negocios oscuros y complicados se admitirá a las partes, si lo piden, memoriales firmados solamente por ellas con los documentos que quisieren acompañarles, verificándose luego la inquisición o juicio verbal que se ha prescrito en el artículo anterior.

242.—De las resoluciones que así tomaren los Magistrados de primera instancia no se admitirá apelación alguna si la demanda no excediese de veinticinco pesos, pero si fuese mayor tendrán lugar las apelaciones para la Municipalidad del partido.

243.—Las Municipalidades conocerán de estos asuntos en la misma forma de audiencia verbal, llana, sencilla y abreviada, que se ha prescripto para los juicios primarios, teniendo a la vista la relación comprensiva del procedimiento verbal y todos los documentos que se hubiesen acompañado.

244.—En las Municipalidades compuestas de dos Cámaras bastará que conozca la primera, y en su defecto la segunda, o ambas reunidas en una misma Sala, si lo pidiere alguna de las partes. Presidirá uno de los Alcaldes, o, en su defecto, quien presidiere a la primera.

245—El Alcalde que hubiere conocido del negocio en la primera instancia, no podrá presidir la Municipalidad, ni entrar en ella como Juez de la causa; pero cuando lo exigiere este Cuerpo concurrirá a informar, o disolver las dudas que hayan ocurrido para mayor ilustración y conocimiento del asunto.

246.—Cinco miembros serán suficientes para conocer de todas las ocurrencias de esta clase aun cuando tenga más la Municipalidad o parte de Municipalidad que se ocupare en ella; pero los otros podrán concurrir si quisieren, y deberán hacerlo siempre que alguna de las partes los reclamase con generalidad.

247.—Para la decisión de los negocios de esta especie bastará una mayoría del total de los miembros que concurran al juicio, o mayoría de su mitad, y de las sentencias que se dieren no se admitirá apelación cuando el valor de la demanda no exceda de cincuenta pesos.

248.—Si no se pudiese lograr el número de los cinco Jueces constitucionales entre los miembros de las Municipalidades, por parentesco, recusación u otro impedimento legal que los inhabilite, cada una de las partes presentará a la Municipalidad una lista que comprenda el duplo de las referidas personas inhabilitadas, para que ella escoja alternativamente en dichas listas los sujetos que faltaren, quienes serán irrecusables en aquella ocasión.

249.—En las demandas cuyo valor exceda de cincuenta pesos habrá apelación de las sentencias de las Municipalidades al Tribunal Superior del Departamento, que con proporción a la población se formará temporalmente en varios lugares de la Provincia.

250.—Los Jueces de primera instancia y las Municipalidades procederán con dictamen de letrado en los casos que por oscuros y complicados, o porque no bastan sus conocimientos y ciencia lo crean necesario y conveniente para no aventurar a resolución. A este efecto se elegirá uno por votación en las Municipalidades, con acuerdo y consentimiento de las mismas partes si fuere posible, y a expensas le remitirán los documentos y minutas del procedimiento verbal para oír su dictamen y terminar el juicio.

SECCIÓN TERCERA

De los Tribunales Superiores de Departamento

251.—El Tribunal Superior del Departamento se compondrá de un jurisconsulto, de luces, crédito y probidad, dotado por el Gobierno, y de cuatro vecinos mayores de edad, de arraigo y buena nota.

252.—Estos serán nombrados eventualmente entre los de aquellos lugares en que se ha de formar el Tribunal por la Municipalidad más numerosa y cercana de los referidos lugares en el mismo distrito; pero cuando en éste solamente haya una Municipalidad, serán nombrados por la de iguales circunstancias en los distritos vecinos.

253.—Procederá este Tribunal del mismo modo que las Municipalidades y Jueces primarios, a estilo llano, verdad sabida y buena fe guardada, no pudiéndose apelar de sus determinaciones cuando la demanda no exceda de quinientos pesos; pero si excediese se admitirán apelaciones libremente para la Corte Suprema de Justicia que correspondiere al territorio, a donde se remitirán los antecedentes, y tomarán los asuntos el curso ordinario con arreglo a la práctica judicial actualmente establecida.

254.—No estarán sujetos a esta fórmula, y quedarán por ahora reducidos a las ordinarias del foro en la práctica de nuestro derecho todos los asuntos relativos a menores, viudas y huérfanos, el nombramiento de tutores, curadores o administradores de sus personas y bienes, la liquidación o rendimiento de sus respectivas cuentas, los que se refieran a validez o nulidad de testamentos y a herencias, sucesiones, dotes, administración de bienes de difuntos, títulos y posesión de tierras.

255.—Pero cuando estos mismos negocios fuesen de poquísima entidad, por la pequeñez de su valor, estarán sujetos a la fórmula sencilla y abreviada que arriba se ha prescrito, quedando siempre a salvo para los menores el recurso saludable de la restitución.

256.—Para llenar el propuesto sistema de una práctica judicial abreviada, la Asamblea general destinará oportunamente dos jurisconsultos bien dotados, de conocida honradez y conocimientos, que visiten en períodos frecuentes y determinados por la ley, dos veces al año cuando menos, el uno los departamentos de Barquisimeto y de San Carlos, y el otro los de Caracas, Aragua y San Sebastián, formando en lugares señalados, no muy distantes unos de otros, cómodos y proporcionados para las poblaciones del contorno, los Tribunales superiores de departamento de que ya se ha hablado.

257—Estas medidas importantes prepararán el establecimiento de los juicios por jurados en las materias criminales, práctica que es tan favorable a la suerte desgraciada de los delincuentes y acusados que, inútilmente para la sociedad, gimen y se perpetúan en las cárceles con desdoro de la razón y de la sensibilidad y con perjuicio de la justicia que les es debida. Se encarga y recomienda a la Asamblea general este establecimiento con particularidad, arreglándose a las resoluciones que expidiese el Congreso sobre el particular.

258.—Para que se ponga en práctica este establecimiento con la mayor comodidad posible, tanto para los pueblos y delincuentes., como para los Jueces itinerarios de los Tribunales superiores de departamentos, proveerá igualmente la Asamblea general, por leyes u ordenanzas oportunas, la construcción de cárceles seguras y espaciosas para los individuos de uno y otro sexo, en lugares proporcionados con consideración a su salubridad, a su más ventajosa posición, a la abundancia de las subsistencias y a otras circunstancias propias de su destino.

SECCIÓN CUARTA

De las Cortes Supremas de Justicia, su naturaleza, elección y duración

259.—El Supremo Poder Judicial de la Provincia de Caracas residirá en dos Cortes Supremas de Justicia, una de las cuales se establecerá en esta capital, y la otra, en la ciudad de Barquisimeto.

260.—La primera extenderá su jurisdicción a los departamentos de Caracas, de Aragua y de San Sebastián, y se titulará la Corte Suprema de Justicia de los Departamentos Orientales; la segunda ejercerá la suya en los departamentos de Barquisimeto y de San Carlos, y tendrá por denominación la Corte Suprema de Justicia de los Departamentos Occidentales.

261.—Cada Corte, en su respectivo territorio, conocerá por apelación de los negocios civiles y criminales sentenciados por los Corregidores, Alcaldes ordinarios, Municipalidades y Tribunales Superiores de departamento en la forma que se ha prescrito y originalmente podrá conocer de aquellos en que conocía la antigua audiencia con el nombre de casos de Corte.

262.—En los casos igualmente recomendables por su naturaleza, o de grande importancia por el valor del interés a que se refieren o por la concurrencia de otras cualidades que determinarán las leyes particulares, podrá apelarse mutuamente de una Corte a otra y en tales ocurrencias se reunirán dos Jurisconsultos más a aquella parte ante la cual se haya apelado.

263.—Ninguna sentencia de los Juzgados inferiores ordinarios de la Hacienda nacional, de la Milicia o de los Tribunales Superiores de departamento podrá llevarse a efecto en materias criminales envolviendo pena de muerte, mutilación de miembro, destierro o difamación, a menos que, transmitida al conocimiento de las referidas Cortes en las partes que a cada una pertenezca según el territorio que se les asigna, sea sancionada o confirmada por ellas.

264.—Sus resoluciones no alterarán en manera alguna las facultades que se conceden por el artículo 222 al Poder Ejecutivo Provincial en favor y alivio de la humanidad.

265.—Cada Corte constará de tres Jueces, de un Fiscal del Estado o de alguno más cuando sea necesario dividir las materias para su más pronta y fácil expedición.

266.—Unos y otros, como también el Presidente de cada Corte y los Jueces interinos de los Tribunales Superiores de departamento, serán nombrados por el Poder Ejecutivo de la Provincia con aviso, consejo y consentimiento del Senado, conforme a lo prescrito en el artículo 212.

267.—Todos ellos conservarán sus empleos mientras no se hicieren incapaces de continuar en ellos por su conducta.

268.—Las personas que ejercieren estos empleos deberán ser mayores de treinta años para las Cortes Supremas, y de veinticinco para los Tribunales superiores de departamento, poseyendo además las calidades de vecindad, probidad, buena opinión, concepto público, y la de ser Abogados recibidos en la confederación.

269.—En períodos fijos y determinados por la ley recibirán por sus servicios los sueldos que se les asignaren, los cuales no podrán ser disminuidos en manera alguna mientras permanecieren en sus respectivas funciones.

270.—Ni unos ni otros recibirán subvenciones u otras gratificaciones por sus oficios, ni estándolos desempeñando servirán otros, lucrativos, bajo la autoridad del Estado o de la Confederación.

271.—La Legislatura dispondrá, cuando lo juzgue oportuno, que las Cortes Supremas de Justicia celebren sesiones temporalmente a épocas fijas y determinadas en otros lugares distintos de aquellos en que tienen su asiento, para mayor comodidad y alivio de los pueblos.

272.—El Presidente de la Suprema Corte de los departamentos orientales, o de Caracas, ejercerá las funciones prescritas en el artículo 168, y en su efecto el de la Corte Suprema de los Departamentos Occidentales o de Barquisimeto.

273.—Todo lo que se expresa en este capítulo dirigido a alterar la práctica actual de los Tribunales de Justicia en las materias civiles y criminales, se procurará establecer oportunamente por la Legislatura, a fin de que los pueblos gocen de las ventajas, alivios, comodidades y beneficios que les preparan estas disposiciones.

274.—Las leyes particulares comprenderán los detalles y pormenores que no se determinan en la Constitución.

CAPITULO OCTAVO
DE LA ELECCIÓN DE SENADORES PARA EL GOBIERNO DE LA UNIÓN

275.—Luego que la Asamblea general haya verificado el escrutinio y elección de los representantes de la Provincia para el Congreso general, pasará después a la elección de los Senadores que le corresponden en el mismo Congreso, arreglándose a lo dispuesto en el artículo 48 de la Constitución Federal.

276.—Se harán las elecciones por papeletas, procediéndose separada y sucesivamente sobre cada individuo de los que han de llenar las plazas vacantes; y cuando en cada una se haya concluido el escrutinio, se publicará en voz alta por el Presidente, conformándose estas operaciones en cuanto sea posible con lo que será prescrito hablando de las congregaciones electorales.

277.—La persona que resultare en todas las elecciones con una mayoría del total de los miembros presentes de la Asamblea será, desde luego, senador; pero si ninguna reuniere esta mayoría se tomarán las cuatro que hubiesen obtenido mayor número de votos, y de ellas se tendrá por electa la que obtuviese la mayoría indicada, cuya operación se repetirá cuantas veces sea necesario hasta que se logre esta mayoría. En todos los casos de igualdad se repetirá la elección entre los que la tuvieren.

CAPITULO NONO
DE LA REMOCIÓN DE LOS REPRESENTANTES Y SENADORES EN EL CONGRESO GENERAL Y MODO DE LLENAR SUS VACANTES

278.—En cualquier tiempo podrán ser removidos del ejercicio de sus funciones los Senadores y Representantes de la Provincia en el Congreso general, nombrándose otros que las desempeñen por el que les faltare al acto de la remoción.

279.—Esta facultad de remover aquellos funcionarios será exclusiva de la Asamblea general o mayoría de la mitad de sus miembros presentes, que cuando menos serán los necesarios para formar sesión. A este efecto se reunirán las Cámaras en un mismo lugar.

280.—La elección de las personas que han de reemplazar a los removidos, se practicará por las mismas corporaciones que los nombraron originalmente; es decir, la de los Senadores por la Legislatura, y la de los Representantes por las Congregaciones electorales, a quienes se instruirá oportunamente de la novedad por el conducto de las Municipalidades, bien al tiempo de las elecciones Constitucionales, o antes si fuere necesario, en cuyo último caso se convocarán extraordinariamente para que elijan en un día fijo y determinado para todos.

CAPITULO DIEZ
FOMENTO DE LA LITERATURA

281.—El Colegio y la Universidad que se hayan establecido en esta capital conservarán los bienes y rentas de que hasta aquí han gozado bajo la especial protección y dirección del Gobierno, y la Legislatura promoverá y auxiliará cuanto sea posible el adelantamiento y progresos de estas corporaciones literarias, cuyo objeto y destinos son tan interesantes y útiles al bien de la comunidad.

282.—La cultura del espíritu es el medio único y seguro de distinguir las verdaderas y sublimes virtudes que tacen honor a la especie humana, y de conocer en toda su fuerza los vicios horrendos que la degradan y se perpetúan impunemente entre las naciones salvajes y bárbaras. Ella es también el órgano más oportuno para hacer conocer al pueblo sus imprescriptibles derechos, y los medios capaces de conservarle en la posesión de aquella arreglada y justa libertad que ha dispensado a todos la sabia naturaleza. Es igualmente el camino más pronto y seguro que hay de procurarle el acrecentamiento de sus comodidades físicas, dirigiendo con acierto su actividad y sus talentos al ejercicio de la agricultura, del comercio, de las artes y de la industria que aumentan la esfera de sus goces y le constituyen dueño de innumerables producciones destinadas a su servicio para una alta y generosa beneficencia. Un Gobierno sabio e ilustrado no puede desentenderse de procurar la cultura de la razón y de que se propague y generalice cuanto fuere posible entre todos los ciudadanos. Será, por tanto, un deber de las Legislaturas, de las Municipalidades y de los Magistrados del Estado procurar el fomento y propagación de la literatura y de las ciencias, protegiendo particularmente el establecimiento de Seminarios para su enseñanza, y las de las lenguas cultas, sabias o extranjeras, y el de sociedades privadas e instituciones públicas que se dirijan al mismo objeto, o a promover el mejoramiento de la agricultura, de las artes, oficios, manufacturas y comercio, sin comprometer la verdadera libertad y tranquilidad de los pueblos.

CAPITULO ONCE
DE LA REVISIÓN Y REFORMA DE LA CONSTITUCIÓN

283.—Cuando la experiencia manifestare la necesidad o conveniencia de corregir o añadir alguna cosa a esta Constitución, se sujetará el negocio a las formas prescriptas en los artículos siguientes, sin cuya circunstancia no tendrán valor ni efecto las correcciones y adiciones.

284.—Las proposiciones deberán tener principio en cualquiera de las Cámaras de la Legislatura, y en cada una se leerán y discutirán públicamente por tres veces en distintos días interrumpidos, del mismo modo que las leyes ordinarias.

285.—Si en ambas Cámaras obtuvieren la aprobación de las dos terceras partes de sus miembros constitucionales, deberán pasarse al

Poder Ejecutivo para recibir la suya; pero si no reunieren los votos referidos se tendrán por rechazadas y no podrán repetirse hasta después de un año cuando menos en otra sesión de la Legislatura.

286.—Si el Poder Ejecutivo aprobare las proposiciones, se estimarán entonces por una resolución de la Asamblea general sobre el objeto a que se dirigen; pero si no las aprueba, deberá devolverlas a la Asamblea general dentro del término de diez días con los reparos que le ocurran.

287.—Las proposiciones devueltas a consecuencia de la disposición anterior, se calificarán, sin embargo, de Resolución de la Asamblea si, examinadas de nuevo en las Cámaras, fuesen sostenidas por las tres cuartas partes de sus miembros constitucionales, y también se considerarán con el mismo carácter cuando no fuesen devueltas dentro de los diez días; a menos que la Asamblea embarace el retorno por receso o emplazamiento de la sesión antes de cumplirse el término, en cuyo caso se extenderá hasta la inmediata siguiente.

288.—Las resoluciones de esta clase se comunicarán a las Municipalidades y se insertarán en los papeles públicos, cuando menos tres meses antes de las próximas elecciones de noviembre, para que, impuestos los sufragantes y electores de las reformas o adiciones que se proponen, puedan, si quisieren, dar sus instrucciones sobre el particular a los nuevos miembros que elijan para la Legislatura.

289.—Se practicará lo mismo a los dos años siguientes antes de las referidas elecciones; y cuando por este medio se haya renovado toda o la mayor parte de la Cámara de los Representantes, la Asamblea general, en su inmediata sesión, procederá a examinar las proposiciones sujetándose a las formas prescritas en este capítulo para la Legislatura en que se hizo la iniciativa.

290.—Si las proposiciones fuesen aceptadas finalmente por las dos terceras partes de la nueva Asamblea general con la aprobación del Poder Ejecutivo, o sin ésta por las tres cuartas partes de la misma, deberán insertarse en la Constitución en la forma correspondiente.

291.—Los artículos de ésta que fuesen sometidos a examen para ampliarse, corregirse o suprimirse, permanecerán íntegramente en su fuerza y vigor hasta que las alteraciones propuestas sean aprobadas, publicadas y mandadas tener por parte de la Constitución.

CAPITULO DOCE
SANCIÓN O RATIFICACIÓN DE LA CONSTITUCIÓN

292—El pueblo de la Provincia de Caracas, por medio de convenciones particulares reunidas expresamente para el caso, o por el órgano de sus Electores capitulares autorizados determinadamente al intento, o por la voz de los sufragantes Parroquiales, expresará solemnemente su voluntad libre y espontánea, de aceptar, rechazar o modificar, en todo o en parte, esta Constitución.

293—La elección de cualquiera de los medios propuestos se deja al arbitrio y prudencia de la próxima venidera Legislatura Provincial, pero deberá adoptar uno mismo para la sanción y ratificación de esta Constitución que para la de la Federal; y una y otra se ejecutarán en un mismo tiempo, tanto por la mayor comodidad y alivio que de ello resulta a los pueblos, como por la mayor instrucción y conocimiento que les proporciona el tener a la vista simultáneamente ambas constituciones, así para exponer su voluntad como para expedir con mayor acierto y felicidad de la causa común las funciones que ellas prescriben.

294.—Leída la Constitución a las corporaciones que hubiere hecho formar la Legislatura, y verificada su aprobación con las modificaciones o alteraciones que ocurrieren por pluralidad, se jurará solemnemente su observancia, y se procederá, dentro del tercero día, a nombrar los funcionarios de los Poderes que forman la representación Provincial, o a convocar las Congregaciones electorales con el mismo objeto.

295.—No hay embarazo alguno para que en estas elecciones nombren las Congregaciones electorales, si quisieren, o para Legisladores o para miembros del Poder Ejecutivo, tanto en el Gobierno federal como en el de la Provincia, a los que han servido los mismos destinos en ambos departamentos durante el año de mil ochocientos once, y a los que los sirvieren en el presente de mil ochocientos doce.

CAPITULO TRECE

296.—Se acuerdan, declaran, establecen y se dan por insertos literalmente en esta Constitución los derechos del hombre que forman el capítulo octavo de la Federal, los cuales están obligados a observar, guardar y cumplir todos los ciudadanos de este Estado.

CAPITULO CATORCE

DISPOSICIONES GENERALES

297.—Como la clase de ciudadanos que hasta ahora se ha denominado de indios no ha conseguido el fruto apreciable de algunas leyes que la Monarquía española dictó a su favor, porque los encargados del Gobierno de estos países tenían olvidada su ejecución, y como las bases del sistema de Gobierno que en esta Constitución ha adoptado Caracas no son otras que las de la justicia y la igualdad, se encarga muy particularmente a la Asamblea general, que así como ha de aplicar sus fatigas y cuidados para conseguir la ilustración de todos los habitantes de la Provincia, proporcionándoles escuelas, academias y colegios en donde aprendan todos los que quieran los principios de Religión, de la sana moral, de la política, de las ciencias y artes útiles y necesarias para el sostenimiento y prosperidad de los pueblos, procure por todos los medios posibles atraer a los referidos ciudadanos naturales a estas casas de ilustración y enseñanza, hacerles comprender la íntima unión que tienen con todos los demás ciudadanos, las consideraciones que como aquéllos merecen del Gobierno, y los derechos de que gozan por sólo el hecho de ser hombres iguales a todos los de su especie, a fin de conseguir por este medio sacarlos del abatimiento y rusticidad en que los ha mantenido el antiguo estado de cosas, y que no permanezcan por más tiempo aislados, y aún temerosos de tratar a los demás hombres, prohibiendo desde ahora que puedan aplicarse involuntariamente a prestar sus servicios a los Tenientes, o Curas de sus Parroquias, ni a otra persona alguna, y permitiéndoles el reparto, en propiedad, de las tierras que les estaban concedidas y de que están en posesión, para que a proporción entre los padres de familia de cada pueblo las dividan y dispongan de ellas como verdaderos señores, según los términos y reglamentos que formare para este efecto.

298.—Se convocan, por consiguiente, y quedan sin valor alguno, las leyes que en el anterior Gobierno concedieron ciertos Tribunales, protectores y privilegios de menor edad a dichos naturales, las cuales, dirigiéndose al parecer a protegerlos, les han perjudicado sobremanera según ha acreditado la experiencia.

299.—El comercio inicuo de negros, prohibido por Decreto de la Junta Suprema de Caracas en catorce de agosto de mil ochocientos diez, queda solemne y constitucionalmente abolido en todo el territorio de la Provincia, sin que puedan de modo alguno introducirse esclavos de ninguna especie por vía de especulación mercantil.

300.—Del mismo modo quedan revocadas y anuladas en todas sus partes las leyes antiguas que imponían degradación civil a una parte de la población libre de Venezuela, conocida hasta ahora *bajo la denominación* de pardos y morenos; éstos quedan en posesión de su estimación natural y civil, y restituidos a los imprescriptibles derechos que les corresponden como a los demás ciudadanos.

301.—Quedan extinguidos todos los títulos concedidos por el anterior Gobierno; y la Legislatura Provincial no podrá conceder otro alguno de nobleza, honores o distinciones hereditarias, ni crear empleo u oficio alguno, cuyos sueldos o emolumentos puedan durar más tiempo que el de la buena conducta de los que los sirvan.

302.—Cualquiera persona que ejerza algún empleo de confianza u honor bajo la autoridad del Estado, no podrá aceptar regalo, título o emolumento de algún Rey, Príncipe o Estado extranjero, sin el consentimiento del Congreso.

303.—Ningún ciudadano podrá ejercer a un mismo tiempo dos empleos lucrativos en esta República.

304.—El Presidente o miembros que fueren del Ejecutivo, los Senadores, los Representantes, los Ministros y demás empleados civiles, antes de entrar en el ejercicio de sus funciones deberán prestar juramento de fidelidad al Estado, de sostener y defender la Constitución, de *cumplir* bien y fielmente los deberes de sus oficios, y de proteger y conservar, pura e ilesa en estos pueblos, la Religión Católica, Apostólica, Romana, que ellos profesan.

305.—La Asamblea general determinará la fórmula del juramento y ante qué personas deban prestarlo los demás oficiales y empleados de la Provincia.

307.—Se prohíbe a todos los ciudadanos asistir con armas a las Congregaciones Parroquiales y Electorales que prescribe la Constitución, y a las reuniones pacíficas de que habla el artículo 182 y siguientes de la Constitución federal, bajo la pena de perder por diez años el derecho de votar y de concurrir a ellas.

308.—Cualquiera que fuere legítimamente convencido de haber comprado o vendido sufragios en las referidas Congregaciones, o de haber procurado la elección de algún individuo con amenazas, intrigas, artificios u otro género de seducción, será excluido de las mismas Asambleas y del ejercicio de toda función pública por espacio de veinte años; y en caso de reincidencia, la exclusión será perpetua, publicándose una y otra en el distrito del partido capitular por una proclama de la Municipalidad, que circulará en los papeles públicos.

309.—Ni los Sufragantes parroquiales, ni los Electores capitulares recibirán recompensa alguna del Estado por ocurrir a sus respectivas congregaciones y ejercer en ellas lo que previene la Constitución, aunque sea necesario a veces emplear algunos días para concluir lo que ocurriere.

310.—No podrán formarse corporaciones ni asociaciones que sean contrarias al orden público.

311.—Ninguna Asamblea de ciudadanos podrá calificarse de sociedad popular.

312.—Ninguna sociedad particular, que se ocupe en asuntos y gestiones políticas, podrá corresponderse con otra, ni afiliársela, ni tener sesiones públicas compuestas de socios y asistentes distinguidos unos de otros, ni imponer condiciones con que deban ser admitidos y elegidos, ni hacer llevar a sus miembros algún signo exterior de su asociación.

313.—Los ciudadanos sólo podrán ejercer sus derechos políticos en las Congregaciones parroquiales y electorales, y en los casos y formas prescritas por la Constitución.

314.—Ningún individuo o asociación particular podrá hacer peticiones a las autoridades constituidas en nombre del pueblo, ni menos abrogarse la calificación de pueblo soberano, y el ciudadano o ciudadanos que contravinieren a este parágrafo, hollando el respeto y veneración debidas a la presentación y voz del pueblo, que sólo se expresa por la voluntad general, o por el órgano de sus representantes legítimos en las Legislaturas, serán perseguidos, presos y juzgados con arreglo a las leyes.

315.—Toda reunión de gente armada, bajo cualquiera pretexto que se forme, si no emana de órdenes de las autoridades constituidas, es un atentado contra la seguridad pública, y debe dispersarse inmediatamente por la fuerza, y toda reunión de gente sin armas que no tenga el mismo origen legítimo se disolverá primero por órdenes verbales, y siendo necesario, se destruirá por la fuerza en caso de resistencia o de tenaz obstinación.

316.—Los ramos de renta de esta Provincia que no se han destinado expresamente para el Gobierno de la Unión por la Constitución federal, continuarán formando su tesoro público particular.

317.—Al Presidente o miembros del Poder Ejecutivo, Senadores, Representantes y demás empleados por el Gobierno de la Provincia, se abonarán sus respectivos sueldos del tesoro público.

318.—No se extraerá de él cantidad alguna de numerario en plata, oro, papel u otra forma equivalente, sino para los efectos e inversiones ordenadas por la ley, y anualmente se publicará, por la Asamblea general, un estado y cuenta regular de las entradas y gastos de los fondos públicos para conocimiento de todos, luego que el Poder Ejecutivo verifique lo dispuesto en el parágrafo 230.

319.—Nunca se impondrá capitación u otro impuesto directo sobre las personas de los ciudadanos, sino en razón del número de población de la Provincia.

320.—Mientras el Congreso no determinare una fórmula permanente de naturalización para los extranjeros, adquirirán éstos el derecho de ciudadano y aptitud para votar, elegir y tomar asiento en la representación nacional si, habiendo declarado su intención de establecerse en el país, ante una Municipalidad, héchose inscribir en el Registro Civil de ella, y renunciando al derecho de ciudadano en su patria, adquirieren un domicilio y residencia en el territorio del Estado, por el tiempo de siete años, y llenaren las demás condiciones prescriptas en la Constitución para ejercer las funciones referidas.

321.—En todos los actos públicos se usará de la era Colombiana, y para evitar toda confusión en los cómputos al comparar esta época con la vulgar cristiana, casi generalmente usada en todos los pueblos cultos, comenzará aquélla a contarse desde el día primero de enero del año de Nuestro Señor, 1811, que será el primero de nuestra Independencia.

322.—La Asamblea general suplirá con providencias oportunas a todas las partes de la Constitución que no puedan ponerse en ejecución inmediatamente, y de un modo general, para evitar los perjuicios e inconvenientes que de otra suerte pudieran resultar al Estado.

323.—El que, bailándose en esta Provincia, violare sus leyes, será juzgado con arreglo a ellas por sus Magistrados provinciales, pero si infringiese las de la Unión, lo será conforme a éstas por los funcionarios de la misma Confederación.

324.—Nadie tendrá en la Provincia de Caracas otro título ni tratamiento público que el de ciudadano, única denominación de todos los hombres libres que componen la nación; pero a las Cámaras representativas, al Poder Ejecutivo, y a la Suprema Corte de Justicia, se dará por todos los ciudadanos el mismo tratamiento, con la adición de *Honorable* para las primeras, *Respetable* para el segundo y *Recta* para la tercera.

325.—La presente Constitución, las leyes que se expidan en consecuencia para ejecutarla, la del Gobierno de la Unión, y todas las leyes y tratados que se concluyan bajo su autoridad, serán la ley suprema de la Provincia de Caracas en toda la extensión de su territorio; y las autoridades y habitantes de ella estarán obligados a obedecerlas y observarlas religiosamente, sin excusa ni pretexto alguno;

pero las leyes que se expidieren contra el tenor de ella no tendrán valor alguno sino cuando hubieren llenado las condiciones requeridas para una justa y legítima revisión y sanción.

326.—Entre tanto que se verifica la composición de un Código Civil y criminal, acordado por el Supremo Congreso el ocho de marzo último, adaptable a la forma de Gobierno establecido en Venezuela, se declara en su fuerza y vigor el Código que hasta aquí nos ha regido en todas las materias v puntos que directa o indirectamente no se opongan a lo establecido en esta Constitución.

327.—Después de sancionada esta Constitución, se encarga y recomienda eficazmente a todos los venerables Curas de los pueblos de esta Provincia, que los domingos y demás días festivos del año la lean públicamente en las iglesias a sus feligreses, como también la Constitución federal formada por el Congreso general de Venezuela, y con especialidad el capítulo octavo de ella, que tiene por título derechos del hombre, que se reconocerán y respetarán en toda la extensión del Estado, encareciéndoles la importancia, necesidad y obligación en que se hallan todos los ciudadanos de instruirse de estos derechos y de observarlos y cumplirlos exactamente, haciéndoles cuando lo juzguen conveniente las aplicaciones, ilustraciones y advertencias conducentes a facilitarles su inteligencia.

328.—Igualmente se encarga y recomienda a todos los maestros de primeras letras que pongan en manos de sus discípulos, en la forma y modo que hallen más adaptables, la presente Constitución, y también la Federal, procurando que las posean y manejen como otro cualquiera libro o lectura de las que se usan comúnmente en las escuelas, haciéndolas leer y estudiar constantemente, y en especialidad el capítulo octavo de la Constitución federal que trata de los derechos del hombre, por ser una de las instrucciones en que deben estar radicados a fondo, y un objeto esencialísimo de la educación que debe recibir la juventud de Venezuela.

Dada en el Palacio de la Legislatura de Caracas, firmada de nuestra mano, sellada con el gran sello provisional de la Confederación de Venezuela, y refrendada por mí, el Secretario, a los treinta y un días del mes de enero de mil ochocientos doce, segundo de nuestra Independencia.—Por el Partido Capitular de San Sebastián: FELI-

PE FERMÍN PAÚL, Presidente. — Por el Partido Capitular de San Sebastián: MARTÍN TOVAR, Vice-Presidente. — Por el Partido Capitular de San Sebastián: FRANCISCO JAVIER UZTÁRIZ. — Por el Partido Capitular de Nirgua: SALVADOR DELGADO.- — Por el Partido Capitular de Caracas: ISIDORO ANTONIO LÓPEZ MÉNDEZ. — Por el Partido Capitular de San Felipe: JUAN JOSÉ DE MAYA. — Por el Partido Capitular de Guanare: JOSÉ VICENTE UNDA. — Por el Partido Capitular de Caracas: BARTOLOMÉ BLANDÍN. — Por el Partido Capitular de Valencia: FERNANDO DE PEÑALVER. — Por el Partido Capitular de Caracas: LINO DE CLEMENTE. — Por el Partido Capitular de Barquisimeto: JOSÉ ANGEL DE ALAMO. — Por el Partido Capitular de la Villa de Calabozo: JUAN GERMÁN ROSCIO. — Por el Partido Capitular de la ciudad de Ospino: GABRIEL PÉREZ PAGÓLA. — Por el Partido Capitular de Barquisimeto: TOMÁS MTLLANO. — Por el Partido Capitular de Valencia: JUAN TORO.

Refrendada. L. S. — José Paúl, *Secretario.*

DESPEDIDA

Ciudadanos de la Provincia de Caracas:

El momento se acerca en que vuestros Representantes van a restituirse a sus casas y a tomar otra vez el rango ordinario de simples ciudadanos del Estado en que los colocó la Provincia.

Aún no han pasado dos años después que algunos de ellos se encargaron de vuestros negocios, ni uno desde que se asociaron a los demás Representantes de Venezuela para acomodar sus resoluciones a la voluntad general de los pueblos.

¿Quién que conozca la gravedad de los objetos que se han presentado a la observación común, y que distinga el estado físico y moral en que se hallaban estos habitantes, dejará de percibir los grandes esfuerzos que ha sido necesario hacer para traspasar en tan breve tiempo el dilatado espacio que hay entre un gobierno despótico y arbitrario, y una forma libre y republicana ?

El 19 de Abril de 1810 fue el principio de estas operaciones: la novedad de las cosas, la urgencia y apresuración de las circunstancias, la vaguedad de las primeras opiniones, y los obstinados esfuerzos que no han cesado de oponerse a vuestra fortuna, en vano han pretendido sembrar de desconfianza y de dificultades un camino desconocido; porque el amor a la libertad que inspiró los grandes acontecimientos de aquella época memorable, se ha fortificado con los riesgos, ha destruido los embarazos, ha superado los escollos, ha visto renacer, sucesivamente la serenidad después de los grandes cuidados, y ha conducido siempre los negocios sin separarse de la veneración debida a la mayoría de los pueblos.

Llegó, por fin, el suspirado día 2 de marzo de 1811 en que Caracas tuvo la gran satisfacción de ver reunido en su seno el Congreso general de Venezuela: este Cuerpo tan singular y único hasta la época presente en la dilatada extensión de la América del Sur como útil y necesario a los grandes intereses del mismo Continente; este Cuerpo representativo de los primeros pueblos que rompieron las antiguas cadenas y proclamaron la libertad del Nuevo Mundo.

Habían preparado esta grande asociación diferentes cuidados que honrarán siempre la conducta nuestros primeros agentes y la recomendarán a la memoria y estimación de los ciudadanos juiciosos y verdaderos amantes de nuestra causa. Al confiar el Poder Supremo a la Junta de Caracas en el 19 de Abril, se le había encargado que procediese cuanto antes a establecer el plan de administración y gobierno que fuese más conforme a la voluntad general de los pueblos; se había manifestado a las provincias con franqueza un espíritu semejante de justicia e imparcialidad en la proclama del 20; se había repetido lo mismo en todos los papeles públicos y privados que se dirigieron inmediatamente desde esta capital hasta los más distantes y más pequeños lugares del territorio de Venezuela; y el Reglamento de 11 de junio vino finalmente a presentar las bases más equitativas, más desinteresadas y más capaces de tranquilizar a los pueblos en la confianza que se habían formado de los que dirigían los negocios comunes.

Por el encadenamiento de los sucesos, por la fuerza irresistible de las circunstancias, por la prevención y meditada libertad con que deliberaron los pueblos, por la incertidumbre de las cosas, por la importancia y gravedad de los negocios, por el sentimiento común de la mayoría de los habitantes y por los peligros de que estaban rodeados todos los intereses generales y particulares mientras no se habían delineado los fundamentos sobre que debía colocarse el edificio político de la libertad, el Congreso general se halló revestido del más alto y legítimo poder que no ha gozado ni gozará jamás Corporación alguna en los Estados de Venezuela, cuando sus miembros no recibieron más limitación a las facultades que trajeron, ni otras instrucciones de sus comitentes, que velar sobre la seguridad común, uniéndose a los otros, y establecer la forma de Gobierno más capaz de proporcionarles la prosperidad y la justa preservación de sus derechos.

No habría correspondido el Honorable Cuerpo a tan alta confianza, si hubiese pasado velozmente por las materias más graves y delicadas; y si al ocuparse de un asunto tan importante en el siglo XIX no hubiese recorrido los pasados, examinando las diferentes formas de administración que han tenido los pueblos, observando las causas y los efectos, y seguido las grandes mutaciones políticas de la especie humana antes de fijar sus resolucio-

nes. Fue necesario, sobre todo, estudiar el rápido acrecentamiento de un pueblo libre y vecino, que acaba de pasar por una transformación semejante a la nuestra, y que parece destinado por la misma naturaleza a hacer causa común en todo el nuevo Mundo, si calcula con exactitud la preservación de su propia existencia contra las tentativas del viejo.

No pasó mucho tiempo sin que el Congreso conociese con generalidad a lo que debería inclinarse, y para fortificar las presunciones favorables que se había formado después de una ojeada rápida por todas aquellas cosas, cuyo concurso determinaba la naturaleza de su situación y la sanidad de sus consejos, dio comisiones preparatorias que debían facilitar la expedición de los negocios y conducirlo con más brevedad al acierto que se procuraba. Entonces fue cuando en la sesión del día 5 de marzo nombró a los diputados Unda, Maya, Uztáriz, etc. para que se ocupasen en examinar el estado que tenían las municipalidades de la provincia de Caracas y propusiesen las reformas que juzgasen conveniente hacer en ellas para darles mayor actividad en favor de los pueblos. También fue entonces cuando comisionó a los diputados Roscio, Ponte, Uztáriz, etc., en la sesión de 16 del mismo mes para meditar el plan de constitución federal que podría adoptar Venezuela; y cuando encargó a los diputados Uztáriz, Roscio, etc. en la sesión del 28 del propio marzo la Constitución provincial de Caracas, con el objeto de que sirviese de modelo a las demás provincias del Estado y se administrasen los negocios en todas uniformemente.

Se había conocido ya que la soberanía del pueblo, este principio fundamental de los Gobiernos libres, no bastaba que fuese reconocida como tal para asegurar la libertad, pues si no se organizaba convenientemente respecto de todas las partes de la administración pública en que debe influir el Poder Supremo del Estado, pronto sería hollada y destruida por la ambición particular, por las intrigas y manejos capciosos de algún atrevido emprendedor, o por la osadía de alguna facción turbulenta, que empuñaría descaradamente un cetro de hierro sobre las tristes ruinas de la libertad. La división del poder del pueblo en Legislativo, Ejecutivo y Judicial, no ha sido más que el primer paso analítico, conseguido después de muchos siglos en la investigación de las instituciones políticas de los pueblos; y si el imperio de las circunstancias o el progreso lento y tardo del entendimiento humano había presentado poco ha un modo imperfecto de la organización de estas separaciones en el Norte de la Europa, estaba reservado al Norte de nuestro

Continente avanzar algo más en esta carrera importante y generalizando las ideas adquiridas llegar a encontrarse con una división del mismo Poder, más importante y de mayores aplicaciones a la libertad y seguridad del pueblo, a la dilatada extensión de grandes territorios, a la prosperidad individual de sus habitantes y a todo lo que debe constituir la riqueza, la felicidad, el poder y la seguridad de un Estado. Negocios de una naturaleza verdaderamente nacional o negocios que se refieren al gobierno interior y económico de las provincias, y a las acciones más comunes de los hombres en la vida social, son las circunstancias esenciales que forman el carácter distintivo de esta segunda división que, en favor de la libertad del pueblo, debilita el influjo pernicioso de sus mandatarios y favorece la fácil expedición de los asuntos en cada Departamento con la división del trabajo.

Pero no es el sistema federativo de gobierno un mero tratado de alianza y amistad, apoyado solamente en promesas de buena fe que se quebrantan desde que falta una fuerza coercitiva, que haga realizar los comprometimientos. El edificio se desplomaría dentro de breve tiempo y quedaría reducido a la anonadación política, si no estuviese construído sobre los intrastornables principios de la unidad nacional, con todo el poder necesario para asegurar la conservación del Estado y la libertad del pueblo.

Cuando el Congreso estuvo convencido de las imponderables ventajas que proporcionaría a sus comitentes procurándoles un sistema de administración tan acomodado a sus intereses, y cuando la naturaleza estaba ideando las más prudentes resoluciones en los esfuerzos mismos con que las provincias se inclinaban a la dirección de sus propios negocios; la razón, la justicia y el sincero deseo del bien concurrieron a uniformar la opinión de los honorables representantes y, generalmente, fue consentido el proyecto de dar a Venezuela un Gobierno federal, no en virtud de algún poder particular que exclusiva y señaladamente hubiesen traído los miembros de la Diputación para este sólo y único objeto, sino en fuerza de la plenitud de facultades que habían recibido de sus comitentes para promover el bien general, en fuerza de la autoridad más legítima y equitativa que no habían visto jamás estas regiones y en ejercicio el más justo y el más honroso de estos mismos poderes.

Mientras el curso de los negocios tomaba este carácter, una multitud de ocurrencias de distinto orden interrumpía frecuentemente las sesiones diarias del Congreso y embarazaba su atención. Desde que conformándose al Reglamento de 11 de junio consintió en la extinción de la Junta Suprema de Caracas por motivos de economía y de comodidad para los pueblos en los primeros días de su instalación, se vio en la necesidad de atender por sí mismo al despacho de los asuntos de esta provincia. La Diputación de ella en el Congreso había palpado los saludables efectos que produjo la generosidad sostenida de su primer Gobierno desde el 19 de Abril, a cuya conducta, siempre activa, cuidadosa y eficaz en prevenir toda suerte de recelos y desconfianzas que pudieran aparecer hacia Caracas en las demás provincias, se debe acaso la unión inalterable en que ahora nos encontramos y que manifiesta a los demás pueblos de América el medio único y seguro que tienen de procurar y conservar su libertad.

Tan poderosos motivos inclinaron los ánimos a no promover alteraciones, y si nuestra Diputación creyó que sería pequeño cualquier sacrificio hecho a la Unión por Caracas en aquellas circunstancias, tuvo también el gusto de ver que la separación del conocimiento de los negocios de ésta, adoptada por el Congreso, fue propuesta y solicitada por los diputados de otras provincias. Cuando esto se trataba en las sesiones del 25 y 27 del mes de mayo, se tuvo presente el gran espacio de tiempo que había sido necesario para hacer circular el Reglamento de 11 de junio de 1810 y reunir la Diputación general, en que no pudieron hallarse incorporados algunos miembros de la misma provincia de Caracas hasta mayo o junio del año siguiente. Se pensó entonces con fundamento que una lentitud semejante aparecería en otra nueva convocación, se vio que la provincia iba a quedar por mucho tiempo sin autoridad legislativa en circunstancias que no podía pasarse sin ella desde que el Congreso dejase de tomar conocimiento de sus negocios particulares, se creyó que dentro de dos o tres meses podrían presentarse las constituciones federal y provincial y se convocarían los pueblos con arreglo a ellas, evitándoles de este modo la repetición de reuniones embarazosas, molestas e incompatibles con la división política del territorio y con la rigurosa estación del invierno, y se deliberó, finalmente, en el Congreso general de 5 de junio último, formar una sesión legislativa provisoria para Caracas, compuesta con separación de sus diputados particulares.

Ningún interés privado, ningunas miras personales aconsejaron esta resolución, tan necesaria como justa, legal, prudente y económica en aquellas circunstancias; y los diputados de Caracas, adhiriendo a ella, no quisie-

ron otra recompensa ni aspiración a otra cosa que a redoblar su celo y sus esfuerzos por la causa política, dedicándole aun los más pequeños instantes de reposo y desahogo que permitían las sesiones diarias del Congreso a los demás representantes.

No siempre acompaña un suceso feliz a los deseos más desinteresados y generosos, porque los acontecimientos humanos están encadenados al poder irresistible de ciertas causas que a veces no pueden preverse, has intenciones del Congreso no podían ser más sanas, ni más autorizadas; ni los cálculos formados sobre el trabajo y la duración de ambas corporaciones podrían dejar de verificarse con poca diferencia, según el estado de las noticias adquiridas por las comisiones de Constitución.

Pero, ¿qué habitante de Caracas no fue sorprendido entonces por las funestas ocurrencias del 11 de julio, inmediatamente después de haberse entregado el 5, al más justo de los placeres? ¿Qué pueblo de Venezuela, por pequeño y apartado que fuese, no percibió el estruendo de los armamentos militares, ni participó de los cuidados que fueron necesarios para tranquilizar a Valencia? Arrebatada la atención con estos sucesos imprevistos y destrozado enteramente el orden de los negocios, también se disolvieron las comisiones, porque unos diputados marcharon al Ejército , otros se destinaron a ocupaciones urgentes y otros vieron su salud gravemente quebrantada y estuvieron por algún tiempo impedidos a tributar a la causa pública los servicios que habían acostumbrado.

Tantas contradicciones no embarazaron, sin embargo, que el Congreso comenzase a examinar la Constitución federal en agosto siguiente y que la Legislatura de Caracas hiciese lo mismo con la particular de su provincia luego que acabó de presentarse el proyecto de la primera y que se completaron las noticias prolijas y diminutas que era necesario tener a la vista para organizar equitativamente la distribución del territorio, las municipalidades y la representación del pueblo en la Legislatura provincial. Finalmente, el 21 de diciembre de 1811, año primero de nuestra Independencia, habéis visto, ciudadanos, aprobada la Constitución federal por el honorable Congreso, y por nosotros el 31 de enero siguiente la particular de esta provincia en que tantas veces nos habéis encontrado ocupados y que ahora os ofrecemos.

Al terminar la carrera de nuestras actuales operaciones y los deberes que nos impusisteis, nada nos resta que agregar a lo que contiene esta pieza sino recomendarla a vuestra investigación y que advirtáis en ella la voz de nuestros corazones.

Si hemos cumplido con vuestra confianza, vosotros lo decidiréis: nuestros deseos han sido sinceros, nuestros esfuerzos constantes y repetidos, vuestra felicidad el móvil que los ha dirigido y la buena fe inseparable compañera de nuestros trabajos. ¿Queda alguna cosa más que poner de nuestra parte para llenar cuanto se encuentra al alcance de nuestras facultades?

Ciudadanos:

Unión y amistad entre vosotros mismos, unión y amistad con los demás pueblos de Colombia y una entera confianza en los dignos representantes que acabáis de escogeros para la dirección de vuestros intereses, es la retribución que os pedimos por las pasadas tareas. Si oís atentamente este voto de vuestros mandatarios, se colmará la medida de sus más ardientes deseos, que son: ver establecida vuestra fortuna sobre fundamentos indestructibles y trasladada la memoria de vuestras virtudes a las más remotas generaciones.

Palacio de la Legislatura, Caracas a 19 de febrero de 1812. Segundo de la Independencia. FELIPE FERMÍN PAÚL, *Presidente.* — MARTÍN TOVAR, *Vicepresidente.* — LINO DE CLEMENTE, FRANCISCO JAVIER YANES, JOSÉ ANGEL DE ALAMO, NICOLÁS DE CASTRO, JUAN TORO, TOMÁS MILLANO, FRANCISCO XAVIER DE UZTÁRIZ. — Refrendado: JOSÉ PAÚL, *Secretario.*

ÍNDICE GENERAL

NOTA EXPLICATIVA 9

PRÓLOGO

Profesor Alfredo Arismendi 11

ESTUDIO PRELIMINAR:

*LA CONSTITUCIÓN DE LA PROVINCIA DE
CARACAS DE 31 DE ENERO DE 1812, COMO*
MODELO DE CONSTITUCIÓN PROVINCIAL 19

PRIMERA PARTE:

*CARACAS Y EL PROCESO DE INDEPENDENCIA
EN 1810-1813* 29

I.   LA REVOLUCIÓN DE CARACAS DEL 19 DE ABRIL DE 1810 Y LA ASUNCIÓN DEL MANDO SUPREMO DE LA PROVINCIA DE CARACAS POR UNA JUNTA SUPREMA 31

II.   EL EJEMPLO DE CARACAS Y SU REPERCUSIÓN EN LAS PROVINCIAS DE LA CAPITANÍA GENERAL DE LA VENEZUELA 35

III. LA ELECCIÓN DE REPRESENTANTES DE LAS PROVINCIAS DE VENEZUELA PARA LA CONSTITUCIÓN DE UN GOBIERNO CENTRAL 37

IV. LA CONSTITUCIÓN FEDERAL DE LOS ESTADOS DE VENEZUELA DE 21 DE DICIEMBRE DE 1811 43

SEGUNDA PARTE:

LAS CONSTITUCIONES PROVINCIALES DE VENEZUELA EN 1811-1812 51

I.   EL PLAN DE GOBIERNO PROVISIONAL DE LA PROVINCIA DE BARINAS DE 26 DE MARZO DE 1811 52

II.   LA CONSTITUCIÓN PROVISIONAL DE LA PROVINCIA DE MÉRIDA DE 31 DE JULIO DE 1811 53

III.   EL PLAN DE CONSTITUCIÓN PROVISIONAL GUBERNATIVO DE LA PROVINCIA DE TRUJILLO DE 2 DE SEPTIEMBRE DE 1811 56

IV.   LA CONSTITUCIÓN FUNDAMENTAL DE LA REPÚBLICA DE BARCELONA COLOMBIANA DE 12 DE ENERO DE 1812 ... 57

V.   LA CONSTITUCIÓN PARA EL GOBIERNO Y ADMINISTRACIÓN INTERIOR DE LA PROVINCIA DE CARACAS DE 31 DE ENERO DE 1812 61

TERCERA PARTE

LA CONFORMACIÓN TERRITORIAL DE LA PROVINCIA DE VENEZUELA O CARACAS 63

I.   LOS ORÍGENES Y CONFIGURACIÓN DE LA PROVINCIA DE VENEZUELA MEDIANTE EL POBLAMIENTO. 63

   1.   *El precario poblamiento de la Provincia de Venezuela bajo los Welser (1528-1546)* 66

   2.   *Las desventuras de los Welser y la ciudad de El Tocuyo* 70

   3.   *El poblamiento en tierras de los Jirajaras* 74

   4.   *El poblamiento en la zona de la Laguna de Tacarigua y los Valles de Aragua* 77

   5.   *El poblamiento hacia los Andes* 79

   6.   *El poblamiento de las tierras de los Caracas y las zonas circundantes* 80

   7.   *El poblamiento hacia los Llanos* 84

   8.   *El poblamiento en la Cuenca del Lago de Maracaibo* 86

II.   EL RESULTADO DEL POBLAMIENTO: LA PROVINCIA DE VENEZUELA CONFORME A LA RECOPILACIÓN DE LAS LEYES DE LOS REYNOS DE INDIAS DE 1680 Y LA CAPITANÍA GENERAL DE VENEZUELA DE 1777. 88

CUARTA PARTE:

EL PROCESO CONSTITUYENTE EN LA PROVINCIA DE CARACAS
1810 - 1812.. 97

I. LOS DIPUTADOS DE LA PROVINCIA DE CARACAS AL
    CONGRESO GENERAL Y LA SECCIÓN LEGISLATIVA PARA
    LA PROVINCIA DE CARACAS EN EL CONGRESO GENERAL   97

II. LA DECLARACIÓN DE DERECHOS DEL PUEBLO..................... 103

III. LA CONSTITUCIÓN PARA EL GOBIERNO Y ADMINISTRA-
    CIÓN INTERIOR DE LA PROVINCIA DE CARACAS DE 31 DE
    ENERO DE 1812 115

    1. *Contenido general* 115

    2. *Sobre el Poder Legislativo* 119

    3. *Sobre el Poder Ejecutivo* 123

    4. *Sobre el Poder Judicial* 123

    5. *Sobre el fomento "de la literatura"* 125

    6. *Sobre la revisión y reforma constitucional* 126

    7. *Sobre la sanción y ratificación de la Constitución* 127

    8. *Sobre las declaraciones políticas generales y el desarrollo del*
       principio de igualdad 129

       A. *Sobre el régimen de los indios* 129

       B. *Sobre la prohibición de la esclavitud*................... 130

       C. *Sobre la situación de los pardos* 130

       D. *Sobre la abolición de los títulos nobiliarios y las relaciones*
          personales con la Monarquía................................. 131

       E. *Sobre el ejercicio de los derechos políticos* 131

       F. *Sobre la supremacía constitucional y la continuidad del*
          orden jurídico sub-constitucional anterior.............. 132

       G. *Sobre la difusión y conocimiento de la Constitución y de*
          los derechos de los ciudadanos.............................. 133

QUINTA PARTE:

LA DIVISIÓN TERRITORIAL DE LA PROVINCIA DE CARACAS EN 1811 135

I.   LA DISCUSIÓN SOBRE EL TERRITORIO DE LA PROVINCIA DE CARACAS Y SU DIVISIÓN 135

II. LA DIVISIÓN TERRITORIAL UNIFORME DE LA PROVINCIA EN DEPARTAMENTOS, CANTONES Y DISTRITOS 137

    1.   *La organización territorial del Departamento de Caracas* 138

        A.   *El cantón del Tuy* 138

        B.   *El cantón de los Altos* 138

        C.   *El cantón de Caracas* 139

    2.   *La organización territorial del Departamento de San Sebastián* 139

        A.   *El cantón de San Sebastián* 139

        B.   *El cantón de Calabozo* 140

    3.   *La organización territorial del Departamento de los Valles de Aragua* 140

        A.   *El cantón de la Victoria* 140

        B.   *El cantón de Guacara* 141

    4.   *La organización territorial del Departamento de Barquisimeto* 141

        A.   *El cantón de San Felipe* 141

        B.   *El cantón de Barquisimeto* 142

        C.   *El cantón del Tocuyo* 142

    5.   *La organización territorial del Departamento de San Carlos* 143

        A.   *El cantón de San Carlos* 143

        B.   *El cantón de Guanare* 143

III. EL RÉGIMEN MUNICIPAL EN LA PROVINCIA DE CARACAS 144

    1.   *Algo sobre las competencias municipales* 144

    2.   *Las Municipalidades de la provincia según el número de miembros del órgano Colegiado Municipal* 146

        A.   *La Municipalidad de Caracas capital con 24 miembros y dos Cámaras* 146

        B.   *Las Municipalidades con 16 miembros y dos Cámaras* 146

C.   Las Municipalidades con 12 miembros 147

D.   Las Municipalidades con 8 miembros 147

E.   Las Municipalidades con 6 miembros 148

3.   Las Parroquias y los Agentes Municipales 149

4.   Los Alcaldes en los sitios distantes de poblado 150

IV. EL RÉGIMEN DE ELECCIÓN DE CARGOS REPRESENTATI-
VOS EN LA PROVINCIA Y EN PARTICULAR, EN EL ÁMBITO
MUNICIPAL 151

*CONSTITUCIÓN PARA EL GOBIERNO Y ADMINISTRACIÓN
INTERIOR DE LA PROVINCIA DE CARACAS* 155

CAPÍTULO PRIMERO
De la Religión.. 158

CAPÍTULO SEGUNDO
De la división del territorio.. 158

Sección Primera
De la División en general 158

Sección Segunda
De los Departamentos.. 158

Sección Tercera
De los Cantones y Distritos 159

CAPÍTULO TERCERO
De los Sufragios Parroquiales y congregaciones electorales 162

Sección Primera
De los Sufragios parroquiales 162

Sección Segunda
De las Congregaciones electorales 164

Sección Tercera
De las Juntas para la elección del Poder Ejecutivo 167

CAPÍTULO CUARTO
De las Municipalidades 168

Sección Primera
De las Juntas Electorales para la nominación de las Municipali-
dades 168

Sección Segunda
De la elección de los Agentes municipales y miembros de las
Municipalidades 169

Sección Tercera
De las atribuciones de las Municipalidades 170

Sección Cuarta
Deberes de las Municipalidades.. 172

Sección Quinta
Del número de miembros que han de componer las Municipali-
dades 174

Sección Sexta
De las facultades de los Agentes municipales y pueblos que de-
ben nombrarlos... 177

Sección Séptima
Disposiciones generales sobre las Municipalidades y los Agentes
municipales 178

Sección Octava
De los escribanos de las Municipalidades 180

Sección Novena
De las antiguas Municipalidades de los naturales del país 180

Sección Décima
De los Alcaldes en los sitios distantes de poblado 181

CAPÍTULO QUINTO
Del Poder Legislativo 182

Sección Primera
De la división y límites de este Poder 182

Sección Segunda
De la elección, duración, cualidades, reunión y facultades de la
Cámara de Representantes... 184

Sección Tercera
De la elección, duración y facultades del Senado 187

Sección Cuarta
Funciones económicas de ambas Cámaras 189

Sección Quinta
Del tiempo, lugar y duración de la Asamblea general.................... 191

Sección Sexta
De los requisitos y atribuciones especiales de la Asamblea gene-
ral... 192

232

CAPÍTULO SEXTO
Del Poder Ejecutivo.. 194

Sección Primera
De su naturaleza y elección.. 194

Sección Segunda
De las cualidades, duración y sueldos del Poder Ejecutivo 196

Sección Tercera
De las atribuciones del Poder Ejecutivo 197

Sección Cuarta
De los deberes del Poder Ejecutivo 201

CAPÍTULO SÉPTIMO
Del Poder Judicial.. 201

Sección Primera
De la organización del Poder Judicial y de Los Jueces Árbitros.... 201

Sección Segunda
De los Jueces de primera instancia y de la forma en que han de
proceder en los juicios 202

Sección Tercera
De los Tribunales superiores de Departamento 204

Sección Cuarta
De las Cortes Supremas de Justicia, su naturaleza, elección y du-
ración.. 206

CAPÍTULO OCTAVO
De la elección de Senadores para el Gobierno de la Unión 208

CAPÍTULO NONO
De la remoción de los Representantes y Senadores en el Congreso
General y modo de llenar sus vacantes 209

CAPÍTULO DIEZ
Fomento de la Literatura... 209

CAPÍTULO ONCE
De la revisión y reforma de la Constitución 210

CAPÍTULO DOCE
Sanción o ratificación de la Constitución 212

CAPÍTULO TRECE 213

CAPÍTULO CATORCE
Disposiciones generales.. 213

DESPEDIDA 220

ÍNDICE GENERAL... 225